भगवान् विष्णु योगनिद्रा में अचेत-से पड़े हैं। जब उन्हें जगाने के लिए देवताओं द्वारा किए सभी प्रयास विफल हो गए तब ब्रह्माजी ने वम्री नामक एक कृमि (कीड़ा) उत्पन्न किया। ब्रह्माजी के आदेश पर उस कृमि ने धनुष की डोरी काट दी। धनुष की डोरी कटते ही ब्रह्माण्ड को हिला देने वाला एक भयंकर धमाका हुआ और चारों ओर अंधकार छा गया। समस्त देवता भयभीत हो उठे। कुछ समय बाद जब अंधकार छँटा तो सभी देवता अवाक रह गए। श्रीविष्णु का सिर कटकर न जाने कहाँ अदृश्य हो गया था। वहाँ उनका केवल धड़ ही शेष था।

—इसी पुस्तक से

पुराणों की कथाएं

एम० डी० शर्मा
पी० भल्ला
अरुण भनोट

डायमंड बुक्स

प्रकाशक : डायमंड पॉकेट बुक्स (प्रा.) लि.
X-30 ओखला इंडस्ट्रियल एरिया, फेज-II
नई दिल्ली - 110 020
फोन : 011- 40712200
ई-मेल : sales@dpb.in
वेबसाइट : www.diamondbook.in

Purano Ki Kathayen
By : M. D. Sharma

अपनी बात

वेद और पुराण हिन्दू धर्म की अमूल्य निधि हैं। हमारा जीवन इन्हीं की शिक्षाओं और मार्ग दर्शन पर आधारित है। जन्म से लेकर मृत्यु तक के हमारे समस्त संस्कार वेदों और पुराणों के दिग्दर्शन पर आधारित होते हैं। इनमें ज्ञान, शिक्षा और साथ ही मनोरंजन का अक्षुण्ण स्रोत प्रवाहित है। यही कारण है कि इनकी ओर सभी लोग सहज ही आकृष्ट हो जाते हैं।

प्रमुख पुराणों की संख्या अठारह कही गई है। इनमें विभिन्न व्यक्तियों, वस्तुओं, जीवों आदि को माध्यम बनाकर शिक्षा और ज्ञान की महत्ता बताई गई है। गुण और अवगुण में भेद स्पष्ट करने के लिए पुराणकार ने कथा के पात्रों को दोनों प्रकार का दर्शाया है—अच्छा भी और बुरा भी। लेकिन सांकेतिक भाषा में उसने केवल अच्छाइयों को ही ग्रहण करने पर ज़ोर दिया है।

पुराण इतने विशाल ग्रंथ हैं कि उन्हें पढ़ना असंभव नहीं तो कठिन अवश्य है। इसी तथ्य को ध्यान में रखकर हमंने इनके सार-संक्षेप के रूप में 'पौराणिक कथाएँ' नामक यह पुस्तक प्रस्तुत की है, जिसमें विभिन्न पुराणों से रोचक और शिक्षाप्रद कहानियाँ ली गई हैं। ये कहानियाँ प्रेरक तो हैं ही, पुराणों के प्रति हमारी जिज्ञासा को भी निश्चित ही शांत करती हैं।

अनेक कहानियाँ तो इतनी पारंपरिक और लोकप्रिय हैं; जिनका हम

वर्षों से लोक नाटकों, सिनेमाघरों, हमारी पाठ्य पुस्तकों, स्थानीय संस्कृतियों आदि के माध्यम से रसास्वादन करते आ रहे हैं। दादा-दादी और नाना-नानी भी इनमें से अनेक पौराणिक कथाओं के माध्यम से बच्चों का मनोरंजन करते आ रहे हैं।

संक्षेप में इतना ही कहा जा सकता है कि पौराणिक कथाएँ 'गागर में सागर' की भाँति होती हैं जो स्वयं में अनंत ज्ञान को समेटे होती हैं और इस ज्ञान को ज़न-जन तक पहुँचाने के उद्देश्य से ही इस पुस्तक का सृजन किया गया है। आशा है, हमारे पाठकों को यह पुस्तक अवश्य ही रुचिकर लगेगी। अपने सुझावों से अवश्य अवगत कराएँ।

– ***महेश शर्मा***

जी बी-3, डब्लू ज़ेड-313 बी,
जी ब्लॉक हरि नगर एक्स.,
नई दिल्ली-110064

कथा–सूची

राजा पृथु

प्राचीन समय की बात है, विष्णु-भक्त ध्रुव के वंश में अंग नामक एक राजा हुए। वे बड़े धर्मात्मा और प्रजा-प्रिय थे। वृद्धावस्था में वे राजपाट त्याग कर तपस्या करने वन में चले गए। भृगु आदि मुनियों ने जब देखा कि उनके जाने के बाद पृथ्वी की रक्षा करने वाला कोई नहीं बचा है, तब उन्होंने उनके पुत्र वेन का राज्याभिषेक कर दिया। राजा बनते ही वेन अपने बल और ऐश्वर्य के मद में चूर हो गया। उसने राज्य में घोषणा करवा दी कि ऋषि-मुनि किसी भी प्रकार का यज्ञ और हवन न करें। जो राजाज्ञा का उल्लंघन करेंगे उन्हें दण्डित किया जाएगा। उसके भय से चारों ओर धर्म-कर्म बंद हो गए।

धर्म-संबंधी कार्य में विघ्न उत्पन्न होने पर सभी ऋषि-मुनि एकत्रित होकर राजा वेन के पास गए और उनसे विनम्र स्वर में बोले - "राजन ! कृपया हमारी बात ध्यानपूर्वक सुनें। इससे आपकी आयु, बल और यश में वृद्धि होगी। राजन ! यदि

मनुष्य मन, वाणी, शरीर और बुद्धि से धर्म का पालन करे तो उसे स्वर्ग आदि लोकों की प्राप्ति होती है और यदि वह निष्काम भाव से धर्म का पालन करे तो मोक्ष का अधिकारी बनता है। अत: प्रजा का धर्म आप द्वारा नष्ट नहीं होना चाहिए। धर्म नष्ट होने पर राजा भी नष्ट हो जाता है। राजन ! आपके राज्य में जो यज्ञ और हवन आदि होंगे, उनसे देवता भी प्रसन्न होकर आपको इच्छित वर प्रदान करेंगे। अतएव आपको यज्ञादि अनुष्ठान बंद करके देवताओं का तिरस्कार नहीं करना चाहिए।''

दुष्ट वेन अहंकार भरे स्वर में बोला – ''मुनियो ! तुम बड़े मूर्ख हो। तुमने सारा ज्ञान त्यागकर अधर्म में अपनी बुद्धि लिप्त कर रखी है। तभी तो तुम अपने पालन करने वाले मुझ प्रत्यक्ष ईश्वर को छोड़कर किसी दूसरे ईश्वर की पूजा-अर्चना करना चाहते हो, जो तुम्हारे लिए कल्पित है। जो लोग मूर्खतावश अपने राजा-रूपी परमेश्वर का अपमान करते हैं, उन्हें न तो इस लोक में सुख मिलता है और न ही परलोक में। देवगण राजा के शरीर में ही वास करते हैं। इसलिए तुम मेरा ही पूजन करो और मुझे ही यज्ञ का भाग अर्पित करो।'' अहंकार के कारण वेन की बुद्धि पूर्णत: भ्रष्ट हो गई थी। वह अत्यंत क्रूर, अन्यायी, अधर्मी और कुमार्गी हो गया था, इसलिए उसने ऋषि-मुनियों की विनीत प्रार्थना पर कोई ध्यान नहीं दिया।

उसके पापयुक्त शब्द सुनकर मुनिगण क्रोधित होकर बोले – ''वेन ! तू बड़ा अधर्मी और पापी है। यदि तू जीवित रहा तो कुछ ही दिनों में इस सृष्टि को नष्ट कर देगा। जिन भगवान् विष्णु की कृपा से तुझे पृथ्वी का राज्य प्राप्त हुआ है, तू उन्हीं परब्रह्म का अपमान कर रहा है। जगत् के कल्याण के लिए तेरा मरना ही उचित है।''

इस प्रकार उन्होंने दुष्ट वेन को मारने का निश्चय कर उस पर प्रहार करने आरम्भ कर दिए। फिर शीघ्र ही उन्होंने उसका काम तमाम कर दिया और अपने आश्रमों को लौट गए। इधर वेन की माता मोहवश अपने पुत्र के मृत शरीर की रक्षा करने लगी। वेन की मृत्यु के पश्चात् राज्य में चोरों-डाकुओं का आतंक बढ़ गया।

एक दिन सरस्वती नदी के तट पर कुछ मुनिगण बैठे धर्म-चर्चा कर रहे थे। तभी डाकुओं का एक दल उधर से निकला। उन्हें देखकर मुनिगण सोच में पड़ गए। उनके मन में एक ही विचार उत्पन्न होने लगा – 'वेन के मरते ही राज्य में अराजकता फैल गई है। राज्य में चोर और डाकू बढ़ गए हैं, जो निर्दोष प्रजा को लूट रहे हैं। यद्यपि ऋषि-मुनि शांत स्वभाव के होते हैं, तथापि दीनों की उपेक्षा करने से उनका तप क्षण भर में क्षीण हो जाता है। राजा अंग का वंश नष्ट नहीं होना चाहिए, क्योंकि इसमें अनेक पराक्रमी और धर्मात्मा राजा हो चुके हैं। इसलिए हमें उनका उत्तराधिकारी अवश्य उत्पन्न करना होगा, जो अपने पुरुषार्थ से प्रजा की रक्षा कर सके।'

तब उन्होंने आपस में विचार कर राज्य के उत्तराधिकारी के लिए वेन की जँघा

को बड़े जोर से मथा तो उसमें से एक बौना पुरुष उत्पन्न हुआ। उसका रंग काला था, उसके सभी अंग टेढे-मेढ़े और छोटे थे। उसने जन्म लेते ही राजा वेन के सभी भयंकर पापों को अपने ऊपर ले लिया। बाद में, वह और उसके वंशधर वन और पर्वतों पर रहने वाले 'निषाद' कहलाए। इसके बाद मुनियों ने वेन की भुजाओं का मंथन किया। उसमें से दिव्य स्वरूप धारण किए हुए स्त्री-पुरुष का एक जोड़ा प्रकट हुआ। उस पुरुष के दाहिने हाथ में भगवान् विष्णु की हस्तरेखाएँ और चरणों में कमल का चिह्न अंकित देखकर उन्होंने उसे भगवान् विष्णु का ही अंश समझा।

मुनिगण प्रसन्न होकर बोले - "यह पुरुष भगवान् नारायण की कला से प्रकट हुआ है और यह स्त्री साक्षात् लक्ष्मी का अवतार है। यह दिव्य पुरुष अपने सुयश का विस्तार करने के कारण संसार में पृथु के नाम से प्रसिद्ध होगा। सुंदर वस्त्राभूषणों से अलंकृत यह अतीव सुंदर स्त्री इसकी पत्नी अर्चि होगी। पृथु के रूप में स्वयं भगवान् विष्णु ने संसार की रक्षा के लिए लक्ष्मीरूपा अर्चि के साथ अवतार लिया है।"

महात्मा पृथु जैसे सत्पुत्र ने उत्पन्न होकर अपने शुभ-कर्मों द्वारा पापी वेन को नरक से छुड़ा दिया। तत्पश्चात् ऋषि-मुनियों ने पृथु के राज्याभिषेक का आयोजन किया। इस शुभ अवसर पर समस्त देवगण उपस्थित हुए। भगवान् विष्णु ने पृथु को अपना सुदर्शन चक्र, ब्रह्माजी ने वेदमयी कवच, भगवान् शिव ने दस चक्राकार चिह्नों वाली दिव्य तलवार, वायुदेव ने दो चँवर, धर्म ने कीर्तिमयी माला, देवराज इन्द्र ने मनोहर मुकुट, यमराज ने कालदण्ड, अग्निदेव ने दिव्य धनुष और कुबेर ने सोने का राजसिंहासन भेंट किया।

जब मुनिगण पृथु की स्तुति करने लगे, तब पृथु बोले - "मान्यवरो ! अभी इस लोक में मेरा कोई भी गुण प्रकट नहीं हुआ, फिर आप किन गुणों के लिए मेरी स्तुति करेंगे? आप केवल परब्रह्म परमात्मा की ही स्तुति करें। भगवान् विष्णु के रहते तुच्छ मनुष्यों की स्तुति नहीं करते। इसलिए कृपया आप मेरी स्तुति न करें।" उनकी बात सुन सभी ऋषि-मुनि आत्मविभोर हो गए। तब पृथु ने उन्हें अभिलषित वस्तुएँ देकर संतुष्ट किया। वे सभी राजा पृथु को आशीर्वाद देने लगे। जब ऋषि-मुनियों ने पृथु का राज्याभिषेक किया, उन दिनों पृथ्वी अन्नहीन हो गई थी, प्रजाजन के शरीर अन्न के अभाव में बड़े दुर्बल हो गए थे। उन्होंने राजा पृथु से सहायता की विनती की।

प्रजाजन की करुण विनती सुनकर पृथु का मन करुणा से द्रवित हो गया। कुछ देर विचार करके उन्हें पृथ्वी के अन्नहीन होने का कारण ज्ञात हो गया। वे जान गए कि पृथ्वी ने सभी प्रकार के अन्न तथा औषधियों को अपने गर्भ में छिपा लिया है। तब उन्होंने क्रोधित होकर धनुष उठाया और पृथ्वी को लक्ष्य बनाकर बाण चलाने के लिए उद्यत हो गए। उन्हें बाण चढ़ाए देखकर पृथ्वी अपने प्राण बचाने के लिए गाय का रूप रखकर भागने लगी।

पृथ्वी को गाय-रूप में भागते देख क्रोधित पृथु उसका पीछा करने लगे। वह प्राण बचाते हुए जिस-जिस स्थान पर जाती, वहीं-वहीं उसे राजा पृथु हाथ में धनुष-बाण लिए दिखाई देते।

जब उसे कहीं भी शरण न मिली तो वह भयभीत होकर उन्हीं की शरण में आई और बोली – "महाराज ! आप सभी प्राणियों की रक्षा करने को सदा तत्पर रहते हैं, फिर मुझ दीन-हीन और निरपराधिनी को क्यों मारना चाहते हैं? आप धर्मज्ञ हैं, फिर क्या आपका क्षत्रिय धर्म एक स्त्री का वध करने की अनुमति देगा? स्त्रियाँ कोई अपराध करें तो साधारण जीव भी उन पर हाथ नहीं उठाते, फिर आप जैसे करुणामय और दीन-वत्सल ऐसा कैसे कर सकते हैं? फिर सोचें कि मेरा वध करने के बाद आप अपनी प्रजा को कहाँ रखेंगे?"

तब पृथु बोले – "पृथ्वी ! तुमने यज्ञों का भाग लेकर भी प्रजा को अन्न नहीं दिया, इसलिए आज मैं तुम्हें समाप्त कर दूँगा। तुम्हारी बुद्धि भ्रष्ट हो गई है। तुमने ब्रह्माजी द्वारा उत्पन्न किए गए अन्नादि बीजों को अपने गर्भ में छिपा लिया है और उन्हें न निकालकर अनेक जीवों की हत्या कर रही हो। जो केवल अपना पोषण करने वाला तथा अन्य प्राणियों के प्रति निर्दय हो – उसका वध शास्त्रों में तर्कसंगत है। अब मैं तुम्हारे गर्भ को अपने बाणों से छिन्न-भिन्न कर दूँगा और प्रजाजन की क्षुधा शांत कर योगबल से उन्हें धारण करूँगा।"

क्रोध की तीव्रता से राजा पृथु उस समय साक्षात् काल के समान दिखाई पड़ रहे थे। उनके भयंकर रूप को देख कर पृथ्वी करुण स्वर में उनकी स्तुति करते हुए बोली – "राजन् ! ब्रह्माजी ने जिस अन्नादि को उत्पन्न किया था, उसे केवल दुराचारी मनुष्य ही खा रहे थे। अनेक राजाओं ने मेरा आदर करना छोड़ दिया था, इसलिए मैंने अन्न को अपने गर्भ में छिपा लिया। यदि आप वह अन्न प्राप्त करना चाहते हैं तो मेरे योग्य एक बछड़ा, दोहन पात्र और दुहने वाले की व्यवस्था कीजिए। मैं दूध के रूप में आपको वे पदार्थ प्रदान कर दूँगी। एक बात और राजन ! आप मुझे समतल कर दें, जिससे कि मेरे ऊपर इन्द्र द्वारा बरसाया गया जल वर्ष भर बना रहे। यह आप सभी के लिए मंगलकारक होगा।"

तब पृथु ने स्वयंभू मनु को बछड़ा बनाकर अपने हाथों से ही पृथ्वी का सारा दुग्ध दुह लिया। फिर उन्होंने अपने धनुष की नोक से पर्वतों को तोड़कर पृथ्वी को समतल कर दिया। तत्पश्चात् उन्होंने पृथ्वी को अपनी पुत्रीरूप में स्वीकार किया। दैत्य मधु-कैटभ के मेद से निर्मित होने के कारण पृथ्वी को पहले मेदिनी कहा जाता था, किंतु राजा पृथु की पुत्री बनने के बाद यह पृथ्वी नाम से प्रसिद्ध हुई। इस प्रकार राजा पृथु ने पृथ्वी का मनोरथ सिद्ध करते हुए अपनी प्रजा की रक्षा की।

उतथ्य

कौशल देश में देवदत्त नाम का एक विख्यात ब्राह्मण रहता था। देवदत्त का विवाह रोहिणी नामक एक सुंदर कन्या से सम्पन्न हुआ। किंतु अनेक वर्ष बीत जाने के बाद भी देवदत्त के कोई संतान नहीं हुई। इस कारण वह सदैव दुःखी रहता था। एक बार देवदत्त के हृदय में पुत्रेष्टि यज्ञ करने का विचार उत्पन्न हुआ। उसने शीघ्र ही तमसा नदी के तट पर एक विशाल यज्ञ-मण्डप का निर्माण करवाया। यज्ञ सम्पन्न कराने के लिए उसने सुहोत्र, याज्ञवल्क्य, बृहस्पति, पैल, गोभिल आदि ऋषियों को आमंत्रित किया। निश्चित समय पर यज्ञ का शुभारम्भ हुआ।

यज्ञ-वेदी पर ऋषि गोभिल सामवेद का गान करते हुए रथन्तर मंत्र का उच्चारण कर रहे थे। तभी मंत्रोचारण करते समय उनका स्वर भंग हो गया। इससे देवदत्त कुपित होकर गोभिल ऋषि से बोला - "हे मुनिवर ! आप बड़े अज्ञानी हैं। मैं यह यज्ञ पुत्र-प्राप्ति के लिए कर रहा हूँ और आपने इस सकाम यज्ञ में स्वरहीन मंत्र का उच्चारण कर दिया। आप जैसे ज्ञानी ऋषि को यह शोभा नहीं देता।"

देवदत्त के कटु वचन सुनकर गोभिल ऋषि क्रोधित होते हुए बोले - "दुष्ट !

प्रत्येक प्राणी के शरीर में श्वास आते-जाते हैं। स्वर का भंग होना इसी का परिणाम है। इसमें किसी का भी दोष नहीं होता। तुमने बिना सोचे-विचारे कटु वचनों का प्रयोग किया है। इसलिए मैं तुम्हें शाप देता हूँ कि तुम्हारे घर उत्पन्न होने वाला पुत्र महामूर्ख और हठी होगा।''

गोभिल के शाप से देवदत्त भयभीत हो गया और उनसे क्षमा माँगते हुए बोला - ''ऋषिवर ! मेरे अपराध को क्षमा करें। पुत्र के अभाव ने मुझे अत्यंत विचलित कर दिया था। मैं अज्ञानी यह भूल गया था कि यज्ञ में आए ऋषिगण साक्षात् देवस्वरूप होते हैं। ऋषिवर ! मुझ पर दया करें। मूर्ख प्राणी का इस संसार में कोई अस्तित्व नहीं होता। जीवन में उसे ज्ञान, मान, सम्मान, धन और वैभव कदापि प्राप्त नहीं होते। हे मुनिवर ! आप तो महान तपस्वी हैं। अज्ञानियों का उद्धार करना ही आपका कार्य है। कृपा करके आप मेरा भी इस शाप से उद्धार करें।'' यह कहकर देवदत्त गोभिल ऋषि के चरणों में गिरकर अपने आँसुओं से उनके चरण धोने लगा।

देवदत्त की निर्मल प्रार्थना से गोभिल ऋषि का क्रोध शांत हो गया और वे बोले - ''वत्स ! मुख से निकले वचन कभी वापस नहीं आते। जो शाप मैं दे चुका हूँ, वह तो सिद्ध होगा ही। किंतु मैं तुम्हें ये आशीर्वाद भी देता हूँ कि तुम्हारा पुत्र महामूर्ख होकर फिर विद्वान हो जाएगा।'' ऋषि से यह वर प्राप्त कर देवदत्त अति प्रसन्न हुआ। तत्पश्चात् यज्ञ पूर्ण किया गया। सभी उपस्थित ऋषि-मुनि विधिपूर्वक विदा हुए।

उचित समय के पश्चात् यज्ञ-फल के रूप में रोहिणी ने रोहिणी नक्षत्र में ही एक सुंदर बालक को जन्म दिया। मनोरथ सिद्ध होने पर देवदत्त ने निर्धनों को धन, अन्न और वस्त्रों का दान किया। उस बालक का नाम उतथ्य रखा गया।

कुछ बड़ा होने पर उतथ्य की शिक्षा आरम्भ हुई। गुरु उतथ्य को पढ़ाने लगे, किंतु उतथ्य एक भी शब्द का उच्चारण न कर सका। इस प्रकार बारह वर्ष व्यतीत हो गए। उतथ्य पहले के समान ही मूर्ख रहा। आस-पास के सभी गाँवों में यह प्रचारित हो गया कि देवदत्त जैसे महान विद्वान का पुत्र महामूर्ख है। सभी लोग उसका उपहास करने लगे। इससे उतथ्य के मन में वैराग्य उत्पन्न हो गया और वह सबकुछ त्यागकर वन में चला गया।

वन में उतथ्य ने गंगा के तट के निकट पर्णकुटी बनाई और कंद-मूल खाकर ब्रह्मचर्य का पालन करने लगा। उसने यह नियम बना लिया कि वह कभी झूठ नहीं बोलेगा। सत्यव्रत का पालन करते हुए उतथ्य ने चौदह वर्ष बिता दिए। इन चौदह वर्षों में उसने न तो कोई उपासना की और न ही कोई मंत्र जपा अथवा विद्या प्राप्त की। किंतु यह बात चारों ओर फैल गई कि मुनि उतथ्य सत्यव्रत का पालन करते हैं। उनके मुख से निकली वाणी मिथ्या नहीं होती। इस प्रकार उसका नाम उतथ्य के स्थान पर सत्यव्रत पड़ गया।

एक बार एक शिकारी शिकार खेलने के उद्देश्य से वन में आया। वन में घूमते हुए उसकी दृष्टि एक वराह (सूअर) पर पड़ी। उसने शीघ्र ही बाण चलाकर वराह को घायल कर दिया। बाण लगने से वराह भयभीत होकर, अपने प्राण बचाने के लिए उतथ्य की कुटिया के निकट एक झाड़ी में छिप गया।

घायल वराह को देखकर उतथ्य का हृदय दया से भर गया। इसके फलस्वरूप उसके मुख से 'ऐ' शब्द का उच्चारण हो गया। उतथ्य ने यह सारस्वत बीज मंत्र न तो कभी सुना था और न ही कभी इसका उच्चारण किया था। यह बीज मंत्र अनजाने में ही उसके मुख से निकल गया था। इस बीज मंत्र के उच्चारण-मात्र से ही भगवती जगदम्बा प्रसन्न हो गईं और उन्होंने उतथ्य को दुर्लभ विद्या प्रदान की। माता जगदम्बा की कृपा से मूर्ख उतथ्य पल भर में ही सभी विद्याओं का ज्ञाता हो गया।

तभी वराह का पीछा करते हुए वह शिकारी वहाँ आ पहुँचा। शिकारी ने देखा कि सामने उतथ्य आसन पर बैठा है। शिकारी ने सिर झुकाकर उतथ्य को प्रणाम किया और उससे वराह के बारे में पूछा।

उतथ्य धर्मसंकट में फँस गया। उसने सोचा कि यदि वह सत्य बोलता है तो शिकारी वराह को मार डालेगा और यदि असत्य बोलता है तो उसका सत्यव्रत टूट जाएगा। अंत में ज्ञानवान उतथ्य बोला - "हे व्याध ! मैंने जिन आँखों से देखा है, वे बोल नहीं सकतीं और जो जिह्वा बोल सकती है, उसने वराह को नहीं देखा। इसलिए मैं तुम्हारे प्रश्न का उत्तर किस प्रकार दूँ?" उतथ्य की बात सुनकर शिकारी निराश होकर वहाँ से लौट गया।

भगवती जगदम्बा की कृपा-दृष्टि पड़ने से उतथ्य वाल्मीकि के समान एक महान कवि और विद्वान बन गया। उसकी विद्वता की आभा चारों ओर फैलने लगी। यज्ञों और अन्य धार्मिक उत्सवों में उसका यश गाया जाने लगा। उसकी कीर्ति सुनकर उसका पिता देवदत्त वन में गया और उसे मनाकर वापस घर ले आया। माता भगवती के आशीर्वाद से मूर्ख उतथ्य को ज्ञान, मान, सम्मान और वैभव की प्राप्ति हुई।

समुद्र मंथन

एक बार की बात है – शिवजी के दर्शनों के लिए दुर्वासा ऋषि अपने शिष्यों के साथ कैलाश जा रहे थे। मार्ग में उन्हें देवराज इन्द्र मिले। इन्द्र ने दुर्वासा ऋषि और उनके शिष्यों को भक्तिपूर्वक प्रणाम किया। तब दुर्वासा ने इन्द्र को आशीर्वाद देकर भगवान् विष्णु का पारिजात पुष्प प्रदान किया। इन्द्रासन के गर्व में चूर इन्द्र ने उस पुष्प को अपने ऐरावत हाथी के मस्तक पर रख दिया। उस पुष्प का स्पर्श होते ही ऐरावत सहसा भगवान् विष्णु के समान तेजस्वी हो गया। उसने इन्द्र का परित्याग कर दिया और उस दिव्य पुष्प को कुचलते हुए वन की ओर चला गया।

इन्द्र द्वारा भगवान् विष्णु के दिव्य पुष्प का तिरस्कार होते देखकर दुर्वासा ऋषि के क्रोध की सीमा न रही। उन्होंने देवराज इन्द्र को 'श्री' (लक्ष्मी) से हीन हो जाने का शाप दे दिया। दुर्वासा मुनि के शाप के फलस्वरूप लक्ष्मी उसी क्षण स्वर्गलोक को छोड़कर अदृश्य हो गईं। लक्ष्मी के चले जाने से इन्द्र आदि देवता निर्बल और श्रीहीन हो गए। उनका वैभव लुप्त हो गया। इन्द्र को बलहीन जानकर दैत्यों ने स्वर्ग पर

आक्रमण कर दिया और देवगण को पराजित करके स्वर्ग के राज्य पर अपना परचम फहरा दिया।

तब इन्द्र देवगुरु बृहस्पति और अन्य देवताओं के साथ ब्रह्माजी की सभा में उपस्थित हुए। तब ब्रह्माजी बोले – "देवेन्द्र ! भगवान् विष्णु के भोगरूपी पुष्प का अपमान करने के कारण रुष्ट होकर भगवती लक्ष्मी तुम्हारे पास से चली गई हैं। उन्हें पुनः प्रसन्न करने के लिए तुम भगवान् नारायण की कृपा-दृष्टि प्राप्त करो। उनके आशीर्वाद से तुम्हें खोया वैभव पुनः मिल जाएगा।"

इस प्रकार ब्रह्माजी ने इन्द्र को आश्वस्त किया और उन्हें लेकर भगवान् विष्णु की शरण में पहुँचे। वहाँ परब्रह्म भगवान् विष्णु भगवती लक्ष्मी के साथ विराजमान थे। देवगण भगवान् विष्णु की स्तुति करते हुए बोले – "भगवन् ! आपके श्रीचरणों में हमारा बारम्बार प्रणाम। भगवन् ! हम सब जिस उद्देश्य से आपकी शरण में आए हैं, कृपा करके आप उसे पूरा कीजिए। दुर्वासा ऋषि के शाप के कारण माता लक्ष्मी हमसे रूठ गई हैं और दैत्यों ने हमें पराजित कर स्वर्ग पर अधिकार कर लिया है। अब हम आपकी शरण में है, हमारी रक्षा कीजिए।"

भगवान् विष्णु त्रिकालदर्शी हैं। वे पल भर में ही देवताओं के मन की बात जान गए। तब वे देवगण से बोले – "देवगण ! मेरी बात ध्यानपूर्वक सुनें, क्योंकि केवल यही तुम्हारे कल्याण का उपाय है। दैत्यों पर इस समय काल की विशेष कृपा है। इसलिए जब तक तुम्हारे उत्कर्ष और दैत्यों के पतन का समय नहीं आता, तब तक तुम उनसे संधि कर लो। क्षीरसागर के गर्भ में अनेक दिव्य पदार्थों के साथ-साथ अमृत भी छिपा है। उसे पीने वाले के सामने मृत्यु भी पराजित हो जाती है। इसके लिए तुम्हें समुद्र मंथन करना होगा। यह कार्य अत्यंत दुष्कर है, अतः इस कार्य में दैत्यों से सहायता लो। कूटनीति भी यही कहती है कि आवश्यकता पड़ने पर शत्रुओं को भी मित्र बना लेना चाहिए। तत्पश्चात् अमृत पीकर अमर हो जाओ। तब दुष्ट दैत्य भी तुम्हारा अहित नहीं कर सकेंगे। देवगण ! वे जो शर्त रखें, उसे स्वीकार कर लें। यह बात याद रखें कि शांति से सभी कार्य बन जाते हैं, क्रोध करने से कुछ नहीं होता।"

भगवान् विष्णु के परामर्श के अनुसार इन्द्रादि देवगण दैत्यराज बलि के पास संधि का प्रस्ताव लेकर गए और उन्हें अमृत के बारे में बताकर समुद्र मंथन के लिए तैयार कर लिया।

समुद्र मंथन के लिए समुद्र में मंदराचल को स्थापित कर वासुकि नाग को रस्सी बनाया गया। तत्पश्चात् दोनों पक्ष अमृत-प्राप्ति के लिए समुद्र मंथन करने लगे। अमृत पाने की इच्छा से सभी बड़े जोश और वेग से मंथन कर रहे थे। सहसा तभी समुद्र में से कालकूट नामक भयंकर विष निकला। उस विष की अग्नि से दसों दिशाएँ जलने लगीं। समस्त प्राणियों में हाहाकार मच गया। देवताओं और दैत्यों सहित ऋषि, मुनि,

मनुष्य, गंधर्व और यक्ष आदि उस विषाग्नि से जलने लगे।

देवताओं की प्रार्थना पर, भगवान् शिव विषपान के लिए तैयार हो गए। उन्होंने भयंकर हलाहल को हथेलियों में भरा और भगवान् विष्णु का स्मरण कर उसे पी गए। भगवान् विष्णु अपने भक्तों के संकट हर लेते हैं। उन्होंने हलाहल को शिवजी के कंठ (गले) में ही रोक कर उसका प्रभाव समाप्त कर दिया। विष के कारण भगवान् शिव का कंठ नीला पड़ गया और वे संसार में नीलंकठ के नाम से प्रसिद्ध हुए। जिस समय भगवान् शिव विषपान कर रहे थे, उस समय विष की कुछ बूँदें नीचे गिर गईं, जिन्हें बिच्छू, साँप आदि जीवों और कुछ वनस्पतियों ने ग्रहण कर लिया। इसी विष के कारण वे विषैले हो गए। विष का प्रभाव समाप्त होने पर सभी देवगण भगवान् शिव की जय-जयकार करने लगे।

हलाहल के बाद समुद्र से कामधेनु (गाय) प्रकट हुई। वह यज्ञ-हवन आदि सामग्री उत्पन्न करने वाली थी, अत: उसे ऋषि-मुनियों ने ग्रहण किया। उसके बाद उच्चै:श्रवा नामक सात मुखों वाला एक अश्व निकला। वह चन्द्रमा के समान श्वेत वर्ण का था। उसकी सुंदरता से प्रभावित होकर उसे दैत्यराज बलि ने ग्रहण कर लिया। तदंतर समुद्र से श्वेत वर्ण का ऐरावत नामक एक हाथी निकला। उसे अपना वाहन बनाने के लिए इन्द्र ने ग्रहण कर लिया। इसके बाद कौस्तुभ नामक मणि प्रकट हुई। उसे श्रीविष्णु ने धारण किया। समुद्र मंथन से कल्पवृक्ष तथा अनेक सुंदर अप्सराएँ भी प्रकट हुईं। इनके बाद ऐश्वर्य और भोगों की देवी लक्ष्मी प्रकट हुईं। वे भगवान् विष्णु की नित्यशक्ति हैं। उनके रूप-सौंदर्य से सभी का मन उनकी ओर आकर्षित हो गया। देवी लक्ष्मी समुद्र की पुत्री के रूप में उत्पन्न हुईं थी। उन्होंने प्रकट होते ही भगवान् विष्णु को वरमाला डालकर पतिरूप में स्वीकार कर लिया।

अंत में समुद्र से एक दिव्य पुरुष प्रकट हुए। दिव्य वस्त्राभूषणों से सुशोभित वे दिव्य पुरुष श्रीविष्णु के अंशावतार और आयुर्वेद के प्रवर्तक वैद्य धन्वन्तरि थे। उनके हाथों में अमृत से भरा कलश था। उन्हें देखकर दैत्यों ने समुद्र मंथन छोड़कर उनसे अमृत का कलश छीन लिया। तब भगवान् विष्णु ने मोहिनी अवतार धारण करके देवताओं को अमृत पान करवाया।

इस प्रकार इन्द्रादि देवता 'श्री' से सम्पन्न होने के साथ-साथ अमृतपान कर अमर हो गए।

चन्द्रमा को शाप

पूर्वकाल में जब ब्रह्माजी सृष्टि का विस्तार करना चाहते थे, उस समय उनके हृदय से महर्षि अत्रि का जन्म हुआ। ब्रह्माजी की आज्ञा से महर्षि अत्रि कठोर तपस्या करने वन में चले गए। वहाँ उन्होंने तीन हज़ार दिव्य वर्षों तक अनुत्तर नामक घोर तपस्या की। तपस्या के प्रभाव के कारण उनका तेज उनके नेत्रों से जल–रूप में गिरा और सभी दिशाओं को प्रकाशित करने लगा। उनका यह तेज सोम (चन्द्रमा) कहलाया। समस्त लोकों के कल्याण के लिए ब्रह्माजी ने सोमदेव को अपने रथ पर स्थापित कर लिया। ब्रह्माजी के रथ में सोमदेव को देखकर देवगण तथा ऋषि–मुनियों ने उनका स्तवन किया। इससे सोमदेव तेजोमय हो गए। उस रथ पर सुशोभित होकर सोमदेव ने इक्कीस बार पृथ्वी की प्रदक्षिणा की। प्रदक्षिणा के समय उनका तेज पृथ्वी पर जहाँ–जहाँ गिरा, वहाँ–वहाँ समस्त प्रकार के अन्न आदि एवं औषधियाँ उत्पन्न हुईं।

तत्पश्चात् सोमदेव ने दस हज़ार वर्षों तक कठोर तप कर ब्रह्माजी को प्रसन्न किया। उनके तप से प्रसन्न होकर ब्रह्माजी ने उन्हें बीज, औषधि, जल तथा ब्राह्मणों का अधिपति देव बना दिया।

फिर ब्रह्माजी की आज्ञा से सोमदेव ने एक विशाल राजसूय यज्ञ का आयोजन किया। इस शुभावसर पर देवताओं सहित समस्त ऋषि और महर्षियों को आमंत्रित किया गया। यज्ञ-समाप्ति पर उपस्थित सभाजन ने सोमदेव की विधिवत् पूजा-अर्चना की। दक्ष प्रजापति ने अपनी सत्ताईस कन्याओं - अश्विनी, भरणी, कृत्तिका, रोहिणी, मृगशिर, पुनर्वसु, पुष्य, आश्लेषा, हस्त, आर्द्रा, मघा, पूर्वा फाल्गुनी, उत्तरा फाल्गुनी, चित्रा, अनुराधा, स्वाति, विशाखा, मूल, ज्येष्ठा, पूर्वाषाढ़ा, उत्तराषाढ़ा, श्रवण, शतभिषा, धनिष्ठा, पूर्वा भाद्रपद, उत्तरा भाद्रपद तथा रेवती का विवाह सोमदेव के साथ कर दिया। इतना मान-सम्मान, ऐश्वर्य और वैभव पाकर सोमदेव के हृदय में अहंकार उत्पन्न हो गया। इसी अहंकारवश उन्होंने स्वयं को सर्वश्रेष्ठ समझकर अन्य देवताओं का तिरस्कार करना आरम्भ कर दिया।

एक दिन सोमदेव की कुदृष्टि देवगुरु बृहस्पति की पत्नी तारा पर पड़ी। वह अनन्य सुंदरी थी। सोमदेव ऐश्वर्य-मद् में चूर थे, अतः उन्होंने बलपूर्वक तारा का हरण कर लिया। ऐसा अनीतिपूर्ण कार्य देख समस्त लोकों में उनकी निन्दा होने लगी। देवगण और देवर्षियों ने सोमदेव को अनेक प्रकार से समझाने का प्रयास किया, किंतु वे तारा को लौटाने के लिए सहमत न हुए। तब उनकी धृष्टता से क्रुद्ध होकर देवराज इन्द्र ने अन्य देवताओं के साथ उन पर आक्रमण कर दिया। दोनों पक्षों में घोर युद्ध हुआ, किंतु अंत में देवगण को पराजय का मुख देखना पड़ा।

देवताओं के पराजित होने पर देवराज इन्द्र ने भगवान् शिव से सहायता माँगी। उनकी प्रार्थना सुनकर महादेव नन्दी पर सवार होकर सोमदेव को दण्डित करने चल पड़े। इधर, जब सोमदेव को यह समाचार मिला तो वे भी युद्ध-भूमि में आ डटे।

जब ब्रह्माजी ने सोमदेव की यह धृष्टता देखी तो वे उसे समझाते हुए बोले - "वत्स ! यह तुम कैसा अनर्थ करने जा रहे हो? भगवान् महादेव आदिपुरुष हैं। उन परब्रह्म को कदापि पराजित नहीं किया जा सकता। तुम्हारा यह दुःसाहस तुम्हें काल का ग्रास बना देगा। इसलिए तुम शांतिपूर्वक तारा को लौटा कर उनसे क्षमा माँग लो। भगवान् शिव बड़े दयालु हैं। वे तुम्हें अवश्य क्षमा कर देंगे।"

उनके समझाने पर सोमदेव ने भगवान् शिव से क्षमा-याचना कर तारा को लौटा दिया। सोमदेव ने गुरु-पत्नी के साथ समागम करने का पाप किया था, इसलिए इस पाप कर्म के परिणामस्वरूप वे क्षय रोग से पीड़ित होकर कांतिहीन हो गए। इससे समस्त लोकों में हाहाकार मच गया। सृष्टि-चक्र में बाधा उत्पन्न हो गई। ऋषि, मुनि, मनुष्य, गंधर्व, नाग - सभी भयभीत होकर त्राहि-त्राहि करने लगे।

इधर, क्षय रोग से पीड़ित सोम ने ब्रह्माजी का आह्वान किया और उनसे कष्ट

से मुक्ति पाने का उपाय पूछा। सोमदेव की दुर्दशा देख ब्रह्माजी बोले – "वत्स ! यह तुम्हारे दुष्कर्मों का ही फल है। तुमने परस्त्री से दुष्कर्म का जो पाप किया है, उसी के कारण तुम्हारी यह दुर्दशा हुई है। अब तुम्हें केवल भगवान् शिव ही इस पाप से मुक्त कर सकते हैं। इसलिए तुम प्रभास नामक क्षेत्र में महामृत्युंजय मंत्र का जप करते हुए भगवान् भोलेनाथ की पूजा-आराधना करो। उनके आशीर्वाद से तुम्हारे सभी कष्टों का अंत हो जाएगा और तुम पुनः श्रीयुक्त हो जाओगे।"

ब्रह्माजी से पाप-मुक्ति का उपाय जानकर सोमदेव प्रभास क्षेत्र में पहुँचे। वहाँ उन्होंने शिवलिंग की स्थापना की और उसकी विधिपूर्वक पूजा-अर्चना करने के बाद भगवान् शिव के महामृत्युंजय मंत्र का जप आरम्भ कर दिया। यह जप छः मास तक चला। इन छः महीनों में सोमदेव ने महामृत्युंजय मंत्र का दस करोड़ बार जप किया।

अंत में सोमदेव की तपस्या से प्रसन्न होकर भगवान् शिव वहाँ प्रकट हुए और बोले – "हे सोम ! मैं तुम्हारी तपस्या से प्रसन्न हुआ। माँगो, तुम्हें क्या वर चाहिए? मैं तुम्हें मनोवांछित वर प्रदान करने का वचन देता हूँ।"

भगवान् महादेव को साक्षात् देखकर सोमदेव अपनी सारी पीड़ा भूल गए और बेल-पत्रों एवं गंगाजल से उनकी स्तुति करते हुए महामृत्युंजय मंत्र का उच्चारण करने लगे। तत्पश्चात् बोले – "दयानिधान ! मैंने देवगुरु बृहस्पति की पत्नी तारा के साथ जो पापकर्म किया है, उसी के दण्डस्वरूप मैं कांतिहीन होकर यह भयंकर कष्ट भोग रहा हूँ। आप मुझे इस कष्ट से मुक्त करने की कृपा करें।"

उनकी प्रार्थना सुनकर भगवान् शिव बोले – "हे सोमदेव ! प्राणी को अपने प्रत्येक कर्म का फल अवश्य भोगना पड़ता है। इसलिए तुम्हें भी अपने पाप का फल भोगना होगा। किंतु तुमने कठोर तपस्या की है, अतः मैं तुम्हें यह वरदान देता हूँ कि तुम्हारी कांति एक पक्ष में क्षीण होकर दूसरे पक्ष में पुनः बढ़ने लगेगी।"

इस प्रकार भगवान् शिव के वर से सोमदेव पुनः श्रीयुक्त होकर कांतिवान हो गए। सोम का यश बढ़ाने के लिए भगवान् शिव उन्हीं के नाम पर सोमेश्वर कहलाए तथा वह स्थान सोमेश्वर (सोमनाथ) तीर्थ के नाम से समस्त लोकों में प्रसिद्ध हुआ। कहा जाता है कि सोमेश्वर तीर्थ में भगवान् शिव की पूजा-अर्चना करने से क्षय, कोढ़ आदि भयंकर रोगों का नाश होता है।

पतिव्रता सावित्री

प्राचीन समय की बात है – मद्र देश में अश्वपति नामक राजा शासन करते थे। शत्रुओं की शक्ति को नष्ट-भ्रष्ट करना और मित्रों के कष्टों का निवारण करना ही उनका स्वभाव था। उनकी रानी का नाम मालती था। मालती एक धर्मनिष्ठ महिला थी। राज्य में सब ओर सुख-शांति थी। अश्वपति को बस एक ही दुःख था कि वे अभी तक पिता नहीं बन सके थे। अतः मालती ने वसिष्ठजी के आदेश से भगवती सावित्री की आराधना आरम्भ की। देवी सावित्री के दर्शन नहीं हुए तो वह तपस्या त्याग कर घर लौट गई। तब राजा अश्वपति पुष्कर क्षेत्र में जाकर देवी सावित्री के स्तोत्र का पठन करते हुए कठोर तप करने लगे।

उनकी तपस्या से प्रसन्न होकर देवी सावित्री साक्षात् प्रकट हुईं और बोलीं – "राजन ! तुम्हारी जो अभिलाषा है, उसे मैं भली-भाँति जानती हूँ। तुम्हारी पत्नी की इच्छा भी मुझसे छिपी नहीं है। अतः तुम्हें सबकुछ देने के लिए ही मैं यहाँ प्रकट हुई हूँ। राजन ! तुम्हारी रानी कन्या चाहती है और तुम पुत्र चाहते हो। मेरे वर से तुम्हें दोनों की प्राप्ति होगी।"

राजा अश्वपति को वर देकर सावित्री माता ब्रह्म-लोक लौट गईं। समयानुसार

मालती ने एक सुंदर कन्या को जन्म दिया। भगवती सावित्री की आराधना से उत्पन्न हुई उस कन्या का नाम अश्वपति ने सावित्री रख दिया। वह बचपन से ही भगवती की श्रद्धापूर्वक आराधना करती थी।

युवा होने पर अश्वपति को सावित्री के विवाह की चिंता सताने लगी। सावित्री ने द्युमत्सेन के पुत्र सत्यवान के साथ विवाह करने की इच्छा प्रकट की। द्युमत्सेन का राज्य उसके शत्रुओं ने छीनकर उसे अंधा करके देश-निकाला दे दिया था। इसलिए वह अपने पुत्र सत्यवान के साथ एक ऋषि के आश्रम में रहता था।

देवर्षि नारद ने अश्वपति को बताया कि सत्यवान की आयु केवल एक वर्ष शेष है। तब अश्वपति ने अनेक प्रकार से सावित्री को समझाने की चेष्टा की, किंतु सावित्री अपने निश्चय पर दृढ़ रही। सत्यवान सुशील एवं उत्तम गुणों से सम्पन्न था। हारकर अश्वपति ने सावित्री की इच्छानुसार उसका विवाह सत्यवान से कर दिया। विवाह के बाद सत्यवान सावित्री के साथ आश्रम में ही रहने लगा। सत्यवान और सावित्री का जीवन सुखपूर्वक बीत रहा था। एक वर्ष का समय मानो पलभर में ही बीत गया हो।

एक बार द्युमत्सेन ने अपने पुत्र सत्यवान को वन से फल और ईंधन लाने के लिए कहा। पिता की आज्ञा के अनुसार सत्यवान वन में गया। उसके साथ उसकी साध्वी पत्नी सावित्री भी थी। वन में पहुँचकर सावित्री फल एकत्रित करने लगी और सत्यवान एक वृक्ष पर चढ़कर लकड़ियाँ काटने लगा। सत्यवान का जीवनकाल पूरा होने को था, अतः उसके प्राणों को हरने के लिए यमराज वहाँ प्रकट हुए। नियत समय पर उन्होंने सत्यवान के प्राणों को अपने पाश में बाँधा और यमपुरी की ओर चल पड़े।

प्राणहीन होते ही सत्यवान वृक्ष से नीचे गिर पड़ा। जब सावित्री ने यमराज को सत्यवान के प्राण ले जाते देखा तो वह भी उनके पीछे-पीछे चलने लगी। उसे अपने पीछे आते देखकर यमराज ठहर गए। सावित्री ने हाथ जोड़कर उन्हें प्रणाम किया।

तब यमराज बोले - "सावित्री ! तुम मानव देह के साथ कहाँ मेरे पीछे आ रही हो? मृत्युलोक का प्राणी इस प्रकार सशरीर यमलोक में नहीं जा सकता। जिसकी जितनी आयु होती है, उतनी आयु भोगने के बाद ही प्राणी शरीर त्यागकर यमलोक में प्रवेश कर सकता है। हे साध्वी ! तुम्हारे पति की आयु पूर्ण हो चुकी है, अतः अपने अच्छे-बुरे कर्मों का फल भोगने के लिए वह मेरे साथ यमलोक में जा रहा है।" यह कहकर यमराज मौन हो गए।

सावित्री यमराज की स्तुति करते हुए बोली - "प्रभु ! आप तो ज्ञान के अथाह सागर हैं। आप ही बताइए, अपने प्राणनाथ को छोड़कर मैं अकेली कहाँ जाऊँ? पति के बिना पत्नी का कोई अस्तित्व नहीं है। संसार के समस्त सुख उसके

लिए विष के समान बन जाते हैं। भगवन् ! पत्नी का कर्त्तव्य सदा अपने पति का अनुसरण करना होता है। इसलिए मैं उनके साथ ही यमलोक जाऊँगी।''

सावित्री के वचन सुनकर यमराज बोले – ''पुत्री ! इतनी छोटी उम्र में, इतनी ज्ञान की बातें ! तुम धन्य हो। तुम देवी सावित्री की अंश लगती हो। मैं तुम्हें वर देता हूँ कि जिस प्रकार लक्ष्मी भगवान् विष्णु के पास, भवानी शिव के पास, शची इन्द्र के पास और संज्ञा सूर्य के पास शोभा पाती हैं, तुम भी सत्यवान की वैसी ही प्रिया बनो। इसके अतिरिक्त तुम्हें जो अभीष्ट हो, वह वर माँग लो। मैं तुम्हें इच्छित वर देने के लिए तैयार हूँ।''

सावित्री बोली – ''भगवन् ! सत्यवान से मुझे सौ पुत्र प्राप्त हों – यही मेरा इच्छित वर है। साथ ही मैं यह भी चाहती हूँ कि मेरे पिता भी सौ पुत्रों के जनक हों, मेरे श्वसुर के नेत्र ठीक हो जाएँ और उन्हें उनका राज्य पुनः प्राप्त हो जाए। प्रभु ! सत्यवान के साथ मैं लम्बे समय तक आनन्दपूर्वक रहकर अंत में भगवती के धाम में चली जाऊँ, ये वर भी देने की कृपा करें।''

सूर्यपुत्र यमराज ने सावित्री के पति सत्यवान को पुनर्जीवन प्रदान कर सावित्री को मनोवांछित वर प्रदान किए। फिर यमराज बोले – ''पुत्री ! तुम्हारी सभी इच्छाएँ मैं पूर्ण कर चुका हूँ। अब तुम अपने पति के साथ अपने घर जाओ और भगवती सावित्री का व्रत करो। चौदह वर्ष तक नियमित इस व्रत का पालन करने से तुम्हारे पिछले-अगले सभी पापों का अंत हो जाएगा और देवी की कृपा से तुम मोक्ष क

अधिकारी बनोगी।''

इसके बाद यमराज अपने लोक को लौट गए। सावित्री भी सत्यवान को लेकर घर लौट आई। वर के प्रभाव से उसके पिता पुत्रवान हो गए। उसके श्वसुर के नेत्र ठीक हो गए और उन्हें उनका राज्य पुनः प्राप्त हो गया। धरती पर अनेक वर्षों तक सुखमय जीवन व्यतीत करने के बाद सावित्री सत्यवान के साथ भगवती सावित्री के लोक में चली गई।

राजा सगर

एक समय की बात है, महाराज़ा हरिश्चन्द्र के वंश में बाहु नामक एक राजा हुए। राज्य के अहंकार में चूर होकर वे अत्यंत क्रोधी, लोभी, अहंकारी और दुराचारी हो गए थे। उनका मन सुरा और सुंदरियों में लिप्त रहता था। उनके इन्हीं कार्यों के कारण धीरे-धीरे उनकी शक्ति क्षीण होने लगी।

राजा बाहु की अनेक रानियाँ थीं, जो उसी के समान अहंकारी, ईर्ष्यालु और दुष्ट प्रवृत्तियों की थीं। इनमें यादवी नामक एक रानी से बाहु बड़ा प्रेम करते थे। वह अत्यंत सुंदर, सुशील और अतिथि-प्रिय थी। वह सदा ब्राह्मणों की सेवा में लीन रहती थी। उसके द्वार पर आए ऋषि-मुनि कभी खाली हाथ नहीं लौटते थे। वह वस्त्र, अन्न और धन का दान देकर उनके भण्डार भर देती थी। उसके इसी निश्छल सेवा-भाव के कारण राज्य में उसकी प्रसिद्धि थी। उसका यश सुनकर अन्य रानियाँ उससे ईर्ष्या करती थीं।

एक बार राज्य में एक परम तपस्वी ऋषि का आगमन हुआ। वे एक-एक कर सभी रानियों के पास गए, किंतु उन्होंने उनका अपमान कर उन्हें वहाँ से निकलवा दिया। अंत में जब वे रानी यादवी के महल में पहुँचे तो उसने बड़े भक्ति-भाव से उनका आदर-सत्कार किया। फिर उनकी विधिवत् पूजा-आराधना कर उन्हें भोजन करवाया। उसके इस सेवा-भाव से प्रसन्न होकर तपस्वी ने उसे पुत्रवान होने का वर प्रदान किया।

उनके वर-स्वरूप शीघ्र ही यादवी गर्भवती हो गई। जब अन्य रानियों को यह समाचार मिला तो वे मन-ही-मन सोचने लगीं - 'महाराज हमसे अधिक यादवी से प्रेम करते हैं, जिसके कारण वह सदा हमें नीचा दिखाती रहती है। अब यदि उसे पुत्र उत्पन्न हो गया तो वे हमारा पूर्णतः त्याग कर देंगे। इसलिए हमें यादवी और उसके पुत्र को सदा के लिए अपने मार्ग से हटा देना चाहिए।'

ईर्ष्या और द्वेष के कारण उनकी बुद्धि नष्ट हो चुकी थी। पाप और पुण्य का ज्ञान विस्मृत चुका था। उन्होंने रानी यादवी को छलपूर्वक विष दे दिया। किंतु उसके पुण्य कर्मों और तपस्वी के वरदान के कारण विष उसके गर्भ में ही एकत्रित होकर निष्प्रभावी हो गया।

इसी बीच हैहय नामक क्षत्रियों ने बाहु के राज्य पर आक्रमण कर उनका राज्य छीन लिया। तब दुखी बाहु अपनी पत्नी यादवी के साथ वन में चले गए और वहीं निवास करते हुए अपने प्राण त्याग दिए। यादवी बड़ी पतिव्रता स्त्री थी। वह भी पति के शव के साथ चिता पर बैठ गई।

अभी वह चिता में अग्नि लगाने ही वाली थी कि तभी वहाँ औौर्व नामक मुनि आ पहुँचे। उन्होंने यादवी को चिता में जलने से रोक लिया और उसे साथ लेकर अपने आश्रम में लौट आए। यहीं पर उसने एक पुत्र को जन्म दिया। 'गर' अर्थात् 'विष' के साथ उत्पन्न होने के कारण वह बालक 'सगर' नाम से प्रसिद्ध हुआ।

महर्षि और्व ने उसे वेदों और शास्त्रों के साथ-साथ दुर्लभ अस्त्र-शस्त्र की विद्या प्रदान की। आगे चलकर सगर ने हैहयवंशी क्षत्रियों को परास्त कर अपना राज्य पुनः प्राप्त किया। सगर के वंश में ही राजा भगीरथ का जन्म हुआ था जो गंगा को पृथ्वी पर लाए थे।

नारदजी का पूर्वजन्म

पूर्वजन्म में देवर्षि नारद ब्राह्मणों की एक दासी के पुत्र थे। उस जन्म में उनका नाम नन्द था। नन्द को बचपन से ही ब्राह्मणों की सेवा में नियुक्त कर दिया गया। वह निष्ठापूर्वक उनकी सेवा करता था। उसके सेवा-भाव और स्वभाव से प्रसन्न होकर वे उसे जूठा भोजन खाने को दे देते थे। इस प्रकार उनका जूठा भोजन खाने और निरंतर उनकी सेवा करते-करते नन्द के सभी पाप नष्ट हो गए। उसका मन पवित्र और शुद्ध हो गया। धीरे-धीरे उसका मन पूजा-उपासना की ओर प्रेरित होने लगा। वे ब्राह्मण प्रतिदिन भगवान् की लीलाओं का गान करते थे। नन्द भी लीला-गान को ध्यानपूर्वक सुनकर उसका जप करता था। इस प्रकार अनेक महीने बीत गए। कुछ समय बाद वे ब्राह्मण वहाँ से जाने लगे। तब नन्द ने भी उनके साथ चलने की प्रार्थना की।

वे ब्राह्मण नन्द को समझाते हुए बोले – "वत्स नन्द ! जीवन में आना-जाना तो लगा ही रहता है। जो आया है उसे एक दिन अवश्य जाना है। मनुष्य को इस मोह

माया के बंधन में नहीं फँसना चाहिए। हम तुम्हें ऐसा दिव्य-ज्ञान प्रदान करेंगे, जिससे कि तुम प्रभु-भक्ति को सहज ही प्राप्त कर सकोगे।''

यह कहकर उन्होंने नन्द को वह दिव्य-ज्ञान प्रदान किया, जिसे स्वयं भगवान् श्रीकृष्ण ने गीता में अपनी प्राप्ति का मुख्य उपाय बताया है। इस ज्ञान से नन्द के मन में दिव्य-प्रकाश फैल गया। ब्राह्मणों के जाने के बाद नन्द अपनी माता के पास रहकर प्रभु का स्मरण करने लगा।

एक दिन एक साँप के डसने से नन्द की माता की मृत्यु हो गई। तब वह घर छोड़कर वन में चला गया। वहाँ भगवान् श्रीकृष्ण के चरण-कमलों का ध्यान करके वह कठोर तपस्या करने लगा। तपस्या के प्रभाव से उसे अपने हृदय में ही भगवान् श्रीकृष्ण के साक्षात् दर्शन प्राप्त हुए। उनके मनोहारी स्वरूप को देखकर बालक नन्द आत्मविभोर हो गया।

तभी एक दिव्य आकाशवाणी हुई - ''वत्स ! तुम्हारा मन पवित्र और निष्पाप है, इसलिए तुम्हें मेरे दिव्य दर्शन प्राप्त हुए हैं। तुम्हारे मन में मुझे प्राप्त करने की जो दृढ़-इच्छा है, उसके फलस्वरूप अगले जन्म में तुम्हें मेरा प्रिय भक्त होने का गौरव प्राप्त होगा। अपनी भक्ति के कारण जगत् में तुम सदा के लिए अमर हो जाओगे।'' यह सुनकर नन्द ने भगवान् की स्तुति की और प्रभु-नाम का जप करते हुए पृथ्वी पर भ्रमण करने लगा।

सृष्टि के अंत में ब्रह्माजी और सारी सृष्टि के साथ वह भी भगवान् विष्णु में विलीन हो गया। हज़ारों युग बीतने के बाद भगवान् विष्णु के नाभि-कमल से ब्रह्माजी उत्पन्न हुए और सृष्टि की इच्छा से उन्होंने मरीचि, दक्ष आदि मानस-पुत्रों की उत्पत्ति की। भगवान् विष्णु के वरदान से नन्द ब्रह्माजी के मानस पुत्र देवर्षि नारद के रूप में उत्पन्न हुआ।

देवर्षि नारद के मन में भगवान् विष्णु के प्रति असीम भक्ति थी, अतः वे वीणा लेकर समस्त लोकों में उनकी लीलाओं का गान करने लगे। तभी से वे भगवान् विष्णु के प्रिय भक्त के रूप में प्रसिद्ध हुए।

दुर्गम दैत्य

प्राचीन समय की बात है – प्रह्लाद के वंश में दुर्गम नामक एक अति भयानक, क्रूर और पराक्रमी दैत्य हुआ। वह देवताओं का कट्टर शत्रु था। दुर्गम जानता था कि इन्द्र आदि देवताओं का बल वेद है। वेदों के लुप्त अथवा समाप्त हो जाने पर देवता शक्तिहीन होकर उनसे पराजित हो जाएँगे। अत: वेदों को नष्ट करने के विचार से दुर्गम हिमालय पर्वत पर गया और ब्रह्माजी को प्रसन्न करने के लिए वहाँ उसने कठोर तपस्या आरम्भ कर दी।

सैकड़ों साल बीत गए। उसकी तपस्या के तेज से देवताओं और दैत्यों सहित समस्त प्राणी संतप्त हो उठे। तीनों लोकों में हाहाकार मच गया। तब अंतत: ब्रह्माजी वर देने के लिए दुर्गम के सामने प्रकट हुए। उसे समाधि में लीन देखकर ब्रह्माजी बोले – ''वत्स ! नेत्र खोलो। मैं तुम्हारी तपस्या से अत्यंत प्रसन्न हूँ। तुम्हारे मन में जिस वर की इच्छा हो, वह माँग लो।''

ब्रह्माजी की वाणी सुनकर दैत्य दुर्गम ने नेत्र खोले और उनकी स्तुति करते हुए बोला – ''पितामह ! यदि आप प्रसन्न हैं तो मुझे सभी वेद देने की कृपा कीजिए।

सब वेद मेरे अधिकार में हो जाएँ। हे परमपिता ! वेदों के साथ ही मुझे ऐसा अतुल्य बल प्रदान कीजिए, जिससे कि देवता, मनुष्य, गंधर्व, यक्ष, नाग - कोई भी मुझे पराजित न कर सके।''

दुर्गम को इच्छित वर प्रदान कर ब्रह्माजी ब्रह्मलोक लौट गए। उनके वरदान के प्रभाव से ऋषि-मुनि सारे वेदों को भूल गए। स्नान, संध्या, हवन, श्राद्ध, यज्ञ एवं जप आदि वैदिक क्रियाएँ नष्ट हो गईं। सारे भूमण्डल पर भीषण हाहाकार मच गया। इस प्रकार सारे जगत् में अराजकता उत्पन्न हो गई। वर्षा बंद हो गई। पृथ्वी पर चारों ओर अकाल पड़ गया। देवताओं को यज्ञ का भाग मिलना बंद हो गया। वे शक्तिहीन होकर दैत्यों से पराजित हो गए और अपने प्राण बचाते हुए वनों में भटकने लगे।

तब समस्त ऋषि-मुनिगण भगवती जगदम्बा की उपासना करने के विचार से हिमालय पर्वत पर गए। समाधि, ध्यान तथा पूजा द्वारा उन्होंने देवी की स्तुति आरम्भ कर दी। उनकी स्तुति से भगवती माता साक्षात् प्रकट हुईं। भगवती ने उन्हें सांत्वना दी कि वे वेदों को दुर्गम के अधिकार से वापस लाएँगीं और फिर देवसेना लेकर वे दुर्गम का वध करने के चल पड़ीं।

दुर्गम को जब भगवती माता के आने का समाचार मिला तो उसने भी अपनी विशाल दैत्यसेना को तैयार किया और उनका सामना करने के लिए चल पड़ा। देवसेना और दैत्यसेना में भयंकर युद्ध आरम्भ हो गया। दोनों ओर से भीषण शक्तियों का प्रयोग होने लगा।

दुर्गम को ब्रह्माजी से वरदान प्राप्त था, इसलिए देवता उसे किसी भी प्रकार से पराजित न कर सके। तब माता भगवती ने अपने अंश से कालिका, तारिणी, बगला, मातंगी, छिन्नमस्ता, तुलजा, कामाक्षी, भैरवी आदि अनेक देवियों को प्रकट किया और उनके साथ स्वयं—दैत्यसेना और दुर्गम से युद्ध करने लगीं।

अंत में माता जगदम्बा के बाणों ने दुष्ट दुर्गम के प्राण हर लिए। महापापी दुर्गम के मरते ही इन्द्र आदि देवता भगवती माता की स्तुति करते हुए उन पर फूलों की वर्षा करने लगे। दुर्गम का वध करने के कारण भगवती का एक नाम दुर्गा पड़ गया।

विंध्याचल का मान मर्दन

प्राचीन समय की बात है – सम्पूर्ण पर्वतों में विंध्याचल पर्वत को एक श्रेष्ठ और विशाल पर्वत के रूप में पूजा जाता था। अनेक प्रकार के वृक्षों ने विंध्याचल को सुशोभित कर रखा था। पुष्पों से लदी हुईं लताओं एवं वल्लरियों पर अनेक रंग-बिरंगे, आकर्षक पक्षी कूकते रहते थे। मृग, वराह, सिंह, ख़रगोश, वानर आदि अनेक वन्यपशु विंध्याचल पर निर्भय होकर विचरते थे। अनेक नदियों और झीलों ने उसे हरा-भरा बना रखा था। देवता, गंधर्व, अप्सरा और ऋषि, मुनि – विंध्याचल का आकर्षण सभी को अपनी ओर खींचता था।

एक दिन देवर्षि नारद 'नारायण-नारायण' का जप करते हुए आकाश-मार्ग से जा रहे थे। तभी उनकी दृष्टि विंध्याचल पर पड़ी। विंध्य की सुंदरता ने उन्हें भी मोहित कर दिया और कुछ देर वहाँ विश्राम करने के उद्देश्य से वे विंध्य के पास पहुँचे। नारद को देख विंध्याचल ने उनका भरपूर स्वागत किया। सुंदर आसन प्रदान कर उन्हें फल अर्पित किए और उनकी स्तुति की। विंध्य के अतिथि-सत्कार से नारद बहुत प्रसन्न हुए।

सेवा-सत्कार के बाद विंध्याचल हाथ जोड़कर बोले - ''मुनिवर ! आपके शुभ चरणों से मेरा घर पवित्र हो गया। जैसे जगत् के कल्याण के लिए सूर्यदेव भ्रमण करते हैं, वैसे ही आपका भ्रमण देवताओं को अभय प्रदान करता है। नारदजी ! आप इस समय कहाँ से आ रहे हैं? यदि उचित समझें तो अपने मन की बात मुझे बताने की कृपा करें।''

विन्ध्याचल की बात सुनकर देवर्षि नारद बोले - ''पर्वतराज ! इस समय मैं श्रेष्ठ सुमेरुगिरि से आ रहा हूँ। वहाँ मैंने इन्द्र, अग्नि, यम, कुबेर, वरुण और सम्पूर्ण लोकपालों के असंख्य भवन देखे हैं। हे विन्ध्य ! वहाँ मैंने अनेक प्रकार के स्वादिष्ट और दुर्लभ भोग पदार्थ देखे हैं। कलकल बहती नदियाँ वहाँ मधुर संगीत उत्पन्न करती हैं। सुमेरुगिरि स्वर्ग के समान सुंदर है। जैसे देवताओं में इन्द्र को श्रेष्ठ माना जाता है, वैसे ही पर्वतों में सुमेरुगिरि को उत्तम और ऐश्वर्ययुक्त पद प्राप्त है। उसकी तुलना किसी अन्य पर्वत से नहीं की जा सकती।''

इस प्रकार देवर्षि नारद ने अनेक प्रकार से सुमेरुगिरि की प्रशंसा की। जिसे सुनकर विंध्याचल के हृदय में सुमेरु के प्रति ईर्ष्या उत्पन्न हो गई। कुछ समय वहाँ विश्राम करके देवर्षि नारद तो ब्रह्मलोक पधार गए, किंतु विंध्य पर्वत का मन चिंता से भर गया। कामना और ईर्ष्या से सद्‌बुद्धि नष्ट हो जाती है और मन में पाप उत्पन्न हो जाता है। ईर्ष्यावश विंध्य की बुद्धि भी पापग्रस्त हो गई। वे सोचने लगे - 'देवर्षि नारद व्यर्थ ही सुमेरुगिरि की इतनी प्रशंसा करते हैं। मेरे शिखर पर भी अनेक देवता सुशोभित होते हैं। सुमेरु पर्वत केवल इसलिए स्वयं को श्रेष्ठ मानता है क्योंकि सूर्य आदि ग्रह-नक्षत्र उसकी परिक्रमा करते हैं। यदि मैं अपने ऊँचे शिखरों से सूर्य के मार्ग को रोक दूँ, तो वह सुमेरुगिरि की परिक्रमा नहीं कर सकेगा और तब निश्चय ही उसका (सुमेरु) अभिमान खण्डित हो जाएगा।'

यह विचार कर विंध्यगिरि ने उसी क्षण अपने शिखरों को आकाश तक फैला लिया। सूर्य के मार्ग को अपने शिखरों से रोककर विंध्याचल सूर्योदय की प्रतीक्षा करने लगे। प्रातः सूर्यदेव अपनी किरणों से अंधकार को दूर करने लगे। आकाश उनकी किरणों से प्रकाशित हो गया। सरोवर में कमल खिलने लगे। प्राणी अपने-अपने कार्यों में तत्पर हो गए। लेकिन तभी सूर्यदेव का आगे का मार्ग अवरुद्ध हो गया। उनके मार्ग में अनेक पर्वत शिखर दिखाई देने लगे।

जब उन्हें ज्ञात हुआ कि विंध्याचल ने उनके मार्ग को रोक लिया है। वे चिंतित होकर उनसे बोले - ''विंध्यगिरि ! आपने अपने शिखरों से आज मेरा मार्ग क्यों रोक लिया? अपने इन शिखरों को मेरे मार्ग से हटाने का कष्ट करें, जिससे कि मैं सृष्टि को प्रकाश देने के अपने नियम का पालन कर सकूँ।''

सूर्य की बात सुनकर विंध्याचल अहंकारपूर्ण शब्दों में बोले - ''दिनकर ! मेरे

शिखर अब नीचे नहीं हो सकते। यदि ये तुम्हारा मार्ग रोक रहे हैं तो तुम अपना मार्ग बदल लो, लेकिन इनकी ऊँचाई अब कम नहीं हो सकती।''

सूर्यदेव बोले – ''हे विंध्य गिरि ! देवर्षि नारद से सुमेरु की प्रशंसा सुनकर तुम्हारे मन में उसके प्रति ईर्ष्या का भाव उत्पन्न हो गया है और यही कारण है कि तुम यह दु:साहस कर रहे हो। याद रखो, दूसरों के प्रति दया और प्रेम की भावना रखकर ही कोई प्रशंसा का पात्र बनता है। सुमेरु ने न तो कभी किसी के साथ दुर्व्यवहार किया है और न ही ईर्ष्यावश किसी के कार्य में बाधा उत्पन्न करने की कोशिश की है। उसमें सभी मानवीय गुण विद्यमान हैं, यही कारण है कि वह समस्त प्राणियों द्वारा प्रशंसनीय है। सुमेरु के यही गुण उसे अन्य पर्वतों से श्रेष्ठ बनाते हैं। यदि तुम यह सोचते हो कि इस कार्य से तुम्हें यश प्राप्त होगा और तुम सुमेरु को अपमानित कर सकोगे, तो यह तुम्हारा भ्रम है। बल्कि यह कार्य तुम्हें जगत् में लोकनिंदा का पात्र बना देगा।''

सूर्यदेव की बात सुनकर अहंकारी विंध्याचल क्रोधित हो गए और कड़कते हुए बोले – ''सूर्य ! तुम जानते हो, किसे परामर्श दे रहे हो? मैं सुमेरु से अधिक बलशाली और श्रेष्ठ पर्वत हूँ। मेरे इन शिखरों के सामने वह सौंदर्यहीन है। तुमने मुझे परामर्श देने का दु:साहस किया है। इसलिए अब मैं तुम्हें आगे बढ़ने का मार्ग कदापि नहीं दूँगा।''

विंध्यगिरि के अहंकार के कारण जब सूर्य को आगे बढ़ने का मार्ग नहीं मिला तो वे उसी स्थान पर रुक गए। उनके आगे न बढ़ने से प्रकृति का नियम भंग हो गया। जगत् में हाहाकार मच गया। रात्रि जानकर पश्चिम तथा दक्षिण के प्राणी निद्रा में डूबे हुए थे, जबकि पूर्व और उत्तर के प्राणी सूर्य के तेज ताप से जलने लगे थे। सृष्टि में चारों ओर मानो विनाशकाल उत्पन्न हो गया। हवन, पूजन, यज्ञ, श्राद्ध, तर्पण आदि बंद हो गए। जगत् में अव्यवस्था फैल गई। तब देवगुरु बृहस्पति के परामर्श से इन्द्रादि देवगण ब्रह्माजी के साथ भगवान् विष्णु की शरण में पहुँचे और उन्हें भक्तिपूर्वक प्रणाम करके उनकी स्तुति करने लगे। उनकी स्तुति से प्रसन्न होकर भगवान् विष्णु ने उनसे वहाँ आने का कारण पूछा।

तब इन्द्र बोले – ''प्रभु ! सुमेरुगिरि से ईर्ष्या के कारण विंध्य पर्वत ने सूर्य का मार्ग रोक लिया है। सूर्य का कर्त्तव्य है कि वह पूर्व से उदय होकर पश्चिम में अस्त हो जाए। जिससे कि प्राणियों को समान रूप से उनकी किरणों का लाभ प्राप्त होता रहे। किंतु विंध्य की इस धृष्टता से सूर्य के कर्त्तव्य में विघ्न उत्पन्न हो गया है। जगत् में अव्यवस्था फैल गई है। इसलिए दयानिधान ! हम आपकी शरण में हैं। आप शरणागत की सहायता करने की कृपा कीजिए।''

भगवान् श्रीहरि बोले – ''देवताओ ! परम तपस्वी अगस्त्य मुनि इस समय

काशी में विराजमान हैं। वे सम्पूर्ण जगत् की जननी देवी जगदम्बा के अनन्य उपासक हैं। उन पर माता जगदम्बा की विशेष कृपा है। केवल वे ही विंध्य पर्वत के उत्कर्ष को रोक सकते हैं। अत: तुम सब शीघ्र ही काशी जाओ और अगस्त्य मुनि को प्रसन्न करके उनकी सहायता प्राप्त करो। मुनिश्रेष्ठ अगस्त्य परम दयालु और ध र्मनिष्ठ मुनि हैं। जगत् के कल्याण के लिए वे कोई उपाय अवश्य करेंगे।'' इस प्रकार भगवान् विष्णु के परामर्श से इन्द्र, ब्रह्मा, शिव और बृहस्पति सहित सभी देवगण काशी की ओर चल पड़े।

काशी पहुँचकर उन्होंने गंगा के पवित्र तट पर स्नान किया। तत्पश्चात् वे सभी श्रीहरि का नाम जपते हुए अगस्त्य मुनि के पवित्र आश्रम पर पहुँचे। उस समय अगस्त्य मुनि माता जगदम्बा के ध्यान में लीन थे। तब देवगण उनके निकट ही विराजमान हो गए। जब उनका ध्यान टूटा तो इन्द्रादि देवताओं ने उन्हें प्रणाम किया। महर्षि अगस्त्य ने देवताओं से वहाँ आने का कारण पूछा। तब इन्द्र ने उन्हें विंध्याचल की धृष्टता के विषय में बताकर उनसे सहायता करने का अनुरोध किया।

महर्षि अगस्त्य देवताओं की सहायता करने के लिए सहर्ष तैयार हो गए। यह देखकर देवताओं में हर्ष की लहर दौड़ गई और उनसे आज्ञा लेकर वे अपने लोकों को लौट गए। जगत्-कल्याण के लिए अगस्त्य मुनि भगवान् विश्वनाथ, कालभैरव और सिद्धि विनायक को नमस्कार करके काशी से चल पड़े। उनकी पत्नी लोपामुद्रा उनके साथ थीं। अपने योगबल से वे शीघ्र ही विंध्य के निकट पहुँच गए।

तप के प्रभाव से मुनि अगस्त्य के शरीर से सैकड़ों सूर्यों के समान दिव्य तेज निकल रहा था। अगस्त्य मुनि को वहाँ देख विंध्य भयभीत हो गए। उन्होंने शीघ्रतापूर्वक अगस्त्य मुनि की स्तुति की और अपने उन्नत शिखरों को उनके चरणों में झुका दिया। वे बार-बार झुककर भक्तिभाव से अगस्त्य मुनि को प्रणाम करने लगे। विंध्याचल को नतमस्तक होते देखकर महर्षि अगस्त्य ने कहा - ''हे वत्स ! तुम्हारे शिखर बहुत ऊँचे हैं। मैं बूढ़ा इन पर चढ़ने में असमर्थ हूँ। इसलिए जब तक मैं लौट न आऊँ, तब तक तुम ऐसे ही लेटे रहना।''

विंध्याचल ने नम्रतापूर्वक अगस्त्य मुनि की बात स्वीकार कर ली और उसी स्थिति में झुका रहा। तब अगस्त्य मुनि उस पर चढ़कर दक्षिण दिशा की ओर चले गए। मार्ग में उन्हें शैल पर्वत दिखाई दिया। उन्होंने वहाँ अपना आश्रम बना लिया और सदा के लिए वहीं रहने का निश्चय कर लिया। अगस्त्य मुनि की प्रतीक्षा में विंध्य पर्वत उसी प्रकार झुका रहा और इस प्रकार सूर्यदेव के पश्चिम दिशा में आगे बढ़ने का मार्ग पुन: खुल गया।

धुंधुमार

इक्ष्वाकु वंश में बृहदश्व नामक एक प्रतापी राजा हुए। उन्होंने अनेक वर्षों तक धर्मपूर्वक राज्य किया। उनके राज्य में प्रजा सुखपूर्वक जीवन व्यतीत करती थी। उनके कुवलाश्व नामक एक पुत्र थे, जो उन्हीं के समान तेजस्वी, धर्मात्मा और प्रजाप्रिय थे। जब बृहदश्व वृद्ध हुए तो उन्होंने अपना शेष जीवन प्रभु-भक्ति में लगाने का निश्चय कर कुवलाश्व का राज्याभिषेक किया और उन्हें राज्य सौंपकर तपस्या करने के लिए वन जाने लगे।

तभी वहाँ महर्षि उत्तंक आ पहुँचे और उन्हें रोकते हुए बोले - ''राजन ! प्रजा की रक्षा करना राजा का धर्म है और आपके क्षेत्र में निवास करने वाले ऋषि-मुनि भी आपकी प्रजा हैं, अत: आप अपने धर्म का पालन कर हमारी रक्षा कीजिए। राजन ! मेरे आश्रम के निकट ही धुंधु नामक एक अत्यंत विशाल और भयंकर दैत्य रहता है। समस्त लोकों का संहार करने का निश्चय कर वह पृथ्वी के भीतर घोर तपस्या कर रहा है। वर्ष में एक बार वह बड़े वेग से साँस छोड़ता है। उस समय सम्पूर्ण पृथ्वी काँपने लगती है। उसके श्वास की वायु से उड़ने वाली धूल सूर्यदेव तक को भी ढक

लेती है। इससे हमारा तप खण्डित हो जाता है। राजन ! ब्रह्माजी ने क्षत्रियों की रचना ब्राह्मणों की रक्षा के लिए की है और आप ही हमारे रक्षक हैं। अतएव सृष्टि-कल्याण के लिए आप उस दुष्ट दैत्य का संहार कीजिए।'' उनकी बात सुनकर बृहदश्व ने कुवलाश्व को धुंधु का वध करने की आज्ञा दी और स्वयं वन में चले गए।

राजा कुवलाश्व के सौ पुत्र थे। वे सभी श्रेष्ठ धनुर्धर, बलवान, वीर और समस्त विद्याओं में निपुण थे। शरणागत की रक्षा करना वे अपना धर्म समझते थे। इसलिए कुवलाश्व उन्हें साथ लेकर दैत्य धुंधु का वध करने चल पड़े। मुनि के आश्रम के निकट पहुँचकर कुवलाश्व अपने पुत्रों से वह स्थान खुदवाने लगे, जहाँ धुंधु तपस्या में लीन था। शीघ्र ही राजकुमारों ने पृथ्वी खोद कर धुंधु को ढूँढ लिया। इससे धुंधु की तपस्या खण्डित हो गई और वह क्रोधित होकर बोला - ''दुष्टो ! तुमने मेरी अनेक वर्षों की तपस्या भंग करने का दुःसाहस किया है। अब तुम्हें मेरे क्रोध से कोई नहीं बचा सकता।'' इतना कहकर उसके विकराल मुख से भीषण लपटें निकलने लगीं और उसमें कुवलाश्व के तीन पुत्रों को छोड़कर शेष सभी भस्म हो गए।

पुत्रों को भस्म होते देखकर कुवलाश्व क्रोधित होकर धुंधु को ललकारते हुए बोले - ''दुष्ट ! तू बड़ा पापी, दुराचारी और अहंकारी है। सृष्टि-कल्याण के लिए तेरा वध आवश्यक है।''

दोनों में भीषण युद्ध आरम्भ हो गया। तपस्या के कारण धुंधु अत्यंत बलशाली हो गया था, इसलिए धीरे-धीरे उसके सामने कुवलाश्व की शक्ति क्षीण पड़ने लगी। धुंधु के तपोबल के सामने कुवलाश्व को विवश देखकर महर्षि उत्तंक ने भगवान् विष्णु का स्मरण कर उनसे सहायता की प्रार्थना की। तब श्रीविष्णु ने कुवलाश्व में अपना तेज प्रविष्ट कर दिया। शक्ति प्राप्त कर कुवलाश्व अत्यंत बलशाली हो गए और दुगुने वेग से धुंधु पर प्रहार करने लगे। तब धुंधु ने अपनी मुखाग्नि से कुवलाश्व पर प्रहार किया। किंतु श्रीविष्णु की कृपा से उसकी अग्नि-ज्वालाओं को वे पी गए।

अपने वार निष्फल जाते देखकर धुंधु भयभीत होकर वहाँ से भागने लगा। तभी कुवलाश्व ने तलवार के एक ही वार से उसका मस्तक काट दिया। उसके मरते ही देवगण उन पर पुष्प-वर्षा करने लगे। तब महर्षि उत्तंक उन्हें वरदान देते हुए बोले - ''वत्स ! तुम्हारा धन और यश सदा अक्षय रहेगा। शत्रु कभी तुम्हें पराजित नहीं कर पाएँगे। पृथ्वी के समस्त ऐश्वर्य भोगने के बाद तुम्हें स्वर्ग प्राप्त होगा। धुंधु के हाथों मारे गए तुम्हारे पुत्रों को भी स्वर्ग प्राप्त होगा।'' इसके बाद महर्षि को प्रणाम करके कुवलाश्व अपने तीन पुत्रों के साथ राजधानी लौट आए। धुंधु का वध करने के कारण कुवलाश्व 'धुंधुमार' नाम से भी प्रसिद्ध हुए।

मनसा देवी

किसी समय की बात है – धरती पर सर्पों और नागों ने भयानक उत्पात मचा रखा था। इनसे आतंकित होकर सभी मनुष्य कश्यप मुनि की शरण में गए। तब कश्यप जी ने ब्रह्माजी के सहयोग से कुछ दिव्य मंत्रों की रचना की। महर्षि कश्यप ने अपने मन से एक देवी की उत्पत्ति की और ब्रह्माजी ने उन्हें इन मंत्रों की अधिष्ठात्री देवी बना दिया। महर्षि कश्यप के मन से प्रकट होने के कारण ये देवी 'मनसा' नाम से प्रसिद्ध हुईं। बाद में ब्रह्माजी ने मनसा को नागों की देवी नियुक्त किया। इन देवी की स्तुति और मंत्रों से नागों के आतंक से लोगों को मुक्ति मिल गई।

प्रकट होते ही मनसा देवी भगवान् शिव के धाम में चली गईं और वहाँ रहकर कठोर तप करने लगीं। शिवजी ने प्रसन्न होकर मनसा को दिव्य ज्ञान प्रदान किया और परब्रह्म श्रीकृष्ण के अष्टाक्षर मंत्र का उपदेश दिया। मनसा देवी ने अष्टाक्षर मंत्र का तीन युगों तक निरंतर जप किया। मनसा के जप से प्रसन्न होकर भगवान् श्रीकृष्ण ने उन्हें जरत्कारु नाम से सम्बोधित करते हुए दिव्य सिद्धि प्रदान की। तत्पश्चात् उन्होंने मनसा देवी की विधिवत् पूजा की। इसके बाद ब्रह्मा, शिव, कश्यप, इन्द्रादि

देवगण, नागों, गंधर्वों आदि ने भी मनसा देवी की विधिवत स्तुति की। इस प्रकार जगत् में मनसा - देवी के रूप में स्थापित होकर पूजी जाने लगीं।

एक प्रचलित कथा में बताया गया है कि - कश्यप मुनि ने मुनिश्रेष्ठ जरत्कारु के साथ मनसा का विवाह कर दिया। विवाह से पूर्व जरत्कारु मुनि ने प्रतिज्ञा की कि 'जिस क्षण साध्वी मनसा उनके कर्मों में बाधा बनेगी या उनकी आज्ञा का उल्लंघन करेगी वे उसी क्षण उसका त्याग कर देंगे।' विवाह के बाद वे तपस्या करने में संलग्न हो गए।

एक दिन मुनि जरत्कारु को निद्रा ने आ घेरा। वे मनसा की गोद में सिर रखकर सो गए। जब सूर्य अस्त होने लगे, तब मनसा देवी ने विचार किया - 'जरत्कारु मुनि संध्या के समय नियमित पूजा करते हैं। यदि ये समय से नहीं उठे तो इनका नियम भंग हो जाएगा और ये पाप के भागी बन जाएँगे।' यह विचार कर मनसा ने जरत्कारु मुनि को जगा दिया।

निद्रा के भंग होने पर महर्षि जरत्कारु क्रोधित हो गए और मनसा से बोले - "हे साध्वी ! मैं सुखपूर्वक सो रहा था। तुमने मेरी निद्रा क्यों भंग कर दी? जो स्त्री अपने पति के कर्मों में बाधा बनती है, उसके व्रत, तपस्या, उपवास और दान आदि सभी सत्कर्म व्यर्थ हो जाते हैं। स्वामी का अप्रिय कार्य करने वाली स्त्री किसी भी सत्कर्म का फल नहीं प्राप्त कर सकती।" मुनि जरत्कारु को क्रोधित देख साध्वी मनसा विनम्र शब्दों में बोलीं - "हे देव ! मेरा उद्देश्य आपकी आज्ञा का उल्लंघन करना नहीं था। आप नियमित रूप से संध्या-पूजन करते हैं। यदि आज आप सोये रहते तो आपका नियम-धर्म नष्ट हो जाता। इसी भय से मैंने आपको जगा दिया।"

मनसा देवी की बात सुनकर जरत्कारु मुनि प्रसन्न हो गए, किंतु अपनी प्रतिज्ञा की रक्षा के लिए उन्होंने उनका त्याग कर दिया। उस समय साध्वी मनसा के शोक की कोई सीमा नहीं रही। तब मनसा ने शिव, ब्रह्माजी, श्रीकृष्ण तथा महर्षि कश्यप का स्मरण किया। मनसा के चिंतन करते ही सभी देवता वहाँ उपस्थित हो गए। जरत्कारु मुनि उन्हें प्रणाम करके उनकी स्तुति करने लगे।

तब भगवान् श्रीकृष्ण बोले - "हे मुनिश्रेष्ठ ! तुम्हारी पत्नी मनसा एक परम साध्वी स्त्री है। तुम व्यर्थ ही उसे दण्ड का भागी बना रहे हो। पत्नी का यह कर्त्तव्य है कि वह सदा अपने पति के हितों का ध्यान रखे। तुम्हारे हित के लिए ही इसने अपने धर्म का उल्लंघन किया है। इसमें इसका कोई दोष नहीं हैं। किंतु फिर भी यदि तुम इसे त्यागना चाहते हो तो पहले इसे जननी बना दो, जिससे कि यह अपने मातृ-धर्म का पालन कर सके।"

भगवान् श्रीकृष्ण की बात सुनकर जरत्कारु मुनि ने मंत्र पढ़कर मनसा का स्पर्श किया और बोले - "प्रिय ! इस स्पर्श से तुम्हें एक ज्ञानवान पुत्र प्राप्त होगा।

वह पुत्र जितेन्द्रिय, पुरुषों में श्रेष्ठ, धार्मिक, ब्रह्मज्ञानी, तेजस्वी, तपस्वी, यशस्वी, ज्ञानियों और योगियों में प्रमुख, विष्णुभक्त तथा अपने कुल का उद्धारक होगा। हे प्रिय ! प्रतिज्ञावश मैंने तुम्हारा त्याग कर दिया, मेरे इस अपराध को क्षमा करो। मैं तपस्या करने के लिए जा रहा हूँ। तुम भी सुखपूर्वक यहाँ से जाओ।''

मुनिवर जरत्कारु के ये वचन सुनकर मनसा देवी दुःखी होते हुए बोलीं – ''हे देव ! पत्नी के लिए उसका पति सौ पुत्रों से भी अधिक प्रिय होता है। इसी कारण विद्वानों ने पति को प्रिय की संज्ञा दी है। एक पुत्र वालों का पुत्र में, वैष्णव पुरुषों का भगवान् विष्णु में, विद्वानों का शास्त्रों में, वैश्यों का वाणिज्य में निरंतर मन लगा रहता है; उसी प्रकार पतिव्रता स्त्रियों का मन सदा अपने स्वामी के चरण-कमलों में लगा रहता है। अतः हे देव ! मेरी प्रार्थना है कि मैं जब भी आपका स्मरण करूँ, आप उसी क्षण मुझे दर्शन देकर कृतार्थ करें।''

मुनि जरत्कारु दया के सागर थे। उन्होंने मनसा को इच्छित वर प्रदान कर दिया और श्रीकृष्ण के चरणों का स्मरण करते हुए तपस्या करने के लिए वन में चले गए। मनसा देवी कश्यप ऋषि के आश्रम में आकर रहने लगीं। वहाँ भगवती माता ने दर्शन देकर उन्हें दिव्य-ज्ञान प्रदान किया। जरत्कारु ऋषि के वरदानस्वरूप मनसा देवी ने एक पुत्र को जन्म दिया। जब वह गर्भ में था तभी भगवान् शिव ने उसे वेदों-पुराणों और महामृत्युंजय मंत्र का सारा ज्ञान प्रदान कर दिया था। वह बालक बड़ा होकर योगियों और ज्ञानियों का गुरु बना। भगवान् शिव ने उसका नामकरण किया। चूँकि पिता के अस्त होने के अवसर पर उस बालक की उत्पत्ति हुई थी, इसलिए उसका नाम 'आस्तीक' रखा गया।

जब राजा जनमेजय ने अपने पिता परीक्षित की मृत्यु का प्रतिशोध लेने के लिए एक विशाल सर्प-यज्ञ का आयोजन किया, तो तक्षक नाग और इन्द्र ने आस्तीक मुनि से सहायता की प्रार्थना की। तब आस्तीक मुनि ने ही जनमेजय को सर्प-यज्ञ बंद करने के लिए विवश कर दिया था। उनके इस कार्य से प्रसन्न होकर देवताओं ने भक्तिपूर्वक उनकी माता मनसा देवी की स्तुति की।

मनसा देवी लम्बे समय तक कश्यपजी के आश्रम में रहीं। फिर अपने अवतार को सार्थक कर वापस स्वर्ग लौट गईं।

त्रिशंकु

प्राचीन समय की बात है—मान्धाता के वंश में त्रय्यारुण नामक एक प्रतापी राजा हुए। वे अयोध्या के राजा थे। उनका एक पुत्र था, जिसका नाम सत्यव्रत था। उसमें विपरीत गुण विद्यमान थे। वह अति स्वेच्छाचारी, कामी, लोभी, उद्दण्ड और मूर्ख व्यक्ति था। एक बार उसने किसी की पत्नी का हरण कर लिया। उसके इस कार्य से रुष्ट होकर त्रय्यारुण ने उसे महल से निकाल दिया। अब वह वन में भ्रमण करते हुए ऋषि-मुनियों के साथ दुर्व्यवहार करने लगा। अपनी उद्दण्डता से उसने कुलगुरु महर्षि वसिष्ठ के आश्रम में भी उत्पात मचा दिया।

एक दिन महर्षि वसिष्ठ ने क्रुद्ध होकर उसे शाप दिया - ''दुष्ट! तूने अपनी उद्दण्डता और नीच कर्मों से पवित्र तपोभूमि को नष्ट कर दिया। उच्च कुल में उत्पन्न होने के बाद भी तूने पैशाचिक व्यवहार किया। अत: मैं तुझे शाप देता हूँ कि आज से तू पिशाच हो जा।''

शाप के प्रभाव से सत्यव्रत में पिशाच के लक्षण उत्पन्न हो गए। अपनी दुर्दशा देखकर वह भयभीत हो गया और दुःखी होकर वन-वन भटकने लगा। उसे दुःखी देखकर एक दयालु मुनिकुमार ने उसे भगवान् विष्णु को प्रसन्न कर उनकी कृपा प्राप्त करने के लिए कठोर तप करने का परामर्श दिया। सत्यव्रत ने कठोर तपस्या आरम्भ कर दी। जब मंत्र-जप के बाद हवन करने का समय आया, तब वह ऋषियों के पास गया और उनसे विनती करते हुए बोला - "हे कृपालुओ ! मैं आपकी शरण में हूँ। आप समस्त महानुभाव मेरे यज्ञ में सम्मिलित होने की कृपा कीजिए। आप वेदों के ज्ञाता और परम कृपालु हैं। अतः मेरे यज्ञ को सम्पन्न कराने की कृपा कीजिए।"

तब ऋषिगण उसे दुत्कारते हुए बोले - "पापी सत्यव्रत ! महर्षि वसिष्ठ के शाप के प्रभाव से तुम पिशाच हो गए हो। वेदों पर तुम्हारा अधिकार नहीं रह गया है। इसलिए तुम यज्ञ नहीं करा सकते, क्योंकि पैशाचिक प्रवृत्ति वाला प्राणी सभी लोकों में निंदनीय समझा जाता है।" ऋषियों की बात सुनकर सत्यव्रत अत्यंत दुखी हो गया। उसने प्राण त्यागने का निश्चय करके एक विशाल चिता तैयार की। तत्पश्चात् भगवान् विष्णु का स्मरण कर अग्नि में प्रवेश करने लगा। तभी आकाश में एक दिव्य तेज फैल गया। शंख बज उठे और वातावरण में भगवान् विष्णु की जय-जयकार गूँज उठी। चतुर्भुजधारी श्रीविष्णु वहाँ साक्षात् प्रकट हुए थे।

भगवान् विष्णु को देख सत्यव्रत उनकी स्तुति करने लगा। तब श्रीहरि बोले - "वत्स ! इस प्रकार प्राण त्यागना कायरता है। तुम इस इच्छा को त्याग दो। मैं तुम्हारी तपस्या से अत्यंत प्रसन्न हूँ और तुम्हें वर देता हूँ कि तुम्हारा चाण्डाल स्वरूप नष्ट हो जाए और तुम्हारी सभी मनोकामनाएँ पूर्ण हों। तुम्हारे पिता अब वृद्ध हो चुके हैं। उन्हें तुम्हारी आवश्यकता है। अतः तुम अपने घर लौट जाओ।" इस प्रकार सत्यव्रत को वरदान देकर श्रीविष्णु अन्तर्धान हो गए। भगवान् विष्णु के दर्शन से सत्यव्रत के सभी पैशाचिक अवगुण तत्क्षण नष्ट हो गए। उसके सभी पाप धुल गए और शरीर दिव्य रूप से शोभा पाने लगा।

भगवान् विष्णु की प्रेरणा से अयोध्या में एक दिन देवर्षि नारद पधारे। उन्होंने सत्यव्रत के विषय में शुरु से अंत तक सारी बातें त्रय्यारुण को बताईं। सत्यव्रत की कठिन तपस्या और भगवान् विष्णु के प्रसन्न होकर वर देने की बात सुनकर त्रय्यारुण बड़े हर्षित हुए। उन्होंने उसी क्षण उसे वापस लाने के लिए अपने कुछ मंत्रियों को वन में भेजा। उसके लौटने पर त्रय्यारुण ने श्रेष्ठ ब्राह्मणों को बुलवाया और शुभ मुहूर्त में उसका राज्याभिषेक कर दिया। इस प्रकार सत्यव्रत को राज्य का भार सौंपकर वे पत्नी सहित वन में चले गए। वहाँ उन्होंने श्रीविष्णु की कठोर तपस्या आरम्भ कर दीं। आयु पूर्ण होने पर परब्रह्म भगवान् विष्णु की कृपा से वे स्वर्ग के उत्तराधिकारी बने।

सत्यव्रत नियमित भगवान् विष्णु की पूजा-उपासना करता था। उन्हीं की

कृपा से उसके घर एक सुंदर और शुभ लक्षणों से युक्त बालक का जन्म हुआ। यही बालक भविष्य में सत्यवादी राजा हरिश्चन्द्र के नाम से प्रसिद्ध हुआ। सत्यव्रत ने कुशलतापूर्वक अनेक वर्षों तक राज्य किया। वृद्ध होने पर वह वन में आश्रम बनाकर रहने लगा।

एक दिन उसके मन में सशरीर स्वर्ग का सुख भोगने की इच्छा उत्पन्न हुई। वह महर्षि वसिष्ठ के आश्रम पर गया और विनती करते हुए बोला – ''महर्षि ! मैंने अनेक वर्षों तक धरती के समस्त सुखों का उपभोग किया है। अब मैं स्वर्ग का सुख भोगना चाहता हूँ। मुनिश्रेष्ठ ! आप ऐसा यज्ञ करें, जिससे कि मुझे सशरीर स्वर्गलोक में रहने की सुविधा प्राप्त हो जाए।''

महर्षि वसिष्ठ बोले – ''राजन ! देह के साथ स्वर्ग में स्थान पाना असंभव है। नियमानुसार मृत्यु के बाद पुण्य कर्मों के प्रभाव से ही स्वर्ग में रहने की सुविधा प्राप्त होती है। आप यज्ञ करें और शरीर के शांत हो जाने के बाद आत्मा के रूप में स्वर्ग में स्थान प्राप्त करें।'' उनका परामर्श सुनकर सत्यव्रत कठोर शब्दों में बोला – ''कुलगुरु! तुम यदि अभिमान के कारण मेरा यज्ञ नहीं करना चाहते तो मैं किसी दूसरे पुरोहित से अपना यज्ञ सम्पन्न कराऊँगा।''

सत्यव्रत के कठोर वचन सुनकर महर्षि वसिष्ठ क्रुद्ध होकर बोले – ''मूर्ख ! तू अभी तक नहीं सुधरा। तेरा व्यवहार चाण्डाल के समान ही है। अतएव मैं तुम्हें शाप देता हूँ कि तू इसी समय चाण्डाल बन जाए।''

महात्मा वसिष्ठ के शाप से सत्यव्रत उसी समय चाण्डाल हो गया। उसकी देह में लगा सुगंधित चंदन दुर्गंध में बदल गया। दिव्य पीताम्बर काले रंग में परिणत हो गए। सुंदर आभूषण क्षण भर में निष्प्रभ हो गए। यह दुर्दशा देखकर वह अतीव दुखी हुआ और अपने वनाश्रम में लौट गया। उसने वन में ही अपने मंत्रियों को बुलवाकर अपने पुत्र हरिश्चन्द्र को अयोध्या का राजा घोषित कर दिया और स्वयं वहीं रहकर जीवन व्यतीत करने लगा।

एक बार भयंकर अकाल पड़ने के कारण विश्वामित्र मुनि की पत्नी ने परिवार के भरण-पोषण के लिए अपने पुत्र के गले में रस्सी डालकर उसे बेच दिया था। तब सत्यव्रत ने दयावश उसे मुक्त करवाकर उसका और उसके परिवार का भरण-पोषण किया था। गले में रस्सी बाँधने के कारण विश्वामित्र के उस पुत्र का नाम गालव पड़ गया। जो बाद में एक प्रसिद्ध ऋषि हुए। जब महर्षि विश्वामित्र को सारी बात ज्ञात हुई तो उस उपकार का बदला चुकाने के उद्देश्य से वे सत्यव्रत के पास गए। सत्यव्रत ने उनकी विधिवत पूजा-आराधना की। तब मुनि विश्वामित्र बोले – ''राजन ! तुम्हारी सेवा से मैं अत्यंत प्रसन्न हूँ। मैं तुम्हारी कोई भी एक इच्छा पूर्ण करने का वचन देता हूँ। निःसंकोच बताओ, तुम्हारी क्या अभिलाषा है।''

सत्यव्रत मे उन्हें आरम्भ से अंत तक अपनी कहानी सुनाई। तब विश्वामित्र ने एक दृढ़ निश्चय कर यज्ञ–सामग्री एकत्रित की और ऋषि–मुनियों को निमंत्रण भेज दिया। किंतु यज्ञ का अभिप्राय जानकर और वसिष्ठजी के कहने पर सभी ने उनके निमंत्रण को अस्वीकार कर दिया।

तब विश्वामित्र सत्यव्रत से बोले – "राजन ! वसिष्ठ मुनि के कारण शेष मुनियों ने भी इस यज्ञ में सम्मिलित होने से मना कर दिया है। लेकिन मुझे आपका मनोरथ अवश्य पूर्ण करना है। अब आप मेरी तपस्या का प्रभाव देखें।" यह कहकर उन्होंने हाथ में जल लिया और गायत्री–मंत्र का जप करके अपना सारा पुण्य सत्यव्रत को सौंप दिया और देखते–देखते ही तपस्या के पुण्य–प्रभाव से वह सशरीर स्वर्ग पहुँच गया। उस समय वह चाण्डाल के वेश में था। उसे देखते ही देवराज इन्द्र क्रुद्ध होकर गरजे – "चाण्डाल ! ठहर ! तू यहाँ पहुँचा कैसे? तूने विधि के नियमों का उल्लंघन किया है। इसी समय पृथ्वी पर लौट जा, वरना वज्र से तेरे टुकड़े कर दूँगा।"

इन्द्र के यह कहते ही सत्यव्रत स्वर्ग से खिसककर नीचे गिरने लगा। गिरते समय वह बार–बार विश्वामित्र का नाम लेकर पुकारने लगा – "मुनिवर ! मैं स्वर्ग से गिर रहा हूँ। मेरी रक्षा कीजिए।"

उसका करुण क्रंदन सुनकर मुनिवर विश्वामित्र ने आकाश की ओर दृष्टि उठाई। उन्हें नीचे गिरता हुआ सत्यव्रत दिखाई दिया।

तब वे क्रोधित होकर बोले – "ठहर जाओ सत्यव्रत ! यदि इन्द्र के स्वर्ग में तुम्हारे लिए कोई स्थान नहीं है तो मैं अभी तुम्हारे लिए एक नए स्वर्ग की रचना कर देता हूँ।" उनके 'ठहर जाओ' कहते ही सत्यव्रत आधे मार्ग में स्थिर हो गया। इस प्रकार बीच में ही लटके रह जाने के कारण सत्यव्रत का एक नाम 'त्रिशंकु' पड़ गया। फिर विश्वामित्र ने एक अन्य स्वर्ग की सृष्टि करने के लिए हाथ में जल लेकर संकल्प किया और यज्ञ आरम्भ कर दिया।

महर्षि विश्वामित्र को एक नए स्वर्ग की रचना करते देखकर इन्द्र भयभीत हो गए। वे भागे–भागे उनके पास पहुँचे और उनसे यज्ञ रोकने की प्रार्थना की। तब विश्वामित्र ने सत्यव्रत को सदेह स्वर्ग ले जाने के लिए कहा। उनके तपोबल को समझकर इन्द्र ने उनके प्रस्ताव को स्वीकार कर लिया और उसी क्षण सत्यव्रत को दिव्य देह प्रदान की और उसे लेकर स्वर्ग चले गए।

इस प्रकार सत्यव्रत की सदेह स्वर्ग जाने की इच्छा पूर्ण हुई।

देवराज इन्द्र बने बैल

किसी समय की बात है, एक बार देवताओं और दैत्यों में भीषण संग्राम छिड़ गया। स्वर्ग के भोगों में डूबकर देवता शक्तिहीन हो गए थे, जबकि दैत्यों ने अपनी कठोर तपस्या के बल पर अमोघ सिद्धियाँ और शक्तियाँ प्राप्त कर ली थीं। इसलिए शीघ्र ही उन्होंने देवताओं को पराजित कर स्वर्ग छोड़कर भागने पर विवश कर दिया।

तब देवराज इन्द्र सहित सभी देवगण भगवान् विष्णु की शरण में गए और उनकी स्तुति करते हुए बोले – "भगवन् ! आप सर्वशक्तिमान् और भक्तों की रक्षा करने वाले हैं। आप ही परब्रह्म स्वरूप में ब्रह्माण्ड में विद्यमान हैं। देवता, दैत्य, मनुष्य, गंधर्व, नाग – समस्त प्राणी आप द्वारा ही रचित हैं। सृष्टि के आरम्भ में आपने ही देवगण को स्वर्ग, मनुष्यों को पृथ्वी और दैत्यों को पाताल का राज्य सौंपा था। किंतु दैत्यों ने अपनी सीमाओं का उल्लंघन किया। प्रभु ! दैत्यों ने हमें पराजित

कर स्वर्ग पर अधिकार कर लिया है और हम प्राण बचाकर वन-वन भटक रहे हैं। हमें आपकी कृपा-दृष्टि की आवश्यकता है। भगवन् ! हम आपकी शरण में हैं। आप दैत्यों को दण्डित कर हमारी रक्षा कीजिए, प्रभु।''

भगवान् विष्णु बोले - ''देवेन्द्र ! यह ठीक है कि सृष्टि के समस्त प्राणी मेरे ही अंशावतार हैं और मैंने ही देवताओं के लिए स्वर्ग और दैत्यों के लिए पाताल का राज्य निर्धारित किया है। किंतु आप दोनों ही मुझे समान रूप से प्रिय हैं। जिस प्रकार आप स्तुति द्वारा मुझे प्रसन्न करते हैं, उसी प्रकार दैत्य भी अपनी कठोर तपस्या द्वारा मुझे प्रसन्न करते हैं। फिर मैं अपने एक भक्त के लिए दूसरे भक्त का अहित कैसे कर सकता हूँ? इसलिए मैं आपकी कोई सहायता नहीं कर सकता। देवेन्द्र ! यदि आप स्वर्ग पुनः प्राप्त करना चाहते हैं तो राजा पुरंजय से प्रार्थना करें। राजा पुरंजय परम शक्तिशाली हैं। उनकी सहायता से आप दैत्यों को अवश्य पराजित कर देंगे।''

भगवान् विष्णु के परामर्श के अनुसार इन्द्र आदि देवगण राजा पुरंजय के पास गए। पुरंजय राजा इक्ष्वाकु के पौत्र थे। वे बड़े वीर, पराक्रमी और बलशाली राजा थे। उनके सामने बड़े-बड़े वीर भी भयभीत हो जाते थे। वे धर्मपूर्वक अपनी प्रजा का पालन करते थे। उनके राज्य में चारों ओर सुख और शांति का वास था। प्रजाजन सुखपूर्वक जीवन व्यतीत करते थे।

इन्द्र ने राजा पुरंजय से देवासुर संग्राम में उनकी सहायता करने की प्रार्थना की। तब राजा पुरंजय बोले - ''देवेन्द्र ! मैं आपकी सहायता को तैयार हूँ, किंतु मैं युद्ध तभी करूँगा, जब आप मेरे वाहन बनें। आप जैसे श्रेष्ठ वाहन पर सवार होने के कारण मुझे कोई भी पराजित नहीं कर सकेगा।''

इन्द्र ने उनकी बात स्वीकार कर ली। तब देवताओं ने पुरंजय के नेतृत्व में दैत्यों पर आक्रमण कर दिया। वीर पुरंजय बैलरूपी इन्द्र पर सवार होकर दैत्यों का संहार करने लगे। शीघ्र ही उन्होंने दैत्यों को पराजित कर स्वर्ग पर अधिकार कर लिया। इस प्रकार इन्द्र को वाहन बनाने के कारण पुरंजय 'इन्द्रवाह' और बैल के ककुद (पीठ) पर बैठने के कारण 'ककुत्स्थ' नाम से प्रसिद्ध हुए।

स्वयंभू मनु

सृष्टि के आरम्भ में ब्रह्माजी ने स्वयंभू मनु और शतरूपा को प्रकट किया। तत्पश्चात् उनका विवाह कर दिया। ब्रह्माजी के मानस पुत्र होने के कारण स्वयंभू मनु परम तपस्वी, ज्ञानी और धर्मात्मा पुरुष थे। ब्रह्माजी ने उन्हें भगवान् विष्णु को प्रसन्न कर वर प्राप्त करने का परामर्श दिया। तब श्रीहरि की कृपा-दृष्टि प्राप्त करने के लिए स्वयंभू मनु क्षीरसागर के तट पर गए और वहाँ श्रीहरि की एक सुंदर मूर्ति बनाकर उनके मंत्र का निरंतर जप करने लगे। उन्होंने एक पैर पर खड़े रहकर सौ वर्षों तक कठोर तप किया। अंत में उनके तप से प्रसन्न होकर भगवान् विष्णु साक्षात् प्रकट हुए और उसे अभिलषित वर माँगने के लिए कहा।

भगवान् की मधुर वाणी सुनकर मनु ने नेत्र खोले और उनकी विधिवत स्तुति की, फिर वर माँगते हुए बोले - "कष्टों का निवारण करने वाले श्रीहरि ! आप परम मान्य, पूज्य, जगत् को धारण करने वाले तथा मंगलकर्ता हैं। आपकी आज्ञा से ब्रह्मा जगत् की सृष्टि और शिव संहार का कार्य सम्पन्न करते हैं। आपकी दया-दृष्टि से

ही देवराज इन्द्र तीनों लोकों पर शासन कर पाते हैं। प्रभु ! यदि आप मुझे वर देना चाहते हैं तो मेरी यही प्रार्थना है कि सृष्टि के कार्य में किसी भी प्रकार का विघ्न उत्पन्न न हो। जो प्राणी आपके मंत्रों की नियमित उपासना करे, उसके कार्य सिद्ध होने में किंचितमात्र भी विलम्ब न हो। दयानिधान ! आपके उपासक को पूर्वजन्म की स्मृति बनी रहे और उसे ज्ञान, सिद्धि और दिव्य-दृष्टि प्राप्त हो। पुत्र और समृद्धि से आपका उपासक सदा सम्पन्न रहे। प्रभु ! मेरी यही प्रार्थना है।''

भगवान् विष्णु बोले - ''हे पुत्र ! तुम श्रेष्ठ और महान हो। तुमने स्वयं की अपेक्षा सृष्टि के प्राणियों के लिए इतने सारे वर माँग लिए। मैं प्रसन्न होकर तुम्हारी सभी इच्छाएँ पूर्ण करता हूँ। सृष्टि-रचना के कार्य में जब-जब विघ्न उत्पन्न होगा, मैं साक्षात् प्रकट होकर उस विघ्न को समाप्त करूँगा। मेरा उपासक कभी दु:खी नहीं होगा। रोग, शोक, दु:ख, दरिद्रता - कभी उसके निकट नहीं आ सकेंगे। तुम्हारा राज्य निष्कंटक होगा। तुम्हें अनेक पुत्र-पौत्रों की प्राप्ति होगी। मुझमें आस्था के कारण अंत में तुम मेरे परम पद को प्राप्त करोगे।'' स्वयंभू मनु को वरदान देकर भगवान् विष्णु अंतर्धान हो गए।

इस प्रकार स्वयंभू प्रथम मनु के रूप में प्रथम मन्वंतर के स्वामी हुए। इस मन्वंतर में मरीचि, पुलह, अत्रि, अंगिरा, पुलस्त्य, क्रतु और वसिष्ठ - ये सातों सप्तर्षि हुए। भगवान् श्रीविष्णु धर्म का उपदेश देने के लिए उनकी पुत्री आहुति के गर्भ से यज्ञ-पुरुष के रूप में और ज्ञान का उपदेश देने के लिए उनकी दूसरी पुत्री देवहुति के गर्भ से भगवान् कपिल के रूप में अवतरित हुए थे।

वेदों और धर्म-शास्त्रों में एक मन्वंतर की अवधि 30,67,20,000 (तीस करोड़ सड़सठ लाख बीस हज़ार) वर्ष की बताई गई है। प्रत्येक मन्वंतर में उस काल के मनु की संतानें सम्पूर्ण पृथ्वी पर राज्य करती थीं।

इस प्रकार हमारे शास्त्रों में चौदह मनु बताए गए हैं।

गंगा का पृथ्वी पर आगमन

राजा सगर की केशिनी व महती नामक दो सुंदर रानियाँ थीं। एक दिन महर्षि और्व ने उन्हें वर देते हुए कहा – "तुम्हारी एक रानी को साठ हज़ार पुत्र प्राप्त होंगे, जबकि दूसरी को मात्र एक पुत्र। किंतु वंश चलाने वाला दूसरी रानी का ही पुत्र होगा। इसलिए इन दो वरों में जिसकी जो इच्छा हो, वह वही ले ले।" तब रानी केशिनी ने एक पुत्र वाला और महती ने साठ हज़ार पुत्रों वाला वर स्वीकार कर लिया।

कुछ समय बाद केशिनी ने एक बालक को जन्म दिया, जिसका नाम असमंजस रखा गया। दूसरी रानी महती के गर्भ से बीजों से भरी एक थैली उत्पन्न हुई। उसमें बीज के आकार के साठ हज़ार अण्ड थे। सगर ने उन्हें घी से भरे हुए घड़ों में रखवा दिया और उनका पोषण करने के लिए साठ हज़ार सेविकाएँ नियुक्त कर दीं। उचित समय आने पर उनमें से साठ हज़ार बालक उत्पन्न हुए। वे सभी बालक अति वीर, बलशाली और पराक्रमी थे। सगर इतने पुत्रों को देखकर हर्षित हो गए।

एक बार राजा सगर के मन में अश्वमेध यज्ञ करने का विचार उत्पन्न हुआ। उन्होंने अपने मंत्रियों को यज्ञ की तैयारी करने का आदेश दे दिया। शुभ मुहूर्त पर यज्ञ आरम्भ हुआ। यज्ञ-अश्व को छोड़ा गया। देवराज इन्द्र ने सोचा कि अश्वमेध यज्ञ करके राजा सगर कहीं उनका राजसिंहासन न हथिया ले। अत: उन्होंने दैत्य का रूप धारण कर यज्ञ अश्व को चुरा लिया और भगवान् विष्णु के अंशावतार कपिल मुनि के आश्रम में छुपा दिया। अश्व का हरण होने पर ऋषि-मुनियों ने सगर से अतिशीघ्र यज्ञ-अश्व ढूँढ़ने के लिए कहा।

राजा सगर ने अपने साठ हज़ार पुत्रों को यज्ञ का अश्व खोजने के लिए भेजा। उन्होंने सारी पृथ्वी छान डाली, किंतु उन्हें यज्ञ का अश्व कहीं भी दिखाई नहीं दिया। तब उन्होंने अपनी बलिष्ठ भुजाओं से पृथ्वी को खोदना आरम्भ कर दिया। उनके भीषण प्रहारों से पृथ्वी सहित वहाँ रहने वाले नागों, दैत्यों और अन्य प्राणियों की करुण चीत्कारें गूँजने लगीं। सगर-पुत्र भूमि खोदते हुए महर्षि कपिल के आश्रम के निकट पहुँच गए। वहाँ उन्हें यज्ञ का अश्व बँधा हुआ दिखाई दिया। उन्होंने सोचा कि यज्ञ में विघ्न डालने के लिए कपिल मुनि ने ही यज्ञ-अश्व का हरण किया है, अत: उन्होंने भगवान् विष्णु के अंशावतार महर्षि कपिल को अपशब्द कह दिए। तब मुनि ने क्रुद्ध होकर उन्हें भस्म कर डाला।

यह समाचार सुनकर सगर शोक में डूब गए। तब उनके पौत्र अंशुमान ने महर्षि कपिल की स्तुति कर उनका क्रोध शांत किया। महर्षि कपिल ने प्रसन्न होकर यज्ञ-अश्व लौटा दिया। महर्षि को प्रसन्न देखकर अंशुमान ने उनसे मृत सगर-पुत्रों के उद्धार के विषय में पूछा। उन्होंने कहा कि गंगा की पवित्र जलधारा ही सगर-पुत्रों का उद्धार कर सकती है।

महर्षि कपिल के परामर्श के अनुसार राजा सगर गंगा को पृथ्वी पर लाने के लिए कठोर तप करने लगे। उनकी मृत्यु के बाद अंशुमान ने और इसके बाद उनके पुत्र दिलीप ने अनेक वर्षों तक कठोर तप किया। किंतु वे गंगा को पृथ्वी पर लाने में सफल नहीं हुए। अंत में अंशुमान के पौत्र भगीरथ ने गंगा को पृथ्वी पर लाने के लिए भगवान् विष्णु की कठोर तपस्या की। उनकी तपस्या से प्रसन्न होकर भगवान् विष्णु ने उन्हें साक्षात् दर्शन दिए।

भगवान् के दर्शन पाकर भगीरथ श्रद्धापूर्वक उनकी स्तुति करने लगे। तब भगवान् विष्णु ने प्रसन्न होकर भगीरथ से कहा - ''वत्स ! तुम्हारी कठोर तपस्या से मैं अति प्रसन्न हूँ। तुम्हें अभिलषित वर प्रदान करने के लिए ही मैं यहाँ प्रकट हुआ हूँ। तुम नि:संकोच इच्छित वर माँग लो।''

भगीरथ बोले - ''भगवन् ! अनेक वर्षों पूर्व कपिल मुनि ने अपने शाप से मेरे पूर्वजों को भस्म कर दिया था। तभी से मेरे पूर्वज प्रेत योनि में भटक रहे हैं। कपिल मुनि ने कहा था कि यदि गंगा पृथ्वीलोक में आकर अपने पवित्र जल से उनकी

शुद्धि कर दें तो प्रेत योनि से उनका उद्धार हो जाएगा और वे आपके परम पद के अधिकारी हो जाएँगे। भगवन् ! गंगा माता को पृथ्वी पर लाने के लिए मेरे परदादा राजा सगर, दादा अंशुमान और पिता दिलीप ने अनेक वर्षों तक कठोर तपस्या की। किंतु वे इसमें सफल नहीं हुए और तपस्या करते हुए उन्होंने प्राण त्याग दिए। तब मैंने उनके कार्य को सम्पन्न करने के लिए कठोर तपस्या की। प्रभु ! यदि आप मेरी तपस्या से प्रसन्न हैं तो गंगा देवी को पृथ्वी पर भेजने की कृपा करें।''

उसकी बात सुनकर भगवान् विष्णु ने देवी गंगा से कहा - ''गंगे ! तुम अभी नदी के रूप में पृथ्वी पर जाओ और सगर के सभी पुत्रों का उद्धार करो। तुम्हारे स्पर्श से वे सभी राजकुमार मेरे परम धाम को प्राप्त होंगे। पृथ्वी पर जो भी पापी तुम्हारे जल में स्नान करेगा, उसके सभी पापों का नाश हो जाएगा। पर्वों और विशेष पुण्य तिथियों पर तुम्हारे जल में स्नान करने वाले प्राणियों को सुख-सम्पत्ति, भोग और ऐश्वर्य के अतिरिक्त मृत्यु के बाद मोक्ष प्राप्त होगा। सूर्य-ग्रहण के समय तुम्हारे पवित्र जल में स्नान करने वालों को पुण्य और सुखों की प्राप्ति होगी। तुम्हारे स्मरण-मात्र से ही प्राणियों के समस्त दुखों और कष्टों का अंत हो जाएगा।''

यह सुनकर गंगा हाथ जोड़कर बोलीं - ''प्रभु ! आपकी आज्ञा मुझे स्वीकार है। किंतु मुझे पृथ्वीलोक पर कितने वर्षों तक रहना होगा? स्नान करके पापीजन अपने पाप मुझे दे देंगे। ऐसी स्थिति में मेरे उन पापों का नाश किस प्रकार होगा? दयानिधान! आप सर्वज्ञ हैं। भूत, वर्तमान और भविष्य के ज्ञाता हैं। संसार की कोई बात आप से छिपी नहीं है। इसलिए मेरी इन शंकाओं का समाधान करें?''

भगवान् विष्णु बोले - ''हे गंगे ! तुम नदी-रूप में पृथ्वीलोक पर रहोगी। मेरे अंशस्वरूप समुद्र तुम्हारे पति होंगे। सभी नदियों में तुम सबसे श्रेष्ठ, सौभाग्यवती और पुण्यदायी होगी। हे देवी ! कलियुग के पाँच हज़ार वर्षों तक तुम्हें भू-लोक में रहना पड़ेगा। सभी प्राणी देवी के रूप में तुम्हारी पूजा-अर्चना और स्तुति करेंगे। जो भी मनुष्य भक्तिपूर्वक तुम्हारी स्तुति-वंदना करेगा, उसे अश्वमेध यज्ञ के समान फल प्राप्त होगा। गंगा शब्द का निरंतर जप करने वाले भक्तों के पूर्वजन्मों के भी समस्त पाप नष्ट हो जाएँगे और मृत्यु के बाद वे मेरे परमधाम वैकुण्ठ को प्राप्त करेंगे।''

जब भगवान् विष्णु ने गंगा की सभी शंकाओं को समाप्त कर दिया, तब वे भगीरथ से बोलीं - ''राजन ! भगवान् विष्णु की आज्ञा और आपके कठोर तप के फलस्वरूप मैं आपके साथ पृथ्वी पर चलने को तैयार हूँ। किंतु राजन ! जब मैं स्वर्ग से धरातल पर आऊँगी, तो मेरा वेग बहुत तेज़ होगा। मेरे तीव्र वेग से पृथ्वी पाताल में पहुँच जाएगी। इसलिए राजन ! यदि आप अपनी मनोकामना पूर्ण करना चाहते हैं तो पहले इस समस्या का समाधान करें।''

गंगा की बात सुनकर भगीरथ ने भगवान् विष्णु से इसका समाधान करने की

प्रार्थना की। तब भगवान् विष्णु शिवजी से बोले – "महादेव ! भगीरथ की इस समस्या का उपाय केवल आप ही कर सकते हैं। तीव्र वेग से धरातल पर उतरती गंगा को आप अपनी विशाल जटाओं में बाँध लें। इससे गंगा का वेग कम हो जाएगा और पृथ्वी पाताल में धँसने से बच जाएगी।"

शिवजी इसके लिए सहर्ष तैयार हो गए। तब गंगा देवी ने भगवान् विष्णु को प्रणाम किया और नदी के रूप में धरातल की ओर चल पड़ीं। धरातल की ओर जाते समय उनकी गति अत्यंत तेज़ हो गई। ऐसा प्रतीत होने लगा, मानो प्रलयकाल आ गया हो। मेघ भीषण गर्जन करने लगे। गंगा के वेग को देखकर पृथ्वी काँप उठी।

तभी भगवान् विष्णु की प्रेरणा से शिवजी गंगा के मार्ग में आ गए और वे पूर्ण वेग से शिवजी की जटाओं में समा गईं। तब भगवान् शिव ने अपनी जटा की एक लट खोलकर उनकी एक जलधारा पृथ्वी की ओर छोड़ दी। गंगा बड़ी धीमी गति से धरातल पर गिरने लगीं। इस प्रकार गंगा का आवेग कम हो जाने के कारण पृथ्वी पाताल लोक में धँसने से बच गई।

गंगा के धरातल पर पहुँचते ही राजा भगीरथ उनकी स्तुति करते हुए बोले – "हे परम कल्याणी देवी गंगा ! पापियों के पाप धोने वाली पुण्यमयी देवी ! आपको मेरा कोटि-कोटि नमन। माते ! आपकी कृपा से संतानहीन को संतान की प्राप्ति हो। बंधन में पड़े हुए व्यक्ति के सभी बंधन कट जाएँ। पापियों के पाप, पुण्यों में बदल जाएँ। ये वर दें।"

इस प्रकार स्तुति-वंदना करते हुए भगीरथ गंगा को लेकर उस स्थान पर पहुँचे, जहाँ उनके पूर्वज कपिल मुनि की क्रोधाग्नि से जलकर भस्म हो गए थे। पवित्र गंगा का स्पर्श पाते ही वे सभी मुक्त होकर वैकुण्ठ लोक चले गए।

इस प्रकार परम पावन गंगा का पृथ्वी पर आगमन हुआ। राजा भगीरथ के प्रयत्न से ही पुण्यमयी गंगा पृथ्वी पर आ सकी थीं, इसलिए उन्हें 'भगीरथी' भी कहा जाने लगा।

स्वारोचिष मनु

प्राचीन समय की बात है, वरुथिनी नामक अप्सरा का एक वीर और पराक्रमी पुत्र था। उसका नाम स्वरोचिष था। स्वरोचिष का विवाह कलावती, मनोरमा और विभावरी नामक युवतियों से हुआ। समय बीतने पर रानी मनोरमा ने विजय को, विभावरी ने मेरुनन्द को और कलावती ने प्रभाव नामक पुत्र को जन्म लिया। उनके युवा होने पर स्वरोचिष ने पद्मिनी विद्या द्वारा तीन सुंदर नगर बनवाए। पूर्व दिशा में कामरूप नामक पर्वत के शिखर पर विजय नाम का नगर बसाया और उसे विजय के अधिकार में दे दिया। उत्तर दिशा में मेरुनन्द के लिए नन्दवती नाम की पुरी और प्रभाव

के लिए दक्षिण दिशा में ताल नामक नगर बसाकर उन्हें वहाँ का राजा बना दिया। इस प्रकार तीनों पुत्रों को राज्य सौंपकर स्वरोचिष अपनी पत्नियों के साथ पृथ्वी का भ्रमण करने लगा।

एक दिन स्वरोचिष शिकार खेलने की अभिलाषा से वन में घूम रहा था। तभी एक विशाल वराह (सूअर) को देखकर उसने निशाना साधा और बाण चलाने के लिए तैयार हो गया। इतने ही में एक मृगी उसके पास आकर करुण स्वर में बोली – ''वीरवर ! इस सूअर को मारने से आपको कोई लाभ नहीं होगा। आप अपने बाण से मुझे मार दीजिए। मैं बड़ी दु:खी हूँ। आपका चलाया हुआ बाण पल भर में ही मुझे सभी दु:खों से मुक्त कर देगा। दयानिधान ! मैं आप पर आसक्त हो गई हूँ। आपने मेरे मन को अशांत कर दिया है, किंतु आपका मन अन्य स्त्रियों पर मोहित है, फिर भला आप मुझे प्रेम क्यों करेंगे? इसी दु:ख के कारण मैं अपने प्राण त्याग देना चाहती हूँ।''

उसकी बात सुन स्वरोचिष आश्चर्य से भरकर बोला – ''मृगी ! तुम वन में विचरण करने वाली चंचल हिरणी हो और मैं मनुष्य हूँ। प्रकृति के नियमानुसार हमारा मिलन असम्भव है। अत: जीवन त्यागने का विचार छोड़ दो।''

किंतु मृगी ने स्वरोचिष से एक बार आलिंगन करने की इच्छा प्रकट की। फिर जैसे ही उसने मृगी का आलिंगन किया, वैसे ही मृगी एक सुंदर देवी के रूप में प्रकट हो गई। यह देखकर वह बड़ा विस्मित हुआ। तब वह अपना परिचय देते हुए बोली – ''वीरवर ! मैं इस वन की देवी हूँ और देवताओं की आज्ञा से आपकी सेवा में आई हूँ। आप मेरे गर्भ से अपने समान एक सुंदर और वीर बालक उत्पन्न कीजिए।''

देवताओं की आज्ञानुसार स्वरोचिष ने वन देवी के गर्भ से अपने समान एक तेजस्वी बालक उत्पन्न किया। उस बालक का नाम द्युतिमान रखा गया। स्वरोचिष का पुत्र होने के कारण वह स्वारोचिष के नाम से भी प्रसिद्ध हुआ। तत्पश्चात् स्वरोचिष पत्नियों सहित कठोर तप कर परम पद को प्राप्त हुआ।

ब्रह्माजी ने स्वरोचिष के पुत्र स्वारोचिष को द्वितीय मनु पद पर आसीन किया। इस मन्वंतर में धिपश्चिंचत नामक इन्द्र हुए। अत्रि, प्राण, बृहस्पति, दत्तात्रेय, च्यवन, वायुप्रोक्त और महाव्रत – ये सप्तर्षि थे। इस मन्वंतर में वेदशिरा नामक ऋषि की पत्नी तुषिता के गर्भ से भगवान् विष्णु विभु नाम से अवतरित हुए थे। उनके आचरण से शिक्षा ग्रहण करके अठासी हज़ार व्रतनिष्ठ ऋषि–मुनिगण ने ब्रह्मचर्य का पालन किया था।

राजा इन्द्रद्युम्न

सतयुग की बात है, अवंती (उज्जैन) में इन्द्रद्युम्न नामक एक प्रतापी राजा राज्य करते थे। वे बड़े पराक्रमी, सत्यवादी, दानी, धर्मात्मा, ब्राह्मण-भक्त और परम विद्वान थे। दान, यज्ञ और तप में उनकी समानता करने वाला दूसरा कोई नहीं था। इस प्रकार समस्त ऐश्वर्य-वैभव से सुशोभित और श्रेष्ठ गुणों से अलंकृत राजा इन्द्रद्युम्न धर्मपूर्वक अपने राज्य का उपभोग कर रहे थे।

एक बार राजा इन्द्रद्युम्न के मन में भगवान् नारायण की आराधना करने का विचार उत्पन्न हुआ। वे अपने कुलगुरु से बोले - "गुरुदेव ! यह सृष्टि श्रीविष्णु की इच्छानुसार प्रकट होती है और कल्पांत में उन्हीं की इच्छा से नष्ट हो जाती है। मनुष्य की इच्छाएँ पूर्ण करना ही उनका स्वभाव है। वे परब्रह्म परमेश्वर संसार के पालनहार हैं। धन, ऐश्वर्य, वैभव, मोक्ष - सभी उनके चरणों के दास हैं। जिस प्राणी पर उनकी कृपा दृष्टि हो जाती है, वह जन्म-मरण के चक्र से मुक्त हो जाता है। गुरुदेव ! भगवान्

विष्णु की कृपा से मैंने पृथ्वी के सम्पूर्ण विषयों का भोग किया है और अब मैं उन्हें प्रसन्न कर इस माया निर्मित संसार से मुक्ति प्राप्त करना चाहता हूँ। किंतु मुझे यह ज्ञान नहीं है कि मैं उनकी आराधना किस प्रकार करूँ? गुरुदेव ! आप परम विद्वान हैं। आपको भली-भाँति ज्ञात है कि एक गृहस्थ मनुष्य किस प्रकार श्रीविष्णु के परमधाम का अधिकारी बन सकता है। कृपया आप मेरा मार्गदर्शन करें।''

कुलगुरु बोले - ''राजन ! वेदों में मनुष्य-जीवन को चार अवस्थाओं में विभाजित किया गया है। मनुष्य को सदा इन चार आश्रमों के अनुसार जीवन व्यतीत करना चाहिए। ब्रह्मचर्य आश्रम में मनुष्य को गुरु के पास रहकर विद्याध्ययन करना चाहिए। गृहस्थाश्रम में विवाह कर विषयों का भोग करना चाहिए। वानप्रस्थाश्रम में उसे विषय-भोगों का त्याग कर भगवान् की पूजा-उपासना के लिए वन की ओर प्रस्थान करना चाहिए, जबकि संन्यास आश्रम में शरीर का मोह त्याग कर भगवान् विष्णु के श्रीचरणों में ध्यानमग्न हो जाना चाहिए। राजन ! आपका विचार अति उत्तम है। सौभाग्यशाली मनुष्यों को ही भगवान् विष्णु की पूजा-आराधना करने का सौभाग्य प्राप्त होता है। किंतु राजन ! आपकी वानप्रस्थ की अवस्था में अभी कुछ समय शेष है इसलिए गृहस्थ धर्मानुसार आपको पुरुषोत्तम क्षेत्र में जाकर भगवान् की आराधना करने का सौभाग्य प्राप्त करना चाहिए।''

तब भगवान् पुरुषोत्तम की आराधना करने के उद्देश्य से राजा इन्द्रद्युम्न अपनी महारानियों, कुलगुरु, मंत्रिगण, सेनापति और अनेक ऋषि-मुनियों के साथ पुरुषोत्तम क्षेत्र की ओर चल पड़े। नगर-निवासियों ने जब इस बारे में सुना तो उन्होंने भी अपने राजा का अनुसरण किया। इस प्रकार यात्रा करते हुए कुछ ही दिनों में वे दक्षिण समुद्र के तट पर पहुँच गए। वहाँ पहुँचकर इन्द्रद्युम्न ने समुद्र के दर्शन किए, जो अनेक प्रकार के दिव्य रत्नों से से युक्त है। वह अत्यंत विशाल, भयंकर तथा श्याम वर्ण है। भगवान् नारायण का निवास-स्थान वह समुद्र परम पवित्र, समस्त पापों का नाश करने वाला और सम्पूर्ण इच्छाओं को पूर्ण करने वाला है। इसके अतिरिक्त इन्द्रद्युम्न ने वहाँ अनेक रमणीय स्थानों और नदियों के भी दर्शन किए।

पुरुषोत्तम तीर्थ में वट-वृक्ष के दर्शन करके इन्द्रद्युम्न सोचने लगे - 'मैं यहीं रहकर परब्रह्म परमेश्वर भगवान् विष्णु की आराधना करूँगा। मुझे यह भली-भाँति ज्ञात हो गया है कि यही स्थान भगवान् का मानस तीर्थ पुरुषोत्तम क्षेत्र है, क्योंकि यहाँ कल्पवृक्ष स्वरूप वटवृक्ष खड़ा है। यहीं इन्द्रनील मणि की बनी हुई उनकी प्रतिमा भी थी, जिसे भगवान् विष्णु ने स्वयं छिपा दिया है। अब मैं ऐसा प्रयत्न करूँगा, जिससे कि भगवान् नारायण प्रत्यक्ष दर्शन देकर मुझे कृतार्थ करें। मैं भक्ति-भाव से भगवान् के श्रीचरणों में अपना मन लगाकर यज्ञ, दान, हवन, पूजन और उपवास आदि द्वारा विधिपूर्वक व्रत का पालन करूँगा।' यह सोचकर उन्होंने कुलगुरु को अपने पुण्यमय मनोरथ के विषय में बताया।

कुलगुरु बोले – "राजन ! आपका विचार अति उत्तम है। यज्ञ, हवन, पूजन, दान, तप, उपवास आदि ये सभी भगवान् विष्णु की प्राप्ति के उत्तम साधन हैं। बड़े-बड़े राजा-महाराजाओं, ऋषि-मुनियों आदि ने इन्हीं के माध्यम से भगवान् को प्राप्त किया है। अतः राजन ! मेरे परामर्शानुसार आपको यहाँ एक मंदिर का निर्माण करने के बाद अश्वमेध यज्ञ करना चाहिए। वह यज्ञ भगवान् विष्णु की प्राप्ति का सबसे सरल और सुलभ साधन है। उससे आपका मनोरथ अवश्य सिद्ध होगा।"

तब इन्द्रद्युम्न ने पृथ्वी के समस्त राजाओं को आमंत्रित किया और बोले – "मान्यवरो ! यह स्थान भोग और मोक्ष प्रदान करने वाला परम कल्याणमय क्षेत्र है। इसलिए समस्त प्राणियों के कल्याण के लिए मैं यहाँ भगवान् श्रीविष्णु के मंदिर का निर्माण करवा कर अश्वमेध यज्ञ करना चाहता हूँ। किंतु आप सबकी सहायता के बिना यह कार्य असम्भव है। इसलिए इस कार्य को सम्पन्न करवाने में कृपया आप लोग मेरी सहायता कीजिए।"

इन्द्रद्युम्न का मनोरथ जानकर सभी राजाओं ने उन्हें प्रसन्नतापूर्वक धन, रत्न, स्वर्ण आदि विभिन्न पदार्थ भेंट में दिए और सहयोग प्रदान किया। तत्पश्चात् वहाँ मंदिर निर्माण का कार्य आरम्भ हो गया। श्रेष्ठ शिल्पियों को बुलवाकर उन्हें इस कार्य के लिए नियुक्त किया। विंध्याचल पर्वत की शिलाएँ काट-काटकर वहाँ लाई जाने लगीं। इसके बाद इन्द्रद्युम्न ने ऋषि-मुनियों को आमंत्रित कर यज्ञ आरम्भ करवाया।

यज्ञ-अनुष्ठान के बाद इन्द्रद्युम्न भगवान् पुरुषोत्तम की प्रतिमा के लिए चिंतित हो गए। 'पत्थर या काष्ठ (लकड़ी) में से कौन-सी वस्तु भगवान् विष्णु की प्रतिमा के लिए सर्वश्रेष्ठ है?' यही चिंता उन्हें दिन-रात सताने लगी।

एक दिन जब भगवान् विष्णु का पूजन करने के बाद उनका चिंतन करते हुए राजा इन्द्रद्युम्न सो गए तो शयनावस्था में ही भगवान् विष्णु ने उन्हें साक्षात् दर्शन दिए। शंख, चक्र, पद्म, गदा, धनुष, बाण – उनकी भुजाओं में सुशोभित थे। पीताम्बरधारी भगवान् विष्णु का मुखमण्डल दिव्य तेज से आलोकित हो रहा था। वे अपने वाहन गरुड़ पर सवार थे।

वे मधुर स्वर में इन्द्रद्युम्न से बोले – "वत्स ! व्यर्थ की चिंता त्याग दो। तुम्हारे यज्ञ, दान, श्रद्धा और भक्ति से मैं अत्यंत प्रसन्न हूँ। यहाँ कैसी प्रतिमा स्थापित करनी है, मैं तुम्हें उसकी प्राप्ति का उपाय बताता हूँ। वत्स ! यहाँ से कुछ दूर समुद्र तट पर एक विशाल वृक्ष है। उसका कुछ भाग स्थल में है और कुछ भाग जल में। कल सूर्योदय के समय तुम कुल्हाड़ी लेकर अकेले वहाँ चले जाना और उसे पहचान कर निःशंक भाव से काट देना। वृक्ष के कटते ही वहाँ दो ब्राह्मणदेव आएँगे और तुम्हारा मनोरथ पूर्ण करेंगे।" यह कहकर भगवान् विष्णु अंतर्धान हो गए।

यह स्वप्न देखकर राजा इन्द्रद्युम्न को बड़ा आश्चर्य हुआ। प्रातःकाल उन्होंने भगवत स्मरण करते हुए स्नान कर ब्राह्मणों को दान दिया और फिर भगवान् विष्णु

द्वारा बताए स्थान पर पहुँच गए। उन्होंने उस वृक्ष को ढूँढ़कर काट गिराया। अभी वे वृक्ष के दो टुकड़े करने ही वाले थे कि तभी उन्हें दो ब्राह्मण आते दिखाई दिए। वास्तव में वे भगवान् विष्णु और देवशिल्पी विश्वकर्मा थे, जो ब्राह्मण रूप धारण करके वहाँ आए थे। उन्होंने अनभिज्ञ बनते हुए इन्द्रद्युम्न से वृक्ष काटने का उद्देश्य पूछा। इन्द्रद्युम्न ने प्रसन्नतापूर्वक उन्हें सबकुछ बता दिया।

तब ब्राह्मण वेशधारी श्रीविष्णु बोले – ''हे राजन ! इस माया निर्मित संसार में निवास करते हुए भी आपके हृदय में जो विचार उत्पन्न हुआ है, वह अति उत्तम है। राजन ! ये एक श्रेष्ठ शिल्पी हैं। शिल्पकर्म में ये विश्वकर्मा के समान निपुण हैं। ये मेरे बताएँ अनुसार प्रतिमा तैयार कर देंगे। आइए, आप कुछ समय वृक्ष की छाया में विश्राम करें।'' उनकी बात सुनकर इन्द्रद्युम्न वृक्ष की शीतल छाया में बैठ गए। फिर भगवान् विष्णु की आज्ञा से विश्वकर्मा ने कुछ ही समय में श्रीकृष्ण, बलराम और सुभद्रा की प्रतिमाएँ तैयार कर दीं।

यह देख इन्द्रद्युम्न के आश्चर्य का कोई ठिकाना नहीं रहा। वे श्रद्धापूर्वक बोले – ''भगवन् ! आप दोनों कोई साधारण ब्राह्मण प्रतीत नहीं होते। आपके कर्म अद्‌भुत हैं। आपका व्यवहार देवताओं के समान है। ऐसा प्रतीत होता है, मानो साक्षात् देवता ही मनुष्य-रूप में मेरे सामने आ गए हों। भगवन् ! आप देवता हैं अथवा मनुष्य? यक्ष हैं या विद्याधर? कहीं आप ब्रह्मा और भगवान् विष्णु तो नहीं? कृपया अपना वास्तविक परिचय देकर मुझे अनुगृहीत करें।''

तब भगवान् विष्णु ने अपना वास्तविक परिचय दिया और बोले – ''वत्स ! मेरे अनन्य भक्तों को ही मेरे दुर्लभ दर्शन सुलभ होते हैं और तुम्हारी दृढ़ भक्ति के कारण ही तुम्हें मेरा साक्षात्कार हुआ। मैं तुम्हें वरदान देता हूँ कि तुम अनेक वर्षों तक सुखपूर्वक पृथ्वी का उपभोग करने के बाद मेरा परमधाम प्राप्त करोगे। यह तीर्थ इन्द्रद्युम्न तीर्थ के नाम से प्रसिद्ध होगा। यहाँ मात्र एक बार स्नान करने पर ही मनुष्य स्वर्ग का अधिकारी बन जाएगा। यहाँ पिण्डदान करने वाले की इक्कीस पीढ़ियों का उद्धार हो जाएगा। यहाँ निकट ही वृक्षों से व्याप्त एक सुंदर मण्डप है। आषाढ़ के शुक्ल पक्ष की पंचमी को महानक्षत्र में भक्तजन सात दिन तक उस सुंदर मण्डप में हमारी इन प्रतिमाओं को स्थापित रखेंगे। राजन ! यहाँ सात दिन के लिए मेरी यात्रा होगी। भक्तों के मनोरथ पूर्ण करने वाली वह पुण्यमय यात्रा गुण्डिचा यात्रा नाम से प्रसिद्ध होगी। जो लोग वहाँ मेरी, बलरामजी और सुभद्रा की श्रद्धापूर्वक पूजा-अर्चना करेंगे, मेरी कृपा से उनकी सभी कामनाएँ पूर्ण होंगी।'' यह कहकर श्रीविष्णु विश्वकर्मा सहित वहाँ से अंतर्धान हो गए। इसके बाद इन्द्रद्युम्न ने एक विशाल उत्सव का आयोजन कर उन प्रतिमाओं की स्थापना करवाई। भगवान् के वर-स्वरूप समस्त ऐश्वर्य भोगने के बाद इन्द्रद्युम्न को उनका परमधाम प्राप्त हुआ।

औत्तम मनु

किसी समय पृथ्वी पर उत्तानपाद नामक राजा राज्य करते थे। उनका उत्तम नामक एक सुंदर, वीर और पराक्रमी पुत्र था। वह धर्म का ज्ञाता था। युवा होने पर उत्तानपाद ने उसका विवाह राजकुमारी बहुला के साथ कर दिया। उत्तम सदा बहुला की इच्छानुसार कार्य करता था, किंतु फिर भी वह उत्तम के विचारों से अनुकूल नहीं होती थी। अत: उत्तम ने रुष्ट होकर उसे त्याग दिया।

एक दिन एक ब्राह्मण का अपनी कुरूप और कर्कश पत्नी के प्रति अगाध प्रेम देखकर उत्तम को बहुला के त्यागने का बड़ा दु:ख हुआ। तब उसने अपने कुलगुरु से योगविद्या द्वारा बहुला का पता लगाने की प्रार्थना की।

कुलगुरु बोले – "वत्स ! एक दिन कपोत नामक एक नाग—वन में भटकती तुम्हारी पत्नी पर मोहित हो गया और उसे अपने लोक में ले गया। उसकी मनोरमा नामक पत्नी और नन्दा नाम की एक पुत्री है। बहुला को देखकर नन्दा ने उसे अपनी माता की शत्रु समझा और उसे अपने महल में छिपा दिया। कपोत ने जब नन्दा से बहुला को माँगा तो उसने कोई उत्तर नहीं दिया। तब उसने कुपित होकर नन्दा को गूँगी होने का शाप दे दिया। इस प्रकार तुम्हारी पत्नी बहुला अभी जीवित है और नन्दा के साथ रहती है। उसका चरित्र आज भी निर्मल है। वत्स ! तुम्हारे और बहुला के ग्रह–नक्षत्र एक समान न होने के कारण तुम्हारे बीच सदा प्रतिकूलता रही। इस प्रतिकूलता को समाप्त करने के लिए तुम मित्रविन्दा नामक यज्ञ करो। जिन स्त्री–पुरुष में परस्पर प्रेम न हो, यह यज्ञ उनमें प्रेम उत्पन्न करता है।"

उत्तम की आज्ञा से ब्राह्मणों ने मित्रविन्दा यज्ञ आरम्भ कर दिया। बहुला के मन में उत्तम के प्रति प्रेम उत्पन्न करने के लिए एक–एक करके सात यज्ञ किए गए। तत्पश्चात् उन्होंने बहुला को लाने के लिए कहा। उत्तम ने बलाक नामक दैत्य सेवक को पाताल–लोक जाकर बहुला को लाने की आज्ञा दी। दैत्य बलाक कुछ ही समय में बहुला को ले आया। एक–दूसरे को देखकर बहुला और उत्तम बड़े प्रसन्न हुए।

तब बहुला बोली – "स्वामी ! मेरे कारण कपोत ने अपनी पुत्री नन्दा को गूँगी होने का शाप दे दिया है। आप यदि उसके संकट का निवारण कर सकें तो मुझे बहुत खुशी होगी।"

उत्तम के कहने पर ब्राह्मणों ने सरस्वती माता को प्रसन्न करने के लिए यज्ञ किया। यज्ञ पूर्ण होते ही नाग–कन्या नन्दा पुनः बोलने लगी। 'सखी बहुला और उत्तम की कृपा से मैं पुनः बोलने लगी हूँ।' यह जानकर नन्दा उनके समक्ष प्रकट हुई और उन्हें वर देते हुए बोली – "राजन ! आपकी कृपा से मेरा मन बड़ा प्रसन्न है। इसलिए मैं आपको वरदान देती हूँ कि शीघ्र ही आपके घर एक पराक्रमी पुत्र जन्म लेगा। वह बालक तीसरे मन्वंतर का स्वामी होगा।"

नन्दा के वरदान से उत्तम के घर एक सुंदर बालक ने जन्म लिया। विद्वानों ने उसका नाम औत्तम रखा। औत्तम मनु–पद पर आसीन होकर तीसरे मन्वंतर का स्वामी बना। तीसरे मन्वंतर में सुशांति नामक इन्द्र और महर्षि वसिष्ठ के सात पुत्र सप्तर्षि हुए। इस मन्वंतर में श्रीहरि ने धर्म की पत्नी सूनृता के गर्भ से सत्यसेन नाम से अवतार लेकर पापी राक्षसों का संहार किया।

———

अप्सराओं को वरदान

धर्म ब्रह्माजी के मानस पुत्र हैं। उनकी उत्पत्ति ब्रह्माजी के हृदय से हुई। धर्म ने दक्ष प्रजापति की दस कन्याओं से विवाह किया। उन कन्याओं से धर्म को हरि, कृष्ण, नर और नारायण नाम के चार पुत्र प्राप्त हुए। बचपन से ही नर और नारायण तपस्वी स्वभाव के थे। वे दोनों हिमालय पर्वत पर गए और बदरिकाश्रम नामक पवित्र स्थान पर तपस्या करने लगे। शीघ्र ही उनकी गिनती श्रेष्ठ तपस्वियों में होने लगी। गंगा के विस्तृत तट पर रहकर ब्रह्म का चिंतन करना उनका स्वभाव बन गया था।

भगवान् श्रीहरि के अंशावतार नर-नारायण ने एक हज़ार वर्षों तक कठोर तप किया। उनकी तपस्या के तेज से सम्पूर्ण सृष्टि ज्योतिर्मय हो गई। उनका बढ़ता तेज देखकर देवराज इन्द्र के मन में भय उत्पन्न हो गया। वे चिंतित होकर विचार करने लगे - 'नर-नारायण बड़े तपस्वी और धर्मपरायण हैं। उन्हें सिद्धि प्राप्त हो चुकी है। वे अवश्य ही अपने बल से मेरे इन्द्रासन को छीन लेंगे। अपना सिंहासन बचाने के लिए मुझे उनकी तपस्या खंडित करनी होगी।' यह विचार कर देवराज इन्द्र ऐरावत पर सवार होकर, हिमालय पर्वत पर जा पहुँचे। नर-नारायण जहाँ तपस्यारत थे, वह एक परम पवित्र स्थान था। तपस्या के तेज से नर-नारायण सूर्य के समान प्रकाशमान

हो रहे थे। इन्द्र बार-बार उनसे अभीष्ट वरदान माँगने के लिए कहते रहे, किंतु उनका चित्त तपस्या में मग्न रहा। यह देखकर देवराज इन्द्र विचलित हो उठे और उन्होंने चारों ओर भय उत्पन्न करने वाली माया फैलाकर नर-नारायण को भयभीत करने की चेष्टा की। तत्पश्चात् भीषण आँधी, वर्षा और अग्नि का दृश्य उपस्थित कर दिया। इस प्रकार इन्द्र—माया की रचना करके नर-नारायण को भयभीत करने का प्रयास करते रहे, किंतु उन पर भय का ज़रा भी प्रभाव नहीं पड़ा। जब इन्द्र की माया नर-नारायण की तपस्या खंडित न कर सकी तो वे पराजित होकर अपने लोक लौट गए। इन्द्रलोक में आकर उन्होंने कामदेव को नर-नारायण का तप खंडित करने का आदेश दिया।

देवेन्द्र का आदेश पाकर कामदेव वसंत, रति और सोलह हज़ार अप्सराओं के साथ हिमालय पर्वत पर पहुँच गया। वसन्त के वहाँ आते ही सभी वृक्षों पर भाँति-भाँति के पुष्प उत्पन्न हो गए। उन पर भौंरों की कतारें मँडराने लगीं। वृक्षों की टहनियों पर कोयलें मधुर स्वर में कलरव करने लगीं। प्राणियों में काम का संचार हो गया। वे परस्पर प्रेमासक्त हो गए। अप्सराएँ मधुर स्वर में गीत गाते हुए काम नृत्य करने लगीं। तत्पश्चात् रति सहित कामदेव ने अपने पाँचों काम-बाणों का प्रयोग किया।

इससे नर-नारायण की समाधि टूट गई। उन्होंने सोचा - 'शिशिर-ऋतु बड़ी शीघ्र समाप्त हो गई? काल की गति में नियम का उल्लंघन हो जाए, यह असम्भव कार्य आज कैसे सम्भव हो गया? असमय वसंत का आगमन कैसे हो गया? वन पुष्पों से सुशोभित कैसे हो गया?'

तब नारायण बोले - "नर ! देखो, पुष्पों से लदे ये वृक्ष कितनी शोभा पा रहे हैं। सर्वत्र कोयलों का मीठा स्वर सुनाई पड़ रहा है। हे मुने ! शिशिर ऋतु यहाँ भयंकर आतंक फैलाए थी। इतने में वसंत ऋतु अपने सौंदर्य के साथ यहाँ आ गई। मुझे घोर आश्चर्य है कि असमय ही इसका आगमन कैसे हुआ? हे देवर्षे ! यह निश्चय ही तप में विघ्न उपस्थित करने वाली माया जान पड़ती है। आप इस विषय में विचार कर लें। चारों ओर दिव्य अप्सराओं का स्वर सुनाई पड़ रहा है। यह देवराज इन्द्र का षड्यंत्र ज्ञात होता है।"

नर-नारायण आश्चर्यचकित होकर इधर-उधर देख रहे थे, तभी उनकी दृष्टि कामदेव, वसन्त, रति और अप्सराओं पर पड़ीं। उन्हें देखकर नारायण ने सोचा - 'इन्द्र ने हमारी तपस्या में विघ्न डालने के लिए इन्हें यहाँ भेजा है। इन्हें अपने रूप पर बहुत अभिमान है। मैं अभी इनसे भी श्रेष्ठ अप्सराओं की रचना कर देता हूँ। इन्हें तपस्या का बल दिखाना अति आवश्यक है।' यह सोचकर उन्होंने अपनी जंघा से एक अति सुंदर नारी की उत्पत्ति की। वह नारी नारायण के उरु (जंघा) से उत्पन्न हुई थी, अतः उसका नाम 'उर्वशी' पड़ा। इसके अतिरिक्त उन्होंने सोलह हज़ार अन्य अप्सराओं

की उत्पत्ति की। उन्हें देखकर इन्द्र की दरबारी अप्सराएँ आश्चर्यचकित हो गईं।

अपने आश्चर्य पर नियंत्रण पाकर वे नर और नारायण से बोलीं – "भगवन्! हम मूर्ख स्त्रियाँ आपके तप की महिमा और धीरता देखकर चकित हैं। हमें आपके वास्तविक स्वरूप का ज्ञान हो गया है। आप भगवान् विष्णु के अंशावतार हैं। हमारी भूल के लिए हमें क्षमा करें, मुनिश्रेष्ठ।" अप्सराएँ नम्रतापूर्वक क्षमायाचना कर रही थीं। काम, क्रोध, लोभ और मोह पर विजय प्राप्त कर चुके नर-नारायण ने उन्हें क्षमा कर दिया। नारायण ने उर्वशी और अपने द्वारा उत्पन्न अन्य अप्सराओं को देवराज इन्द्र को भेंट कर दिया और स्वर्ग की अप्सराओं से बोले – "देवियो ! सत्य को स्वीकार करने वाला ही जगत् में श्रेष्ठ माना जाता है। तुमने भी अपना अपराध स्वीकार किया है। अतः मैं तुमसे अति प्रसन्न हूँ और तुम्हें अभिलषित वर प्रदान करना चाहता हूँ। तुम्हें जो भी इच्छा हो, निःसंकोच माँग लो।"

अप्सराओं ने वरदान माँगते हुए कहा – "मुनिवर ! आप देवाधिदेव भगवान् श्रीनारायण हैं। अब हमने स्वयं को आपके चरणों में अर्पित कर दिया है। भगवन् ! यदि आप प्रसन्न होकर वर देना चाहते हैं तो हमें पत्नी के रूप में स्वीकार करने की कृपा करें, जिससे कि हम आपकी सेवा कर सकें।"

अप्सराओं का यह प्रस्ताव सुनकर नारायण उन्हें आश्वासन देते हुए बोले – "देवियो ! इस जन्म में हमने ब्रह्मचर्य व्रत ले रखा है। इसलिए हम विवाह नहीं कर सकते। यह हमारी दृढ़ प्रतिज्ञा है। इसे भंग करना असम्भव है। तुम स्वर्ग लौट जाओ। धर्मज्ञ व्यक्ति किसी के नियमों को भंग नहीं करते, इसलिए हे देवियो ! तुम मेरे व्रत की परीक्षा मत लो। मैं दूसरे जन्म में तुम्हारा पति बनूँगा, इसमें संदेह नहीं है। हे सुन्दरियो ! देवताओं का कार्य सम्पन्न करने के लिए अट्ठाईसवें युग के द्वापर में मैं भूमण्डल पर प्रकट होऊँगा। उस समय तुम अलग-अलग राजाओं के घर जन्म लेकर मेरी पत्नी बनोगी।" इस प्रकार आश्वासन पाकर सभी अप्सराएँ वापस स्वर्गलोक लौट गईं और इन्द्र को सारी बात बताई। अप्सराओं से नारायण के चमत्कार के विषय में सुनने और उर्वशी को देखने के बाद इन्द्र ने नारायण की बड़ी प्रशंसा की।

तत्पश्चात् देवराज इन्द्र नर-नारायण के समक्ष प्रकट हुए और उनसे अपने अपराधों की क्षमा माँगी। नर-नारायण ने उन्हें क्षमा कर दिया। इस प्रकार इन्द्र प्रसन्न मन से वापस स्वर्ग लौट आए और धर्मात्मा नर-नारायण की तपस्या पुनः आरम्भ हो गई। अट्ठाईसवें युग के द्वापर में नर और नारायण ने पृथ्वी पर अर्जुन और श्रीकृष्ण के रूप में अवतार लिए। अप्सराओं ने राजकुमारियों के रूप में अलग-अलग स्थानों पर जन्म लिया और भगवान् श्रीकृष्ण की पत्नी बनने का सौभाग्य प्राप्त किया।

वसिष्ठ का पुनर्जन्म

प्राचीन समय की बात है—भगवान् श्रीराम के इक्ष्वाकु वंश में निमि नाम के एक प्रतापी राजा हुए। वे इक्ष्वाकु के बारहवें पुत्र थे। वे बड़े गुणी, धर्मज्ञ और दानी थे। यज्ञ–हवन आदि में उनकी विशेष रुच्रि थी। एक बार उनके मन में एक विशाल यज्ञ करने की इच्छा उत्पन्न हुई। उन्होंने अपने पिता इक्ष्वाकु की आज्ञा लेकर यज्ञ की सारी सामग्री तैयार करवा ली। अंगिरा, वामदेव, गौतम, पुलस्त्य, ऋचीक और पुलह आदि वेदों के ज्ञाता और यज्ञ कार्य कराने में कुशल तपस्वी मुनियों को आमंत्रित कर लिया।

जब यज्ञ की तैयारियाँ पूर्ण हो गईं, तब राजा निमि ने अपने गुरु वसिष्ठ की पूजा की और नम्रता के साथ उनसे कहा – "गुरुवर ! मैं एक ऐसा यज्ञ करना चाहता हूँ, जिससे मुझे भगवती माता की कृपा दृष्टि प्राप्त हो सके। आप इस यज्ञ के आचार्य बनने की कृपा करें। आप एक सर्वज्ञानी पुरुष और हमारे कुल–गुरु हैं। अतः अपना यह कार्य मैं आपको सौंपता हूँ।"

राजा निमि की बात सुनकर वसिष्ठ मुनि बोले – "राजन ! आपसे पहले मुझे इन्द्र ने यज्ञ कराने के लिए आमंत्रित कर रखा है। वे पराशक्ति नामक यज्ञ करा रहे हैं। उन्होंने पाँच सौ वर्षों तक यज्ञ करने की दीक्षा ली है। अत: राजन ! आप प्रतीक्षा करें। इन्द्र का यज्ञ समाप्त हो जाने के बाद ही मैं आपका यज्ञ पूर्ण करवा सकता हूँ।"

निमि ने अनेक प्रकार से वसिष्ठजी को रोकने का प्रयास किया, किंतु वे इन्द्र के यज्ञ में चले गए। यज्ञ के उपलक्ष्य में निमि अनेक ऋषि–मुनियों को आमंत्रित कर चुके थे। यज्ञ की सम्पूर्ण व्यवस्था हो चुकी थी। अत: उन्होंने गौतम ऋषि को यज्ञ का आचार्य बनाया और यज्ञ की दीक्षा ले ली। बहुत–सा धन और गायें ऋषि–मुनियों को दान में दी गईं। इधर जब इन्द्र का यज्ञ समाप्त हुआ तो निमि से मिलने महर्षि वसिष्ठ उनके महल पर पहुँचे। निमि उस समय सोया हुए थे, इसलिए महर्षि के बार–बार कहने पर भी सेवकों ने उन्हें नहीं जगाया।

महर्षि वसिष्ठ ने इसे अपना अपमान समझा और राजा निमि को शाप देते हुए बोले – "राजन ! तुमने मुझ जैसे गुरु को छोड़कर दूसरे को अपना गुरु बना लिया। मेरा अपमान करके यज्ञ में दीक्षित हो गए। मेरे मना करने पर भी तुम रुके नहीं, अत: तुम विदेह (देह रहित) हो जाओ। तुम्हारा शरीर नष्ट हो जाए।"

महर्षि का यह शाप सुनकर सेवकों ने शीघ्र ही राजा निमि को जगाया और महर्षि वसिष्ठ के शाप देने की बात बताई। निमि दौड़े-दौड़े मुनि वसिष्ठ के पास पहुँचे और बोले – "गुरुवर ! मेरे अनेक बार प्रार्थना करने पर भी आपने उसे ठुकरा दिया और लोभ में आकर इन्द्र के यज्ञ में चले गए। ऐसा निंदित कर्म करने पर आपके मन में ज़रा भी संकोच नहीं हुआ? मुनिवर ! वेदों और शास्त्रों का आपको पूर्ण ज्ञान है। फिर भी आपने क्रोध में आकर व्यर्थ ही मुझे शाप दे दिया। अत: मैं भी आपको शाप देता हूँ कि आपका भी यह शरीर नष्ट हो जाए।" इस प्रकार वसिष्ठ और निमि - दोनों ही परस्पर शापग्रस्त हो गए।

एक–दूसरे को शाप देने के बाद दोनों ही चिंतित हो गए। वसिष्ठ के मन में उथल–पुथल आरम्भ हो गई। मन की शांति के लिए वे ब्रह्माजी की शरण में गए। उन्हें पूरी बात बताई और प्रार्थना करते हुए बोले – "पिताश्री ! निमि के शाप से उबरने के लिए मुझे क्या करना चाहिए? मैं पुन: शरीर धारण करूँगा तो उस समय मेरे पिता कौन होंगे – यह बताने की कृपा करें। मेरी इच्छा है कि दूसरे शरीर से संबद्ध होने पर भी मेरी स्थिति पूर्ववत् ही बनी रहे। मेरे इस शरीर में जैसा ज्ञान सुलभ है, वैसा ही दूसरा शरीर पाने पर भी मुझे प्राप्त रहे। हे प्रभु ! आप सृष्टि के रचनाकार हैं। अत: मेरी प्रसन्नता के लिए आप ऐसी व्यवस्था करने की कृपा करें।"

ब्रह्माजी बोले – "पुत्र ! तुम मित्र और वरुण ऋषियों के तेज में प्रविष्ट होकर शांतिपूर्वक रहो। उचित समय आने पर तुम उन्हीं के द्वारा प्रकट होगे। इस प्रकार

तुम्हारा जन्म मित्रावरुण कुल में होगा। नया शरीर पाकर भी तुम्हें ऐसी ही धार्मिक बुद्धि प्राप्त होगी। तुम प्राणियों के सुहृदय, वेदों के ज्ञाता, सर्वज्ञानी और सबसे सम्मान प्राप्त करोगे।''

जिज्ञासा शांत हो जाने पर वसिष्ठजी ने परमपिता ब्रह्माजी के चरणों में मस्तक झुकाया और उनकी प्रदक्षिणा करके मित्रावरुण के आश्रम पर चले गए। उस आश्रम में सदा एक साथ रहने मित्र और वरुण नामक दोनों ऋषि विराजमान थे। वसिष्ठ मुनि ने अपने श्रेष्ठ स्थूल शरीर का त्याग कर दिया और सूक्ष्म शरीर से मित्रावरुण के शरीर में प्रविष्ट हो गए। अनेक वर्षों तक वसिष्ठ मुनि सूक्ष्म रूप में मित्रावरुण के शरीर में निवास करते रहे।

एक दिन उर्वशी नामक एक सुंदर अप्सरा सखियों के साथ मित्रावरुण के आश्रम में आयी। उसके सौंदर्य को देखकर मुनि मित्रावरुण के चित्त मोहित हो गए। उन्होंने उर्वशी के सम्मुख विवाह का प्रस्ताव रखा और कुछ दिन वहीं निवास करने के लिए कहा। मुनि मित्रावरुण के कहने पर उर्वशी कुछ दिनों के लिए वहाँ ठहर गई।

जब मुनि मित्रावरुण उर्वशी से बात कर रहे थे, तभी संयोगवश उनका तेजस्वी वीर्य स्खलित हो गया और वहीं पड़े एक घड़े में गिर गया। इस तेज के फलस्वरूप अत्यंत सुंदर दो मुनिकुमार उत्पन्न हुए। उनमें से एक बालक का नाम अगस्ति पड़ा और दूसरे का वसिष्ठ।

मित्रावरुण के तेज से उत्पन्न वे दोनों मुनिकुमार आगे चलकर महान तपस्वियों एवं ऋषियों में अग्रगण्य हुए। अगस्ति में तपस्या की अटूट श्रद्धा थी। अत: बचपन में ही वे वन में चले गए। एक बार राजा इक्ष्वाकु मित्रावरुण के आश्रम में आए। वहाँ दूसरे बालक वसिष्ठ को उन्होंने अपने कुल–पुरोहित के रूप में चुन लिया। महाराज इक्ष्वाकु ने वसिष्ठ के पालन–पोषण की समुचित व्यवस्था की। इस प्रकार राजा निमि के शाप के कारण महर्षि वसिष्ठ को मित्रावरुण के कुल में जन्म लेकर दूसरा शरीर धारण करना पड़ा।

इधर, जिस समय वसिष्ठ मुनि ने निमि को शाप दिया था, वे यज्ञ में दीक्षित थे। उन्होंने जितने ऋषि–मुनियों को यज्ञ में आमंत्रित किया था, वे परस्पर विचार–विमर्श करने लगे कि धर्मात्मा निमि यज्ञ में दीक्षित हैं। अभी यज्ञ भी पूर्ण नहीं हुआ है और वे शाप में जल रहे हैं। ऐसी प्रतिकूल स्थिति में यज्ञ पूर्ण होने तक उनकी रक्षा करनी चाहिए। यह विचार कर उन्होंने मंत्रों की शक्ति से निमि के शरीर को सुरक्षित रखा। मंत्रों की शक्ति के कारण उनकी श्वास की गति समाप्त नहीं हुई। उनकी आत्मा शरीर में ही सुरक्षित रही। मुनियों ने पुष्प मालाओं और चन्दनों से उस आत्मा को सुपूजित कर रखा था।

यज्ञ समाप्त होने पर इन्द्र आदि समस्त देवगण वहाँ पधारे। ऋषि–मुनियों ने

उनकी स्तुति की। इससे देवता प्रसन्न हो गए। तब ऋषियों ने निमि की दयनीय दशा उन्हें बताई। देवताओं ने निमि से कहा – "राजन ! हम तुम्हारे इस यज्ञ से प्रसन्न हैं, तुम कोई भी वरदान माँग लो। यज्ञ के प्रभाव से तुम्हें सर्वोत्तम जन्म मिल सकता है। देव शरीर अथवा मानव शरीर – तुम्हें जो भी पसंद हो, माँग सकते हो।"

निमि प्रार्थनापूर्वक बोले – "हे देवगण ! मेरी इच्छा है कि सम्पूर्ण प्राणी जिनके द्वारा देखते हैं, मुझे उसी वस्तु में रहने का सुअवसर प्राप्त हो। मैं समस्त प्राणियों के नेत्रों में वायु बनकर विचरण करूँ।"

निमि की इच्छा जानकर देवेन्द्र बोले – "हे राजन ! इसके लिए तुम भगवती दुर्गा की प्रार्थना करो। तुम्हारे यज्ञ से वे परम प्रसन्न हैं। उन्हीं की कृपा से तुम्हारा यह मनोरथ सिद्ध हो सकता है।"

तब राजा निमि ने अनेक स्तोत्रों के द्वारा भगवती दुर्गा की आराधना की। इससे प्रसन्न होकर दुर्गा ने उन्हें साक्षात् दर्शन दिए। देवी के दर्शन पाकर सभी आनन्द-मग्न हो गए। देवी को प्रसन्न देख राजा निमि बोले – "माते ! मुझे ऐसा निर्मल ज्ञान देने की कृपा करें, जिससे कि मैं सशरीर मुक्त हो सकूँ। साथ ही मेरी यह अभिलाषा है कि मुझे सभी प्राणियों के नेत्रों में निवास करने का अवसर प्राप्त हो।"

दुर्गा माता ने प्रसन्नतापूर्वक कहा – "वत्स ! तुम्हें निर्मल ज्ञान अवश्य प्राप्त होगा। साथ ही तुम जगत् के समस्त प्राणियों के नेत्रों में रहोगे। तुम्हारे प्रभाव से ही प्राणियों की आँखों में पलक गिराने की शक्ति रहेगी। इस प्रकार मनुष्य, पशु और पक्षी – ये पलक गिराने वाले (निमिष) प्राणी कहलाएँगे।"

दुर्गा माता के अदृश्य हो जाने के बाद वहाँ उपस्थित मुनियों ने परस्पर परामर्श करके निमि के नष्ट होते स्थूल शरीर को सामने रखा और उस पर एक मथनी को फिराते हुए मंत्रोच्चारण करने लगे। इस मंथन से निमि के शरीर से एक बालक उत्पन्न हुआ। वह बालक रूप और गुणों में निमि के समान ही अद्वितीय था। मंथन से प्रकट होने के कारण उसे मिथि कहा गया, जबकि पिता के शरीर से निकलने के कारण वह जगत् में जनक नाम से विख्यात हुआ। इस प्रकार निमि से राजा जनक की उत्पत्ति हुई। निमि के विदेह होने के कारण उनके कुल में जितने नरेश हुए, वे सभी 'विदेह' कहलाने लगे। इन्हीं राजा जनक ने गंगा नदी के तट पर मिथिला नाम का एक सुंदर नगर बसाया। जिनके यहाँ आगे चलकर सीता माता ने अवतार लिया।

तामस मनु

प्राचीन समय की बात है – पृथ्वी पर स्वराष्ट्र नामक एक प्रसिद्ध राजा हुआ। वह अत्यंत पराक्रमी था। भगवान् सूर्य ने प्रसन्न होकर उसे दीर्घायु प्रदान की थी। स्वराष्ट्र की सौ रानियाँ थीं, किंतु समयानुसार सभी मृत्यु को प्राप्त हुईं। इसी प्रकार राजा स्वराष्ट्र के मंत्री और सेवक भी काल का ग्रास बनते गए। उनके बिना राजा स्वराष्ट्र दुःखी रहने लगा। धीरे-धीरे उसकी शक्ति क्षीण होती गई। तब विमर्द नामक राजा ने आक्रमण कर उसके राज्य पर अधिकार कर लिया और स्वराष्ट्र दुःखी होकर वन में चला गया।

एक बार कई दिनों तक लगातार वर्षा होने के कारण नदी में भीषण बाढ़ आ गई। स्वराष्ट्र भी नदी के जल में बहने लगा। चारों ओर घना अंधकार छाया हुआ था। बहते-बहते संयोगवश उसे नदी में बहती एक मृगी मिल गई। उसने मृगी की पूँछ पकड़ी और इधर-उधर भटकते हुए किनारे पर पहुँच गया।

मृगी के स्पर्श से उसे आनन्द का अनुभव होने लगा। कामदेव के अधीन होकर उसने उसके साथ समागम किया। तब वह मृगी मनुष्य-स्वर में बोली - "राजन ! पूर्वजन्म में मैं राजा दृढ़धन्वा की पुत्री और आपकी पटरानी उत्पलावती थी। आज आपके स्पर्श से मैं शाप-मुक्त हो गई।"

स्वराष्ट्र आश्चर्यचकित होकर बोला - "उत्पलावती ! तुम तो बड़ी पतिव्रता और धर्मपरायण नारी थी, फिर भी तुम्हें मृग-योनि में जन्म लेना पड़ा?"

मृगी बोली - "राजन ! जब मैं बालिका थी, तब एक दिन मैं सखियों के साथ वन में घूमने गई। वहाँ मैंने मृग-मृगी के एक जोड़े को प्रेम में मग्न देखा। मैं मृगी के निकट ही खड़ी थी। मुझसे डरकर मृगी वहाँ से भाग गई और जो मृग था वह वास्तव में निर्वृति चक्षु नामक मुनि का पुत्र था। मृगी के जाने से वह कुपित हो गया और उसने मुझे मृगी बनने का शाप दे दिया। तब मैं उससे अपने अपराध की क्षमा माँगने लगी। प्रसन्न होने पर उसने कहा कि मृत्यु के बाद मैं मृगी की योनि में जन्म लूँगी, जहाँ एक तेजस्वी व्यक्ति के संसर्ग से मुझे एक पुत्र प्राप्त होगा। मुनि-स्पर्श के बाद मैं मनुष्य की भाँति बोलने लगूँगी। पुत्र के जन्म के बाद इस योनि से मुक्त होकर मुझे मोक्ष प्राप्त होगा। वह बालक अपने पिता के शत्रुओं का नाश करके सम्पूर्ण पृथ्वी को अधिकार में कर लेगा। तत्पश्चात् वह मनु-पद पर प्रतिष्ठित होगा।"

स्वराष्ट्र को सारी बात बताकर मृगी चुप हो गई। इसे भाग्य का खेल मानकर दोनों साथ-साथ रहने लगे।

उचित समय आने पर मृगी ने एक पुत्र को जन्म दिया। पुत्र को जन्म देने के बाद मृगी परलोक सिधार गई। तामसी योनि में पड़ी हुई माता के गर्भ से जन्म लेने के कारण बालक का नाम तामस रखा गया। स्वराष्ट्र उसका पालन करने लगा। युवा होने पर तामस ने अपने पराक्रम के बल पर पिता के शत्रुओं को परास्त कर सम्पूर्ण पृथ्वी पर अधिकार कर लिया और चौथे मनु पद पर आसीन हुआ।

इस मन्वंतर में शिखी नामक इन्द्र हुए। पृथु, काव्य, अग्नि, धाता, कपीवान्, जह्नु और अकपीवान् - ये सप्तर्षि थे। इस मन्वंतर में भगवान् विष्णु हरिमेधा नामक ऋषि की पत्नी हरिणी के गर्भ से हरि नाम से अवतरित हुए। इस अवतार में उन्होंने ग्राह (मगरमच्छ) से गजेन्द्र (हाथी) की रक्षा की थी।

दैत्य कुजृम्भ

प्राचीन समय में पृथ्वी पर विदूरथ नामक एक प्रसिद्ध राजा हुए। एक दिन विदूरथ शिकार खेलने वन में गए। माग में उन्हें एक विशाल छिद्र दिखाई दिया, जो पृथ्वी के मुख के समान लग रहा था। उसे देखकर वे सोचने लगे – 'यह विशाल छिद्र कैसा है? यह किसी गुफा का मुख लगता है। देखने में यह अधिक पुराना प्रतीत नहीं होता। अवश्य यह कार्य किसी बलि मनुष्य का है।' वे सोच-विचार कर रहे थे, तभी ब्रह्मर्षि सुव्रत उस ओर आते दिखे। विदूरथ ने उन्हें प्रणाम कर उस विशाल छिद्र के विषय में पूछा।

सुव्रत मुनि बोले – "राजन ! पाताल में एक भयानक और शक्तिशाली दैत्य रहता है, जो पृथ्वी को जृम्भित (छिद्रयुक्त) कर देता है, इसलिए उसे कुजृम्भ कहते हैं। वह दैत्य बड़ा दुष्ट और पापी है। राजन ! एक बार विश्वकर्मा ने सुनन्द नामक दिव्य-शक्तियों से युक्त एक मूसल का निर्माण किया था, उस मूसल को भी कुजृम्भ ने चुरा लिया है। उस मूसल की सहायता से वह पाताल के अंदर रहकर ही पृथ्वी में छिद्र कर देता है और असुरों के आने-जाने के लिए द्वार बना देता है। अब जब आप उस दुष्ट दैत्य का संहार कर देंगे, तभी सम्पूर्ण पृथ्वी के स्वामी कहलाएँगे।"

राजा विदूरथ ने उनसे दैत्य कुजृम्भ के वध का उपाय पूछा। ब्रह्मर्षि सुव्रत बोले

– "राजन ! वह मूसल महाबलशाली होने के बाद भी शक्तिहीन हो सकता है। यदि कोई कन्या उस मूसल का स्पर्श कर ले, तो उसकी शक्ति एक दिन के लिए क्षीण हो जाती है, किंतु दूसरे दिन वह मूसल पुनः शक्तिसम्पन्न हो जाता है। इस विषय में वह दुष्ट दैत्य भी कुछ नहीं जानता। यदि किसी प्रकार से उस मूसल को शक्तिहीन कर दिया जाए तो कुजृम्भ का वध सम्भव है।" यह कहकर सुव्रत वहाँ से चले गए।

नगर लौटकर विदूरथ ने अपने विद्वान मंत्रियों को कुजृम्भ और उसके मूसल के बारे में बताया। जिस समय विदूरथ मंत्रियों के साथ परामर्श कर रहे थे, उस समय उनकी पुत्री मुदावती भी पास ही बैठी थी। उसने भी सारी बातें सुनीं। कुछ दिनों के बाद मुदावती सखियों के साथ एक उपवन में गई। तभी वहाँ कुजृम्भ आ गया। उसने जैसे ही मुदावती को देखा, वह उस पर मोहित हो गया। तब उसने मुदावती से विवाह करने का निश्चय कर उसका हरण कर लिया और उसे पाताल में ले गया।

राजा विदूरथ को जब मुदावती के हरण का पता चला तो उन्होंने सुनीति और सुमति नामक अपने पुत्रों को कुजृम्भ का वध करने के लिए भेजा। दोनों राजकुमार पाताल में पहुँचकर दैत्य कुजृम्भ से युद्ध करने लगे। किंतु कुजृम्भ ने उन्हें पराजित कर बंदी बना लिया। यह समाचार सुनकर विदूरथ शोकग्रस्त हो गए। उन्होंने राज्य में घोषणा करवा दी कि जो वीर उनके पुत्रों और पुत्री मुदावती को छुड़ा लाएगा, उसका विवाह मुदावती के साथ कर दिया जाएगा। तब राजा भनंदन के पुत्र वत्सप्री ने विदूरथ के सामने मुदावती को छुड़ाकर लाने की प्रतिज्ञा की। विदूरथ ने वत्सप्री को कुजृम्भ के विषय में विस्तार से बताया। शीघ्र ही वत्सप्री पाताल पहुँच गया और कुजृम्भ को युद्ध के लिए ललकारा। तब दैत्य कुजृम्भ स्वयं युद्ध में जाने के लिए तैयार होने लगा। उसका दिव्य मूसल अंतःपुर में ही रखा था। कुजृम्भ के युद्ध में जाने की बात सुनकर मुदावती ने मूसल का अनेक बार स्पर्श किया। कुजृम्भ इससे अनभिज्ञ था। उसने मूसल उठाया और अपने रथ पर सवार होकर नगर से बाहर निकला। उसने वत्सप्री पर मूसल का प्रहार किया, किंतु मुदावती का स्पर्श होने के कारण उसका प्रहार व्यर्थ सिद्ध होने लगा। तब वत्सप्री ने कृजुम्भ पर अग्नि शस्त्र से वार किया। बाण लगते ही कुजृम्भ के प्राणों का अंत हो गया। कुजृम्भ वध के बाद नागराज अनंत ने वह दिव्य मूसल अपने अधिकार में ले लिया। मुदावती ने सुनन्दन नामक उस मूसल का बार-बार स्पर्श किया था, इस कारण नागराज ने उसका नाम सुनन्दा रख दिया।

तत्पश्चात् वत्सप्री—मुदावती और दोनों राजकुमारों को लेकर राजा विदूरथ के पास पहुँचा। उन्हें देखकर विदूरथ अत्यंत प्रसन्न हुए। उन्होंने मुदावती का विवाह वत्सप्री के साथ कर दिया। विवाह के बाद दोनों सुखपूर्वक जीवन बिताने लगे।

सूर्योदय नहीं हुआ

प्राचीन समय की बात है – प्रतिष्ठानपुर नामक नगर में कौशिक नामक एक ब्राह्मण रहता था। पूर्व जन्म में किए हुए पापों के कारण उसे कोढ़ हो गया। उसके संबंधी उसे छोड़कर चले गए। किंतु भयंकर रोग होने के बाद भी उसकी पत्नी शैव्या उसे देवता के समान पूजती थी। वह प्रतिदिन उसके पैरों की मालिश करती, उसे स्नान करवाती, कपड़े पहनाती और भोजन करवाती थी। इस प्रकार अपने सुखों का त्याग कर वह सदा पति सेवा में मग्न रहती थी। कौशिक बड़ा क्रोधी स्वभाव का था। वह प्राय: शैव्या को भला–बुरा कहता रहता था। किंतु वह शांत मन से सब कुछ सहन कर लेती थी। कौशिक ब्राह्मण से चला–फिरा नहीं जाता था।

एक दिन उसने शैव्या से कहा – "प्रिय ! कुछ दिन पहले मैंने घर के सामने

से एक सुंदर वेश्या को जाते देखा था। वह मेरे मन में बस गई है। मैं उसे चाहने लगा हूँ, किंतु मुझमें उस तक पहुँचने की शक्ति नहीं है। अतः तुम मुझे उसके पास ले चलो और उससे मिला दो।''

पति के वचन सुनकर भी साध्वी शैव्या को क्रोध नहीं आया। उसने पति को वेश्या के पास ले जाने का दृढ़ निश्चय किया और स्वयं उसके घर गई। जब वेश्या ने उसके आने का उद्देश्य पूछा तो उसने सारी बात बताई। तब वेश्या ने आधी रात के बाद उसे अपने पास लाने को कहा। यह सुनकर शैव्या अपने घर लौट आई।

उसी रात शैव्या ने पति को अपने कंधों पर उठाया और धीरे-धीरे वेश्या के घर की ओर चल पड़ी। आधी रात का समय था। आकाश में बादल छाए हुए थे। केवल बिजली के चमकने से मार्ग दिखाई दे जाता था। ऐसे घोर अंधकार में शैव्या अपने पति को कंधे पर उठाए, राजमार्ग से जा रही थी।

मार्ग में एक शूली थी, जिसपर चोरी के संदेह में माण्डव्य नामक एक ऋषि को चढ़ा दिया गया था। यद्यपि माण्डव्य चाहते तो अपनी मंत्र शक्ति से इस दण्ड से बच सकते थे, किंतु उन्हें ज्ञात था कि बचपन में वे चींटियों को काँटे चुभो-चुभोकर पीड़ा दिया करते थे। बाल्यावस्था के उन्हीं पापों के लिए यमराज ने उन्हें शूली दिलवा दी थी। इस पर माण्डव्य ऋषि के शाप से यमराज एक दासी के गर्भ से विदुर के रूप में उत्पन्न हुए थे।

जब शैव्या पति को लेकर शूली के पास से निकली तब अंधकार में देख न सकने के कारण कौशिक ने अनजाने में ही अपने पैर से शूली को हिला दिया। इससे कुपित होकर माण्डव्य ऋषि बोले - ''जिस दुष्ट ने शूली को हिलाकर मुझे कष्ट पहुँचाया है, मुझे दुखी किया है, वह पापी आत्मा सूर्योदय होने पर अपने प्राणों से हाथ धो बैठे। सूर्य दर्शन से उसका विनाश हो जाए।''

माण्डव्य ऋषि का शाप सुनकर शैव्या बोली - ''ब्राह्मण देव ! मेरे पति से अनजाने में ही यह कार्य हो गया। आप एक परम तपस्वी ऋषि हैं। वेदों और शास्त्रों का आपने ज्ञान अर्जित किया है। इस प्रकार विचलित होकर शाप देना आपको शोभा नहीं देता। कृपया अपने शाप को वापस ले लें।''

माण्डव्य ऋषि पुनः क्रुद्ध स्वर में बोले - ''दुष्टा ! मेरा शाप वापस नहीं हो सकता। तुम्हारे पति ने मुझे पीड़ा पहुँचाई है, अपने अपराध का फल इसे अवश्य भोगना होगा।''

तब शैव्या बोली - ''मुनिवर ! आप अपना शाप वापस ले लें, अन्यथा कल सूर्योदय नहीं होगा। यदि मैंने सच्चे मन से अपने पति की सेवा की है तो मैं अपने सतीत्व के बल से सूर्य को रोक लूँगी।'' इतना कहकर वह अपने पति को लेकर वहाँ से चली गई।

पतिव्रता शैव्या के सतीत्व के समक्ष सूर्य भी असहाय हो गए और कई दिनों

तक नहीं निकले। सृष्टि में हाहाकार मच गया। तब इन्द्र सहित सभी देवता शैव्या के पास गए और लोकहित के लिए उससे अपना वचन वापस लेने की प्रार्थना की। किंतु पतिव्रता शैव्या ने उनकी प्रार्थना को अस्वीकार कर दिया।

अंत में इन्द्र आदि देवगण प्रजापति ब्रह्माजी की शरण में गए और विनती करते हुए बोले – ''हमारी रक्षा करें, पितामह ! साध्वी शैव्या ने सूर्यदेव को बाँध लिया है। ऋषि-मुनि यज्ञ, हवनादि कर हमें भोजन प्रदान करते थे। किंतु प्रातःकाल हुए बिना ये सब पुण्य-कर्म असम्भव हो गए हैं। आप हमारी सहायता कीजिए, प्रभु।''

देवताओं को चिंतित देखकर ब्रह्माजी बोले – ''पुत्रो ! शैव्या की महानता के कारण ही सूर्योदय नहीं हो रहा है। पतिव्रता की शक्ति के सामने संसार की सभी शक्तियाँ बलहीन हो जाती हैं। इसलिए शैव्या को मनाकर ही दिन की सृष्टि की जा सकती है। आप सब अपने-अपने लोक को लौट जाएँ। मैं स्वयं ही कोई ऐसा उपाय करूँगा, जिससे कि दिन-रात की व्यवस्था चलती रहे और उस पतिव्रता के पति के प्राण भी बच जाएँ।'' देवगण को विदा कर ब्रह्माजी शैव्या के समक्ष प्रकट हुए।

ब्रह्माजी को देख शैव्या ने भक्तिपूर्वक उनकी स्तुति की और विनीत स्वर में उनके आगमन का उद्देश्य पूछा।

शैव्या की स्तुति से प्रसन्न होकर ब्रह्माजी बोले – ''पुत्री शैव्या ! सूर्यदेव के विराम से दिन-रात की व्यवस्था का लोप हो गया है, जिससे कि यज्ञ, हवन आदि शुभ कार्य बंद हो गए हैं, देवताओं को भोजन मिलना बंद हो गया है और सृष्टि में हाहाकार मच गया है। इसलिए मैं तुम्हारे पास आया हूँ। तुम देवताओं पर दया करो और सूर्यदेव को अपने बंधन से मुक्त कर दो।''

शैव्या हाथ जोड़ते हुए बोली – ''भगवन् ! माण्डव्य मुनि ने मेरे पति को शाप दिया है कि सूर्योदय होते ही उनकी मृत्यु हो जाएगी। मैं किस प्रकार अपने पति का बुरा चाह सकती हूँ? अब आप ही मेरा मार्गदर्शन कीजिए, प्रभु।''

ब्रह्माजी ने कौशिक को स्वस्थ करके पुनर्जीवित करने का वचन दिया। तब शैव्या ने सूर्यदेव को मुक्त कर दिया और सूर्योदय हो गया। सूर्योदय होने पर कौशिक की मृत्यु हो गई, किंतु ब्रह्माजी के वरदान से वह पुनः जीवित होकर स्वस्थ हो गया। इस प्रकार माण्डव्य ऋषि का शाप भी पूर्ण हो गया और शैव्या का धर्म-संकट भी टल गया। शैव्या का पतिव्रत देखकर देवताओं ने शंख, मृदंग और ढोल बजाकर उसकी जय-जयकार की। तत्पश्चात् पति-पत्नी दोनों दिव्य विमान पर विराजमान होकर स्वर्ग लोक चले गए।

रैवत मनु

प्राचीन समय की बात है—ऋतवाक् नामक एक बड़े धार्मिक मुनि थे। उनके यहाँ एक पुत्र का जन्म हुआ। जब से पुत्र उत्पन्न हुआ, ऋतवाक् तथा उनकी पत्नी की धर्म-कर्म में अरुचि हो गई, वे रोग और शोक से चिंतित रहने लगे। क्रोध और लोभ उन्हें घेरे रहते थे। उनका पुत्र थोड़ा बड़ा हुआ तो बड़ा उद्दण्ड हो गया। ऋषि-मुनियों को परेशान करना उसका स्वभाव बन गया। अंत में ऋतवाक् मुनि, महर्षि गर्ग की शरण में गए।

तब महर्षि गर्ग बोले – ''मुनिवर ! पुत्र के दुश्चरित्र होने में न आप कारण हैं और न ही माता। रेवती नक्षत्र का अंतिम चरण 'गण्डान्त' होता है। वही निन्दित वेला आपके इस पुत्र के जन्म के समय बीत रही थी। इसलिए आपको दुखी करना इसका स्वभाव बन गया। दूसरा कोई भी कारण नहीं है।''

महर्षि गर्ग की बात सुनकर ऋतवाक् मुनि क्रोधित होकर बोले – "मुनिवर ! मेरा एक ही पुत्र है। रेवती नक्षत्र के अंतिम भाग में उत्पन्न होने के कारण उसमें भी दुष्टता और नीचता के गुण आ गए। यह सब रेवती नक्षत्र के कारण हुआ है। अतः मैं रेवती नक्षत्र को आकाश से गिर जाने का शाप देता हूँ।"

मुनि के शाप से रेवती नक्षत्र उसी क्षण आकाश से टूटकर कुमुद गिरि पर आ पड़ा। रेवती के गिरने से वह पर्वत 'रैवतक' नाम से प्रसिद्ध हो गया। रेवती नक्षत्र की कांति एक सरोवर में बदल गई। उस सरोवर में से एक दिव्य कन्या का जन्म हुआ। वह कन्या कमल-पुष्प पर लेटी हुई रो रही थी। निकट ही प्रमुच नामक एक परम तपस्वी मुनि का आश्रम था। कन्या को रोते देख उनका मन द्रवित हो गया और वे उसे अपने आश्रम में ले आए। उन्होंने उसका नाम रेवती रख दिया और पुत्री की भाँति उसे पालने लगे।

जब रेवती युवा हुई तो प्रमुच मुनि को उसके विवाह की चिंता सताने लगी। एक दिन दुर्गम नामक एक राजा—प्रमुच मुनि के आश्रम में पहुँचा। उसके पिता का नाम विक्रमशील और माता का नाम कालिन्दी था। रेवती को देख दुर्गम के मन में प्रेम का भाव उत्पन्न हो गया और उसने मुनि के समक्ष रेवती से विवाह करने की इच्छा प्रकट की। प्रमुच मुनि सहर्ष तैयार हो गए, किंतु रेवती ने मुनि पिता से प्रार्थना की कि उनका विवाह रेवती नक्षत्र में ही सम्पन्न करें, अन्यथा वह विवाह सफल नहीं होगा। तब महर्षि प्रमुच ने अपने तपोबल से रेवती नक्षत्र को पुनः आकाश में स्थापित कर दिया। इसके बाद रेवती और दुर्गम का विवाह सम्पन्न हो गया। तत्पश्चात् प्रमुच मुनि ने दुर्गम से वर माँगने को कहा।

तब दुर्गम बोला – "मुनिवर ! मेरा जन्म स्वयंभू मनु के वंश में हुआ है। अतः मैं एक ऐसा पराक्रमी पुत्र चाहता हूँ, जो इस मन्वंतर का स्वामी हो।" प्रमुच मुनि ने 'तथास्तु' कहकर उसे इच्छित वर प्रदान कर दिया।

कुछ दिनों के बाद रेवती ने रैवत नामक एक पराक्रमी पुत्र को जन्म दिया, जो आगे चलकर पाँचवें मनु पद पर सुशोभित हुआ। पाँचवें मन्वंतर में विभु नामक इन्द्र थे। उर्ध्वबाहु, सोमनंदन, हिरण्यरोमा, अत्रिकुमार सत्यनेय, देवबाहु, वेदशिरा तथा यदुध्र – ये सप्तर्षि थे। इस मन्वंतर में श्रीविष्णु ने शुभ्र नामक ऋषि की पत्नी विकुण्ठा के गर्भ से वैकुण्ठ नाम से अवतरित होकर वैकुण्ठ-लोक की रचना की।

सूर्यदेव का जन्म

सत्ताधिकार के लिए दैत्य और देवताओं में शत्रुता उत्पन्न होने के कारण दैत्य सदा देवताओं पर आक्रमण कर युद्ध करते रहते थे। इसी बात को लेकर एक बार दैत्य और देवताओं के मध्य भयानक युद्ध हुआ। यह युद्ध अनेक वर्षों तक चला। इस युद्ध के कारण देवताओं और सृष्टि का अस्तित्व संकट में पड़ गया। अंत में दैत्यों से पराजित होकर देवगण जान बचाकर वन-वन भटकने लगे। देवताओं की यह दुर्दशा देखकर उनके पिता महर्षि कश्यप और माता अदिति दुःखी रहने लगे।

एक बार देवर्षि नारद घूमते-घूमते कश्यपजी के आश्रम की ओर आ निकले। वहाँ देव माता अदिति और महर्षि कश्यप को व्याकुल देखकर उन्होंने उनसे चिंतित होने का कारण पूछा। अदिति बोलीं – "देवर्षि ! दैत्यों ने युद्ध में देवताओं को पराजित कर दिया है। इन्द्रादि देवगण वन-वन भटक रहे हैं। हमें उनकी रक्षा करने का कोई उपाय नहीं सूझ रहा। इसलिए हम चिंतित और व्याकुल हैं।"

अदिति का कथन सुनकर नारदजी बोले – "माते ! इस संकट से बचने का केवल एक उपाय है। आप उपासना करके भगवान् सूर्य को प्रसन्न करें और उनसे पुत्र

रूप में प्रकट होने का वर प्राप्त करें। सूर्यदेव के तेज के समक्ष ही दैत्य पराजित हो सकते हैं और देवताओं की रक्षा हो सकती है।'' इस प्रकार अदिति को भगवान् सूर्य की तपस्या करने के लिए प्रेरित कर देवर्षि नारद वहाँ से चले गए। तत्पश्चात् अदिति कठोर तप करने लगीं। अनेक वर्ष बीत गए। अंत में भगवान् सूर्यदेव साक्षात् प्रकट हुए और उनसे मनोवांछित वरदान माँगने के लिए कहा।

अदिति ने उनकी स्तुति की। तत्पश्चात् बोली – ''सूर्यदेव ! आप भक्तों की समस्त इच्छाएँ पूर्ण करते हैं। आपकी पूजा–उपासना करने वाला कभी निराश नहीं होता। मेरी केवल यह विनती है कि आप मेरे पुत्र के रूप में उत्पन्न होकर देवताओं की रक्षा करें।'' अदिति को मनोवांछित वर देकर सूर्य भगवान् अंतर्धान हो गए। कुछ दिनों के बाद सूर्य भगवान् का तेज अदिति के गर्भ में स्थापित हो गया।

एक बार महर्षि कश्यप और अदिति कुटिया में बैठे थे। तभी किसी बात पर क्रोधित होकर कश्यप ने अदिति के गर्भस्थ शिशु के लिए 'मृत' शब्द का प्रयोग कर दिया। कश्यप ने जैसे ही 'मृत' शब्द का उच्चारण किया, तभी अदिति के शरीर से एक दिव्य प्रकाश पुंज निकला। उस प्रकाश पुंज को देखकर कश्यप मुनि भयभीत हो गए और सूर्यदेव से अपने अपराध की क्षमा माँगने लगे। तभी एक दिव्य आकाशवाणी हुई – ''मुनिवर ! मैं तुम्हारे अपराध को क्षमा करता हूँ। मेरी आज्ञा से तुम इस पुंज की नियमित उपासना करो। उचित समय पर इसमें से एक दिव्य बालक जन्म लेगा और तुम्हारी सभी इच्छाओं को पूर्ण करने के बाद ब्रह्माण्ड के मध्य में स्थित हो जाएगा।''

महर्षि कश्यप और अदिति ने वेद मंत्रों द्वारा प्रकाश पुंज की स्तुति आरम्भ कर दी। उचित समय आने पर उसमें से एक तेजस्वी बालक उत्पन्न हुआ। उसके शरीर से दिव्य तेज निकल रहा था। यही बालक 'आदित्य' और 'मार्तण्ड' आदि नामों से प्रसिद्ध हुआ। आदित्य वन–वन जाकर देवताओं को एकत्रित करने लगा। आदित्य के तेजस्वी और बलशाली स्वरूप को देख इन्द्र आदि देवता अत्यंत प्रसन्न हुए। उन्होंने आदित्य को अपना सेनापति नियुक्त कर दैत्यों पर आक्रमण कर दिया। आदित्य के तेज के समक्ष दैत्य अधिक देर तक नहीं टिक पाए और शीघ्र ही उनके पाँव उखड़ गए। वे अपने प्राण बचाकर पाताल लोक में छिप गए। सूर्यदेव के आशीर्वाद से स्वर्ग लोक पर पुनः देवताओं का अधिकार हो गया। सभी देवताओं ने आदित्य को जगत् पालक और ग्रहराज के रूप में स्वीकार किया। सृष्टि को दैत्यों के अत्याचारों से मुक्त कर भगवान् आदित्य सूर्यदेव के रूप में ब्रह्माण्ड के मध्य भाग में स्थित हो गए और वहीं से सम्पूर्ण ब्रह्माण्ड का कार्य–संचालन करने लगे।

गिद्ध बनकर परीक्षा

प्राचीन समय की बात है, विपुलस्वान नामक मुनि के घर सुकृष और तुम्बरु नामक दो पुत्र हुए, जो अपनी तपस्या के बल से प्रसिद्ध ऋषि हुए। इनमें सुकृष मुनि ने अपनी कठोर तपस्या से ब्रह्माजी को भी प्रसन्न कर लिया था। उनके आशीर्वाद से सुकृष मुनि के घर चार पुत्र उत्पन्न हुए।

युवा होने पर चारों पुत्र सुकृष मुनि की सेवा करने लगे। सुकृष मुनि महात्मा, धर्मात्मा इन्द्रिय विजयी थे। उनकी कीर्ति तीनों लोकों में फैली थी। पृथ्वी पर ऋषि, मुनि, गंधर्व, मनुष्य—सभी उन्हें देवराज इन्द्र के समान सम्मान देते थे।

जब देवराज इन्द्र को यह बात ज्ञात हुई तो उन्होंने सुकृष मुनि की परीक्षा लेने का निश्चय किया। उन्होंने उसी क्षण एक वृद्ध गिद्ध का वेश बनाया और सुकृष मुनि

के समक्ष आ बैठे। वृद्धावस्था के कारण उस गिद्ध का शरीर दुर्बल, क्षीण एवं शिथिल था। नेत्र लाल थे और पंख टूट गए थे। सुकृष मुनि ने उससे वहाँ आने का कारण पूछा।

गिद्धरूपधारी इन्द्र ने हाथ जोड़कर कहा – "मुनिवर ! विंध्य पर्वत के शिखर पर मेरा वास है। वहाँ तेज़ हवा चलने के कारण मैं पृथ्वी पर आ गिरा और मूर्च्छित हो गया। एक सप्ताह तक मूर्च्छित रहने के बाद आज मुझे होश आया है। इस समय मुझे बहुत भूख लग रही है। मैं भोजन की इच्छा से आपके पास आया हूँ। मैंने तीनों लोकों में आपकी ख्याति सुनी है। आप शरणागत की सदैव रक्षा करते हैं। कृपया आज मेरी भी रक्षा कीजिए। मैं आपकी शरण में हूँ। मुनिवर ! मैं भूख से व्याकुल हो रहा हूँ। मुझे भोजन दीजिए, जिससे कि मैं अपना जीवन बचा सकूँ।"

गिद्ध की बात सुनकर महर्षि सुकृष बोले – "गिद्धराज ! ऋषि-मुनियों के आश्रम का यह नियम होता है कि चाहे मित्र हो अथवा शत्रु, कोई वहाँ से निराश नहीं लौटता। मैं अभी तुम्हारे लिए भोजन की व्यवस्था करता हूँ। बताओ, तुम्हें कैसे आहार की आवश्यकता है?"

गिद्ध बने इन्द्र बोले-"मुनिवर ! गिद्ध की तृप्ति केवल मांस से होती है। यदि आप मुझे भोजन करवाना चाहते हैं तो मेरे लिए मांस की व्यवस्था कर दीजिए। मैं प्रसन्न होकर उसे स्वीकार कर लूँगा। किंतु मुनिवर ! यदि आप ऐसा करने में असमर्थ हों तो मुझे निस्संकोच बता दें। फिर मैं यहाँ से निराहार ही लौट जाऊँगा।"

महर्षि सुकृष सोच में पड़ गए। नियम का पालन करने के लिए वे किसी जीव की हत्या नहीं कर सकते थे। किंतु अतिथि को निराहार भी नहीं लौटाया जा सकता था। अंत में सोच-विचार के बाद उन्होंने अपने चारों पुत्रों को बुलाया और उनसे बोले – "पुत्रो ! यदि तुम मन से मेरी पूजा-आराधना करते हो और यह बात स्वीकार करते हो कि पिता परम पूजनीय होते हैं, उनकी आज्ञा देव-आज्ञा के समान होती है तो मेरे वचन का पालन करो।"

चारों पुत्रों ने सुकृष मुनि का कार्य पूरा करने का वचन दिया। तब सुकृष ऋषि प्रेमपूर्वक बोले – "पुत्रो ! यह पक्षी भूख से पीड़ित होकर हमारी शरण में आया है। अतिथि की सेवा करना हमारा परम धर्म है। इसे केवल मांस प्रिय है। अतः इसकी भूख शांत करने के लिए तुम अपना मांस और रक्त इसे अर्पित कर मेरे वचन और आश्रम के नियम को पूरा करो।"

यह सुनते ही चारों मुनिकुमार भय से काँपने लगे। वे एक-साथ बोल उठे – "पिताश्री ! ये क्या कह रहे हैं आप? एक तुच्छ पक्षी की भूख शांत करने के लिए आप अपने प्रिय पुत्रों को मृत्यु के हाथों में सौंप रहे हैं ! हम इतने मूर्ख नहीं कि इस प्रकार अपने शरीर का नाश कर लें? क्षमा करें पिताश्री, हम आपका यह कार्य

कदापि पूरा नहीं कर सकते।"

पुत्रों की बात सुन सुकृष क्रोधित हो गए। उनकी आँखों से अंगारे बरसने लगे। उन्होंने कमण्डलु से जल लिया और बोले – "दुष्टो ! वचन देकर भी तुम उसे पूरा नहीं करना चाहते। अपने इस कार्य से तुमने मेरा नाम कलंकित किया है। इसलिए मैं तुम्हें शाप देता हूँ कि तुम पक्षी योनि में जन्म लो।" यह कहकर सुकृष मुनि ने हाथ में लिया जल अपने चारों पुत्रों पर छिड़क दिया।

फिर वे गिद्ध बने इन्द्र से बोले – "हे पक्षीराज ! सत्य का पालन करना ही ब्राह्मण का ब्राह्मणत्व होता है। ब्राह्मण यज्ञों अथवा अन्य कर्मों के अनुष्ठान से वह महान् पुण्य प्राप्त नहीं कर सकते, जो उन्हें सत्य की रक्षा करने से प्राप्त होता है। मैं अपना शरीर तुम्हें आहार के रूप में समर्पित करता हूँ। तुम निश्चिंत होकर अपनी भूख शांत करो।"

महर्षि के इस बलिदान से इन्द्र को बड़ा आश्चर्य हुआ। उन्होंने तत्काल गिद्ध का वेश त्याग दिया और अपने वास्तविक रूप में प्रकट होकर बोले – "मुनिवर ! मैंने आपकी परीक्षा लेने के लिए यह वेश धारण किया था। मुझे क्षमा करें। आपकी सत्यनिष्ठा से मेरे मन में आपके प्रति श्रद्धा उत्पन्न हो गई है। मैं आपको दिव्य ज्ञान प्रदान करता हूँ। अब आपकी तपस्या और धर्म में कोई विघ्न उपस्थित नहीं होगा।"

इस प्रकार महर्षि सुकृष को वरदान देकर इन्द्र वहाँ से चले गए। उनके जाने के बाद चारों मुनिकुमार पिता के चरणों में गिर पड़े और क्षमा माँगने लगे।

उनकी करुण प्रार्थना से शांत होकर महर्षि सुकृष बोले – "पुत्रो ! यह सब देवलीला थी। इसी ने आज मुझसे यह कर्म करवा दिया। मेरे मुख से निकले वचन कभी मिथ्या नहीं हुए हैं। मैंने तुम्हें जो शाप दिया, वह अवश्य सिद्ध होगा। किंतु तुम्हारी प्रार्थना से मैं अत्यंत प्रसन्न हूँ। अत: पक्षी योनि में जन्म लेने के बाद भी तुम्हें दिव्य ज्ञान प्राप्त होगा। ज्ञान से तुम्हें सन्मार्ग का दर्शन होगा। तुम्हारे समस्त पाप धुल जाएँगे और तुम्हें परम सिद्धि प्राप्त होगी।" इस प्रकार सुकृष मुनि के शाप के कारण चारों मुनिकुमार पक्षी योनि में कंधर की पुत्री तार्क्षी के गर्भ से उत्पन्न होकर परम ज्ञानवान हुए।

अदिति को शाप

दक्ष प्रजापति की दो सुंदर कन्याएँ थीं – दिति और अदिति। उन्होंने उनका विवाह कश्यप ऋषि के साथ कर दिया। विवाह के उपरांत अदिति ने इन्द्र को जन्म दिया। इन्द्र को देखकर दिति के हृदय में भी उसी के समान पुत्र प्राप्त करने की इच्छा उत्पन्न हो गई।

वह कश्यप ऋषि से बोली – "हे मुनिवर ! आप मुझे भी इन्द्र के समान एक पराक्रमी, धर्मात्मा एवं शक्तिशाली पुत्र प्रदान करने की कृपा करें।"

मुनिवर कश्यप बोले – "हे प्रिय ! धैर्य रखो। जैसा मैं कहता हूँ वैसा ही करो, फिर तुम्हें इन्द्र के समान पराक्रमी पुत्र अवश्य प्राप्त होगा।" कश्यप ऋषि ने उसे एक व्रत करने की सलाह दी। दिति ने उस उत्तम व्रत का विधिपूर्वक पालन करना आरम्भ कर दिया। व्रत के नियमित पालन से दिति के गर्भ से दिव्य प्रकाश निकलने लगा। उसे देखकर अदिति अत्यंत चिंतित हो गई। उसके मन में यह विचार उठने

लगा कि यदि दिति भी इन्द्र के समान महान पुत्र की जननी हो गई तो उसका पुत्र अवश्य ही निस्तेज हो जाएगा।

इस बात से चिंतित अदिति ने इन्द्र से कहा - "पुत्र ! दिति के गर्भ से तुम्हारा अत्यंत प्रतापी शत्रु उत्पन्न हो रहा है। तुम्हें अभी से अपनी सुरक्षा का उपाय आरम्भ कर देना चाहिए। इसके लिए तुम साम, दाम, दण्ड, भेद - किसी भी नीति का प्रयोग करके दिति के गर्भ का अंत कर दो।"

अदिति की बात सुनकर इन्द्र अपनी विमाता दिति के पास गए। उन्होंने दिति को प्रणाम किया और मीठी-मीठी बातें बनाते हुए बोले - "माता ! व्रत के कारण आपका शरीर क्षीण हो गया है। आप बहुत दुर्बल हो गई हैं। इसलिए मैं आपकी सेवा करने यहाँ आया हूँ।" यह कहकर इन्द्र दिति के चरण दबाने लगे।

प्रकृति की लीलावश दिति को नींद ने आ घेरा। तब देवराज इन्द्र अत्यंत छोटा रूप धारण कर दिति के मुख से होते हुए उसके उदर में पहुँच गए। वहाँ उन्होंने वज्र के प्रहार से गर्भस्थ शिशु के 49 टुकड़े कर दिए। आघात से दिति की नींद टूटी तो उसे इन्द्र के इस कार्य का पता चला।

तब उसने क्रोधित होते हुए अदिति और इन्द्र को शाप दिया - "इन्द्र ! जैसे तूने छल से मेरे गर्भ के टुकड़े-टुकड़े किए हैं, उसी प्रकार तेरा भी नाश हो जाए, तू त्रिलोकी के राज्य से वंचित हो जाए। अदिति के गर्भ से उत्पन्न बालक बार-बार मृत्यु के ग्रास बन जाएँ। पुत्र-शोक से शोकाकुल होकर उसे कारावास में रहना पड़े।"

जब दिति शाप दे रही थी, उसके वचन कश्यप जी के कानों में पड़े। वे दिति को शांत करते हुए बोले - "कल्याणी ! क्रोध मत करो। मैं तुम्हें वरदान देता हूँ कि तुम्हारे गर्भ से उत्पन्न पुत्रों को देवता होने का सुअवसर प्राप्त होगा। वे इन्द्र के मित्र होंगे। तुमने अदिति को जो शाप दिया है वह अट्ठाईसवें द्वापर में फलित होगा। अदिति मानव योनि में उत्पन्न होकर इसका फल भोगेगी। ब्रह्माजी ने किसी बात पर क्रोधित होकर मुझे भी शाप दिया है। दोनों शाप एक साथ चलेंगे। इसके लिए अदिति का मनुष्य बनना अवश्यम्भावी है।"

इसी शाप के कारण अदिति देवकी के रूप में और दिति रोहिणी के रूप में मनुष्य योनि में उत्पन्न हुईं। महर्षि कश्यप वसुदेव के रूप में उत्पन्न हुए। इसी शाप के कारण देवकी के छः बच्चों को पैदा होते ही मृत्यु का मुख देखना पड़ा था।

चाक्षुष मनु

प्राचीन समय की बात है, पृथ्वी पर एक सदाचारी राजा अनमित्र का शासन था। उनकी पत्नी भद्रा ने एक दिव्य बालक को जन्म दिया। उस बालक को पूर्वजन्म की बातों का स्मरण था। एक बार पुत्र की किसी बात से क्रोधित होकर भद्रा ने उसे त्याग कर वन में छोड़ दिया। वन में एक भयंकर राक्षसी रहती थी। वह राक्षसी नवजात बच्चों को चुराकर, उनको आपस में बदलकर, तीसरे घर के बच्चे को खा जाती थी। राक्षसी ने भद्रा के बालक को विक्रांत नामक एक राजा की पत्नी हैमिनी के शयनकक्ष में सुला दिया। फिर रानी के नवजात पुत्र को ले जाकर एक ब्राह्मण के घर सुला दिया और उस ब्राह्मण के बालक को खा गई। इस प्रकार राक्षसी ने बच्चे बदल दिए।

राजा विक्रांत ने उस बालक को अपना पुत्र जानकर उसका नाम आनंद रखा। युवा होने पर विक्रांत ने विद्याध्ययन के लिए उसे गुरु को सौंप दिया। गुरु ने उसे माता के चरण स्पर्श करने को कहा। तब आनन्द बोला – "गुरुदेव ! मैं जन्म देने वाली माता को प्रणाम करूँ अथवा पालन करने वाली माता को? मैंने राजा अनमित्र की पत्नी भ्रदा के गर्भ से जन्म लिया, किंतु एक दुष्टा मुझे इनके यहाँ छोड़कर, इनके पुत्र को एक ब्राह्मण के घर छोड़ आई। फिर उसने ब्राह्मण के पुत्र को खा लिया। रानी हैमिनी का पुत्र ब्राह्मण के घर पल रहा है और यहाँ आप मेरा संस्कार करा रहे हैं। मुझे आपकी आज्ञा का पालन करना है, अत: बताइए, मैं किस माता को प्रणाम करूँ?"

आनन्द की बात सुनकर सभी आश्चर्यचकित रह गए। विक्रांत उससे अपने वास्तविक पुत्र के बारे में पूछने लगा। आनंद बोला – "राजन ! आपके राज्य के निकट ही विशाल नामक एक गाँव है। आपका पुत्र चैत्र नाम से वहीं के एक ब्राह्मण के पास पल रहा है।"

विक्रांत ने उसी समय सैनिकों को भेजकर चैत्र को बुलवा लिया और जिस ब्राह्मण ने उसके पुत्र का पालन किया था, उसका उचित सम्मान किया। राजा विक्रांत को अपना पुत्र मिल गया था, यह जानकर आनन्द वन में चला गया और कठोर तप करने लगा। एक दिन ब्रह्माजी ने प्रकट होकर उससे अभिलषित वरदान माँगने को कहा। आनन्द ने मुक्ति प्रदान करने की प्रार्थना की।

तब ब्रह्माजी बोले – "वत्स ! जिसके कर्म पूरे हो जाते हैं, वही प्राणी मुक्ति का अधिकारी होता है। तुम्हारे पास कर्मों का संचय है, फिर तुम मुक्ति कैसे पा सकते हो? पूर्व जन्म में तुम मेरे चक्षु से उत्पन्न हुए थे इसलिए तुम मेरे अंशस्वरूप हो। मैं तुम्हें मनु बनने का वरदान देता हूँ। संसार में तुम चाक्षुष के नाम से विख्यात होगे।"

यह कहकर ब्रह्माजी अन्तर्धान हो गए। बाद में आनन्द ने अपने बल-पौरुष से सम्पूर्ण पृथ्वी पर अधिकार कर लिया और छठे मन्वंतर का स्वामी बनकर चाक्षुष मनु के नाम से प्रसिद्ध हुआ। इस मन्वंतर में मनोजव नामक इन्द्र थे। सुधामा, विवस्वान, अतिनामा, विरजा, भृगु, सहिष्णु और नभ – ये इस मन्वंतर के सप्तर्षि थे। इस मन्वंतर में भगवान् विष्णु ने वैराज की पत्नी सम्भूति के गर्भ से अजित नाम से अवतार धारण किया। उन्होंने ही समुद्र मंथन के समय देवताओं के लिए अमृत निकाला था तथा वे ही कच्छप रूप धारण कर मथानी का आधार बने थे।

भक्तराज ध्रुव

ब्रह्माजी के मानस पुत्र स्वयंभू मनु की पत्नी शतरूपा ने प्रियव्रत और उत्तानपाद नामक दो पुत्रों को जन्म दिया। वे दोनों ही पृथ्वी का पालन करने लगे। उनकी सुनीति और सुरुचि नामक दो पत्नियाँ थीं। उन्हें सुनीति से ध्रुव और सुरुचि से उत्तम नामक पुत्र प्राप्त हुए। उत्तानपाद दोनों राजकुमारों से एक समान प्रेम करते थे। यद्यपि सुनीति ध्रुव के साथ–साथ उत्तम को भी अपना पुत्र मानती थी, तथापि रानी सुरुचि ध्रुव और सुनीति से ईर्ष्या और घृणा करती थी। वह सदा उन्हें नीचा दिखाने के अवसर ढूँढ़ती रहती थी।

एक बार उत्तानपाद—महारानी सुनीति और राजकुमार ध्रुव के साथ राजसिंहासन पर बैठे थे। तभी रानी सुरुचि का पुत्र उत्तम भी बाल स्वभाव के कारण सिंहासन पर बैठने का हठ् करने लगा।

''राजकुमार उत्तम ! राजदरबार के नियम के अनुसार आप इस सिंहासन पर नहीं बैठ सकते। युवराज होने के कारण केवल राजकुमार ध्रुव ही यहाँ बैठ सकते

हैं। अतः आप अपने स्थान पर जाकर बैठ जाएँ।'' यह कहकर महामंत्री सुशर्मा ने उत्तम को सिंहासन से दूर कर दिया।

उत्तम का यह अपमान देखकर सुरुचि क्रोधित होकर अपने कक्ष में चली गई। राजा उत्तानपाद शांत भाव से उसे जाते देखते रहे। राजकार्य समाप्त होने पर वे सुरुचि के महल में गए और प्रेम भरे स्वर में बोले – ''प्रिय ! महामंत्री ने जो कुछ भी किया, वह दरबार के नियम के अनुसार ही किया। ये नियम सभी के लिए एक समान हैं। इन नियमों को स्वयं मैं भी नहीं तोड़ सकता। इसलिए तुम उनकी बात का बुरा मत मानो। मैं उत्तम से भी उतना ही प्रेम करता हूँ, जितना कि ध्रुव से। यदि फिर भी तुम्हें कोई संदेह हो तो उत्तम के लिए कुछ माँग कर देखो, मैं तत्क्षण तुम्हें इच्छित वस्तु दे दूँगा। यह एक क्षत्रिय का वचन है और अपने वचन का पालन करना प्रत्येक क्षत्रिय भली-भाँति जानता है।''

राजा उत्तानपाद द्वारा वचन दिए जाने पर सुरुचि बोली – ''महाराज ! मैं भी दरबार के नियमों का समान रूप से आदर करती हूँ, किन्तु एक माता अपने सामने पुत्र का अपमान कभी नहीं देख सकती। इसलिए यदि ध्रुव को आपके साथ सिंहासन पर बैठने का अधिकार है तो आप उत्तम को अपनी गोद प्रदान कीजिए, अर्थात् सिंहासन पर ध्रुव का और आपकी गोद पर उत्तम का अधिकार रहे।'' सुरुचि का मन रखने के लिए उत्तानपाद ने हँसते हुए उसकी यह बात स्वीकार कर ली।

एक दिन राजा उत्तानपाद उत्तम को गोद में लेकर प्यार कर रहे थे, तभी ध्रुव भी वहाँ आ गया। जब उसने उत्तम को पिता की गोद में देखा तो वह भी आगे बढ़कर उनकी गोद में बैठ गया। किन्तु सुरुचि निर्दयतापूर्वक उसे पिता की गोद से उतारते हुए बोली – ''ध्रुव ! तुम्हारे बैठने के लिए राजसिंहासन है, पिता की गोद नहीं। यदि तुम्हें पिता की गोद में बैठना था तो मेरे गर्भ से जन्म लेते।'' सुरुचि का व्यवहार देख राजा उत्तानपाद वचन में बँधे होने के कारण चुप रह गए।

सुरुचि के कटु वचन सुनकर ध्रुव रोते हुए माता सुनीति के पास चला गया और सुनीति के पूछने पर उसे सबकुछ बताया। सुरुचि के इस व्यवहार से सुनीति का मन भी दुःखी हो गया। तब वह ध्रुव को समझाते हुए बोली – ''वत्स ! भले ही कोई तुम्हारा अपमान करे, किंतु तुम कभी अपने मन में दूसरों के लिए अमंगल की इच्छा मत करना। जो मनुष्य दूसरों को दुःख देता है, उसे स्वयं ही उसका फल भोगना पड़ता है। पुत्र ! यदि तुम उत्तम की भाँति पिता की गोद में बैठना चाहते हो तो भगवान् विष्णु की आराधना कर उन्हें प्रसन्न करो। उन्हीं की आराधना करने से तुम्हारे पितामह स्वयंभू मनु को दुर्लभ लौकिक और अलौकिक सुख भोगने के बाद मोक्ष की प्राप्ति हुई थी। इसलिए पुत्र ! तुम भी उनकी आराधना में लग जाओ। केवल वे ही तुम्हारे दुःखों को दूर कर सकते हैं।''

सुनीति की बात सुनकर ध्रुव के मन में श्रीविष्णु के प्रति भक्ति और श्रद्धा के भाव उत्पन्न हो गए। वह तत्क्षण घर त्यागकर वन की ओर चल पड़ा। भगवान् विष्णु की कृपा से उसे वन में देवर्षि नारद दिखाई दिए। वे भी ध्रुव को देख आश्चर्यचकित रह गए। उन्होंने शीघ्र ही योग विद्या द्वारा सारी बात जान ली।

तब वे ध्रुव की परीक्षा लेते हुए बोले – ''वत्स ! अभी तुम बालक हो, इस आयु में किसी बात से तुम्हारा सम्मान या अपमान नहीं हो सकता। यह केवल क्षण भर का क्रोध है वत्स ! भगवान् नारायण को प्राप्त करना साधारण मनुष्य के वश की बात नहीं है। ऋषि-मुनि अनेक जन्मों तक मोह से रिक्त रहकर समाधियों द्वारा भी भगवान् को प्राप्त नहीं कर पाते। अतः तुम हठ् छोड़कर घर लौट जाओ। बड़े होने पर जब प्रभु भक्ति का अवसर आए, तब तुम उसके लिए प्रयत्न कर लेना।''

ध्रुव विनम्र स्वर में बोला – ''प्रभु ! मैं राजा उत्तानपाद का पुत्र हूँ। जो निश्चय मैंने कर लिया है, अब उसे प्रत्येक अवस्था में पूरा करूँगा। मैं उस परम पद को प्राप्त करना करना चाहता हूँ, जिसे आज तक कोई प्राप्त नहीं कर सका। आप भगवान् विष्णु के अनन्य भक्त हैं और उन्हीं के यश का गान करते हुए तीनों लोक में विचरते हैं। आप ही मुझे उनकी प्राप्ति का कोई उपाय बताएँ।''

ध्रुव को अपने निश्चय पर अटल देख नारदजी अत्यंत प्रसन्न होकर बोले – ''वत्स ! तुम्हारी माता सुनीति ने तुम्हें परम कल्याण का उपाय बता दिया है। तुम मन में भगवान् श्रीविष्णु के स्वरूप की कल्पना कर उनकी आराधना करो। जिन मनुष्यों को धर्म, अर्थ, काम और मोक्ष की अभिलाषा हो, उनके लिए वह सब प्राप्त करने का एकमात्र साधन भगवान् विष्णु के चरण कमलों की आराधना करना है। वत्स ! तुम यमुना नदी के तट पर स्थित पवित्र मधुवन में जाकर भगवान् विष्णु को प्रसन्न करने के लिए कठोर तप करो। परम दयालु भगवान् तुम्हारी सभी इच्छाएँ पूर्ण करेंगे।''

देवर्षि नारद से पूजा-उपासना की विधि जानकर ध्रुव भगवान् विष्णु का स्मरण कर मधुवन की ओर चला गया। उसने यमुना के पवित्र जल में स्नान किया और निराहार रहकर एकाग्र मन से भगवान् विष्णु की आराधना करने लगा। पाँच महीने पूरे होने पर परब्रह्म का चिंतन कर ध्रुव पैर के अँगूठे पर स्थिर खड़ा होकर तपस्या करने लगा। धीरे-धीरे उसका तेज बढ़ता गया। उसके तप से तीनों लोक कंपायमान हो उठे। जब उसके अँगूठे के दबाव से पृथ्वी दबने लगी, तब देवगण भगवान् विष्णु से विनती करते हुए उसे दर्शन देने की प्रार्थना करने लगे। भगवान् विष्णु बोले – ''देवगण ! उत्तानपाद के पुत्र ध्रुव ने अपने मन को मुझमें लीन कर लिया है। उसके तप के प्रभाव से तीनों लोक आलोकित हो रहे हैं। अब उसे वरदान देने का समय आ गया, अतः आप सब निश्चिंत रहें।'' इस प्रकार उन्हें भयमुक्त

करने के बाद भगवान् विष्णु भक्त ध्रुव को वरदान देने के लिए उसके सामने साक्षात् प्रकट हुए।

ध्रुव भगवान् विष्णु के जिस स्वरूप का चिंतन कर रहा था, सहसा वह विलीन हो गया। उसने घबराकर जैसे ही नेत्र खोले, भगवान् के उस स्वरूप को सामने खड़े देखा। श्रद्धावश उसकी आँखों से आँसू निकल आए। वह उनकी स्तुति करना चाहता था, किंतु किस प्रकार करे—यह उसे पता नहीं था। तब भगवान् विष्णु ने उससे अभीष्ट वर माँगने के लिए कहा।

श्रीविष्णु के प्रेम भरे शब्द सुनकर ध्रुव भाव-विभोर होकर बोला - ''प्रभु ! जब मेरी माता सुरुचि ने अपमानजनक शब्द कहकर मुझे पिता की गोद में बैठने से रोक दिया, तब माता सुनीति के कहने पर मैंने मन-ही-मन यह निश्चय किया था कि जो परब्रह्म भगवान् श्रीविष्णु इस सम्पूर्ण जगत् के पिता हैं, जिनके लिए सभी जीव एक समान हैं; अब मैं उनकी गोद में ही बैठूँगा। इसलिए यदि आप प्रसन्न होकर मुझे वर देना चाहते हैं तो मुझे अपनी गोद में स्थान प्रदान करें, जिससे कि कोई भी मुझे उस स्थान से उतार न सके। मेरी केवल इतनी-सी अभिलाषा है।''

श्रीविष्णु बोले - ''वत्स ! सकाम मनुष्य जहाँ सुख, समृद्धि के लिए मेरी आराधना करते हैं, वहीं ऋषि-मुनि विभिन्न सिद्धियों और मोक्ष की प्राप्ति के लिए कठोर तप करते हैं, किंतु इन्हें प्राप्त करने की अपेक्षा तुमने केवल मेरी गोद में बैठकर मेरा स्नेह प्राप्त करने की इच्छा से ही इतनी कठोर तपस्या की है। इसलिए तुम्हारी निःस्वार्थ भक्ति से प्रसन्न होकर मैं तुम्हें ऐसा पद प्रदान करूँगा, जिसे आज तक कोई प्राप्त नहीं कर सका है। यह ब्रह्माण्ड मेरा अंश और आकाश मेरी गोद है। मैं तुम्हें अपनी गोद में स्थान प्रदान करता हूँ। आज से तुम ध्रुव नामक तारे के रूप में स्थापित होकर इस ब्रह्माण्ड को प्रकाशमान करोगे। तुम्हारा पद सप्तर्षियों से भी बड़ा होगा और वे सदा तुम्हारी परिक्रमा करेंगे। जब तक यह ब्रह्माण्ड रहेगा, कोई भी तुम्हें इस स्थान से नहीं हटा सकेगा। वत्स ! अब तुम घर लौट जाओ। कुछ समय के बाद तुम्हारे पिता तुम्हें राज्य सौंपकर वन में चले जाएगे। पृथ्वी पर छत्तीस हज़ार वर्षों तक धर्मपूर्वक राज्य भोगकर अंत में तुम मेरा परम पद प्राप्त करोगे।'' इतना कहकर भगवान् विष्णु वहाँ से अंतर्धान हो गए।

इस प्रकार अपनी भक्ति से भगवान् विष्णु को प्रसन्न कर बालक ध्रुव संसार में अमर हो गया।

वैवस्वत मनु

भगवान् सूर्य का विवाह विश्वकर्मा की पुत्री संज्ञा से हुआ। विवाह के उपरांत संज्ञा ने वैवस्वत और यम (यमराज) नामक दो पुत्रों और यमुना (नदी) नामक एक पुत्री को जन्म दिया। संज्ञा बड़े कोमल स्वभाव की थी, जबकि सूर्यदेव प्रचंड तेजवान थे। संज्ञा सूर्यदेव के तेज को बड़े कष्ट से सहन कर पाती थी। उसके लिए वह तेज असहनीय था। तब उनके तेज से बचने के लिए वह अपनी छाया को उनकी सेवा में छोड़कर स्वयं पिता विश्वकर्मा के पास चली गई। वहाँ रहते हुए अनेक दिन हो गए, तब विश्वकर्मा ने उसे पति के घर लौटने को कहा। वह सूर्यदेव के तेज से भयभीत थी और उनका सामना नहीं करना चाहती थी। इसलिए उत्तरकुरु नामक स्थान पर घोड़ी का रूप बनाकर तपस्या करने लगी।

इधर सूर्यदेव और संज्ञा की संतानें छाया को ही संज्ञा समझते थे। एक दिन छाया ने किसी बात से क्रोधित होकर यम को शाप दे दिया। शाप से भयभीत होकर

यम पिता सूर्य की शरण में गए और उन्हें माता द्वारा शाप देने की बात बताई। 'माता ने अपने पुत्र को शाप दे दिया' – यह सुनकर सूर्य को छाया पर संदेह हो गया। उन्होंने छाया को बुलवाया और उससे संज्ञा के विषय में पूछने लगे। छाया के चुप रहने पर वे उसे शाप देने को तैयार हो गए। तब भयभीत छाया ने सबकुछ सच-सच बता दिया। सूर्यदेव ने उसी क्षण समाधि लगाकर देखा कि संज्ञा उत्तरकुरु नामक स्थान पर घोड़ी का रूप धारण कर उनके तेज को सौम्य और शुभ करने के उद्देश्य से कठोर तपस्या कर रही है।

तब सूर्यदेव ने अपने श्वसुर विश्वकर्मा के पास जाकर उनसे अपना तेज कम करने की प्रार्थना की। विश्वकर्मा ने उनके तेज को कम कर दिया। सूर्य के ऋग्वेदमय तेज़ से पृथ्वी, सामवेदमय तेज से स्वर्ग और यजुर्वेदमय तेज से पाताल की रचना हुई। सूर्यदेव के तेज के सोलह भाग थे। विश्वकर्मा ने इनमें से पन्द्रह भाग कम कर दिए और उनसे भगवान् शिव का त्रिशूल, विष्णु का चक्र, वसुआक नामक भयंकर शंकु, अग्निदेव की शक्ति, कुबेर की पालकी तथा अन्य देवगण के लिए अस्त्र-शस्त्रों की रचना की। तभी से सूर्यदेव अपने तेज के सोलहवें भाग से ही चमकते हैं।

तेज कम होने के बाद सूर्यदेव घोड़े का रूप बनाकर संज्ञा के पास गए और वहीं उसके साथ संसर्ग किया। इससे उन्हें नासत्य, दस्त्र और रेवंत नामक पुत्रों की प्राप्ति हुई। नासत्य और दस्त्र अश्विनीकुमारों के नाम से प्रसिद्ध हुए। तत्पश्चात् सूर्य ने प्रसन्न होकर संज्ञा से वर माँगने को कहा।

संज्ञा ने अपने पुत्र वैवस्वत के लिए मनु पद, यम के लिए शाप मुक्ति और यमुना के लिए नदी के रूप में प्रसिद्ध होना माँगा। भगवान् सूर्यदेव ने इच्छित वर प्रदान किए और उसे साथ लेकर अपने लोक में लौट गए।

वैवस्वत सातवें मन्वंतर का स्वामी बनकर मनु पद पर आसीन हुआ। इस मन्वंतर में ऊर्जस्वी नामक इन्द्र थे। अत्रि, वसिष्ठ, कश्यप, गौतम, भरद्वाज, विश्वामित्र और जमदग्नि – ये सातों इस मन्वंतर के सप्तर्षि थे। इस मन्वंतर में भगवान् विष्णु ने महर्षि कश्यप की पत्नी अदिति के गर्भ से वामन नाम से अवतार लेकर तीनों लोकों को दैत्यराज बलि के अधिकार से मुक्त किया।

राजा सुरथ

प्राचीन समय की बात है—जगदलपुर में सुरथ नाम के एक चन्द्रवंशी राजा राज्य करते थे। राजा सुरथ सत्यवादी, कर्मनिष्ठ, गुरु में श्रद्धा रखने वाले तथा सदाचारी व्यक्ति थे। एक बार पड़ोसी देश के राजा ने सुरथ के राज्य पर आक्रमण कर दिया। दोनों राज्यों की सेनाओं में अनेक दिनों तक युद्ध होता रहा। अंत में राजा सुरथ पराजित हो गए। प्राण बचाने के लिए उन्होंने अपना घोड़ा वन की ओर दौड़ा दिया।

वन में कुछ दूर चलने के बाद वे विश्राम करने के लिए एक वृक्ष के नीचे बैठ गए। इतने ही में वहाँ एक दु:खी व्यक्ति आया और उन्हें अभिवादन कर उनके समीप ही बैठ गया। सुरथ ने उसका परिचय पूछा।

अपना परिचय देते हुए वह बोला – ''मित्र ! मैं धनियों के कुल में उत्पन्न एक वैश्य हूँ। मेरा नाम समाधि है। मेरे स्त्री और पुत्रों ने धन के लोभ में मुझे घर से निकाल दिया है। मैं इस समय धन, स्त्री और पुत्रों से वंचित हूँ। मेरे अपनों ने ही धन के लोभ में मुझे घर से निकाल दिया है, इससे दु:खी होकर मैं वन में चला आया हूँ। लेकिन अब भी मुझे अपनी स्त्री और पुत्रों की चिंता सता रही है क्रि वे मेरे बिना कुशल से हैं या नहीं।''

सुरथ ने भी समाधि को अपने बारे में बताया और कहा – ''मित्र ! यहाँ निकट ही मेधा मुनि का आश्रम है। हमें उनकी शरण में चलना चाहिए। वे हमारे शोक–नाश का कोई उपाय अवश्य बताएँगे।''

दोनों मेधा मुनि के आश्रम में पहुँचे। मुनि ने उन्हें प्रेम से बिठाया और वहाँ आने का कारण पूछा। तब सुरथ बोले – ''मुनिवर ! इन्हें इनकी स्त्री और पुत्रों ने धन के लोभ में घर से निकाल दिया है। कुटुम्ब से अलग होने के कारण इनके मन में अपार दुःख हो रहा है। इस समय मेरी भी यही स्थिति है। शत्रुओं ने मेरा राज्य छीन लिया है। अब आप ही हमारा मार्गदर्शन करने की कृपा करें।''

मेधा मुनि ने उन्हें भगवती दुर्गा के नवाक्षर मंत्र का उपदेश दिया। वे दोनों नवाक्षर मंत्र का निरंतर जप करने लगे। अंत में दुर्गा माता ने प्रसन्न होकर उन्हें दर्शन दिए और अभिलषित वर माँगने को कहा।

सुरथ ने भगवती दुर्गा से अपना राज्य और समाधि ने दिव्य ज्ञान प्रदान करने की प्रार्थना की। इच्छित वर प्रदान करके भगवती दुर्गा अंतर्धान हो गईं। इस प्रकार उनकी कृपा से सुरथ को अपना खोया हुआ राज्य पुनः मिल गया, जबकि समाधि एक परम ज्ञानी के रूप में जग प्रसिद्ध हुआ।

अगले जन्म में सुरथ भगवान् सूर्य की दूसरी पत्नी छाया के गर्भ से उत्पन्न हुआ। संज्ञा के बड़े पुत्र वैवस्वत मनु के समान रंग–रूप होने के कारण वह सावर्णिक नाम से प्रसिद्ध हुआ। सावर्णिक शनि (ग्रह) का बड़ा भाई था। उसने आठवें मन्वंतर का स्वामी बनकर मनु पद प्राप्त किया।

इस मन्वंतर में दैत्यराज बलि इन्द्र पद पर आसीन हुए। परशुराम, गालव, और्व, शरद्वान, व्यास, आत्रेय और अश्वत्थामा – ये इस मन्वंतर के सप्तर्षि थे। इस मन्वंतर में श्रीविष्णु देवगुरु की पत्नी सरस्वती के गर्भ से सार्वभौम नाम से अवतरित हुए। उन्होंने इस मन्वंतर में पुरन्दर नामक इन्द्र से स्वर्ग का राज्य छीनकर दैत्यराज बलि को प्रदान किया था।

नारद का मोह भंग

एक बार की बात है, नारद मुनि ने हिमालय पर्वत की एक सुंदर गुफा में लम्बे समय तक तपस्या की। नारदजी के घोर तप से इन्द्र विचलित हो उठे। देवराज इन्द्र को यह भय सताने लगा कि तप सफल हो जाने पर नारद कहीं उनके सिंहासन की माँग न करने लगें। यह सोचकर इन्द्र ने नारदजी के तप को भंग करने का निश्चय किया। उन्होंने कामदेव का स्मरण किया और उन्हें नारदजी की तपस्या भंग करने के लिए कहा। कामदेव ने शीघ्र ही नारदजी के तपस्या क्षेत्र में अपनी समस्त कलाएँ रच डालीं। वसंत ने भी मदमत्त होकर अपना प्रभाव अनेक प्रकार से प्रकट किया।

किंतु नारदजी उस स्थान पर तपस्या कर रहे थे, जहाँ पूर्वकाल में भगवान् शिव ने कामदेव को भस्म किया था और वह सम्पूर्ण क्षेत्र काम के प्रभाव से पृथक घोषित कर दिया था। इसलिए शिवजी की कृपा से कामदेव और वसंत के अथक प्रयास के बाद भी नारदजी के मन में विकार उत्पन्न नहीं हुआ। महादेव के अनुग्रह से उन दोनों का गर्व चूर-चूर हो गया। कामदेव को अपने कार्य में असफल होते देखकर इन्द्र स्वयं वहाँ आए और नारदजी के संयम एवं तप की प्रशंसा करने लगे।

प्रशंसा सुनकर नारदजी के मन में अहंकार उत्पन्न हो गया। वे स्वयं को काम विजयी समझने लगे। अज्ञानवश वे यह नहीं समझ सके कि कामदेव के पराजित

होने में भगवान् शिव का प्रभाव ही मूल कारण है। वे भगवान् शिव की माया से मोहित हो गए थे।

गर्व से भरे नारद मुनि उसी क्षण कैलाश पहुँचे और भगवान् शिव को अपनी काम विजय का वृत्तांत बढ़ा-चढ़ाकर सुनाने लगे। नारदजी को माया से ग्रसित देख भगवान् शिव ने उन्हें आत्मप्रशंसा तथा अहंकारपूर्ण बातें न करने का परामर्श दिया, लेकिन नारदजी उनका भाव नहीं समझे। यह सोचकर कि भगवान् शिव उनके प्रभाव से ईर्ष्या कर रहे हैं, वे मन-ही-मन मुस्कराते हुए ब्रह्मलोक पहुँचे और वहाँ भी अपनी काम विजय की कथा सुनाई। इसके बाद विष्णु लोक में भी उन्होंने वही बात दोहराई।

यद्यपि भगवान् विष्णु सारी बात जानते थे, तथापि उन्होंने नारदजी के ज्ञान-वैराग्य की प्रशंसा की। इस प्रकार नारदजी के मन में अपने काम विजयी होने का अहंकार पूर्ण रूप से भर गया। अंत में भगवान् शिव की इच्छानुसार श्रीविष्णु ने नारद के मोह को भंग करने का निश्चय किया। उन्होंने पलभर में नारदजी के मार्ग में एक सुंदर नगर की रचना कर डाली। वह वैभवशाली नगर स्वर्ग की भाँति समस्त ऐश्वर्यों से परिपूर्ण था।

जब नारदजी आत्मप्रशंसा में डूबे हुए आकाशमार्ग से जा रहे थे तब उनकी दृष्टि इस सुंदर नगर पर पड़ी। नगर की सुंदरता और वैभव देखकर वे उत्सुकतावश वहाँ पहुँच गए। उस नगर में राजा शीलनिधि का राज्य था। नारदजी को आया देखकर उन्होंने उनका उचित स्वागत-सत्कार किया। इसके बाद शीलनिधि ने अपनी पुत्री को बुलवाया, जिसका नाम श्रीमती था। श्रीमती के अद्भुत रूप-सौंदर्य को देख भगवान् शिव की माया से नारद मुनि के मन में विकार उत्पन्न हो गया और वे काम के वशीभूत हो गए। शीलनिधि द्वारा श्रीमती के स्वयंवर की बात सुनकर नारदजी मन-ही-मन उसे प्राप्त करने का विचार करने लगे।

'नारियों को सौंदर्य अत्यंत प्रिय होता है और इस सृष्टि में केवल भगवान् विष्णु ही विश्व के रूप-सौंदर्य का स्रोत हैं। इसलिए मुझे एक दिन के लिए उनसे उनका रूप माँग लेना चाहिए।' - यह सोचकर नारद उसी क्षण वैकुण्ठ लोक पहुँचे और अपना मनोरथ श्रीविष्णु को बताया।

भगवान् शिव की आज्ञानुसार श्रीविष्णु ने नारदजी के अंगों में अपना स्वरूप देकर उनका मुख वानर का बना दिया। नारदजी को यह नहीं मालूम था कि उनका मुख वानर का है और शरीर श्रीविष्णु जैसा। वे तो स्वयं को साक्षात् भगवान् विष्णु ही समझ रहे थे।

'श्रीविष्णु के समान सुंदर स्वरूप देखकर राजकुमारी श्रीमती अवश्य ही पति-रूप में मेरा वरण करेगी।' - यह सोचकर वे प्रसन्नतापूर्वक स्वयंवर सभा में जा बैठे। उस सभा में ब्राह्मणों के वेश में दो शिव गण भी बैठे थे जो नारदजी की सारी कहानी जानते थे। वे नारदजी को काम के अधीन देख उनसे हास-परिहास करने लगे।

स्वयंवर आरम्भ हुआ। उस सभा में भगवान् विष्णु भी राजा के वेश में उपस्थित थे। श्रीमती ने उनके गले में वरमाला डाल दी। श्रीमती को साथ लेकर श्रीविष्णु वहाँ से अदृश्य हो गए। काम वेदना ने नारदजी को अत्यंत उत्तेजित कर दिया था, इसलिए स्वयं का तिरस्कार होते देखकर वे क्रोधित हो उठे। तभी ब्राह्मण वेशधारी शिव गण ने उपहास करते हुए उन्हें अपना वानर मुख देखने के लिए कहा। उनकी बात सुनकर नारदजी को बड़ा आश्चर्य हुआ। उन्होंने जब दर्पण में अपना मुख देखा तो क्रोध और अपमान के वेग से वे जल उठे। भगवान् शिव की माया से वशीभूत होकर उन्होंने उसी क्षण शिवगण को दैत्य योनि में जन्म लेने का शाप दे दिया। शाप को भगवान् शिव की इच्छा जानकर वे शिव गण उसी समय वहाँ से चुपचाप चले गए।

इसके बाद देवर्षि नारद क्रोध से जलते हुए वैकुण्ठ पहुँचे। भगवान् शिव की माया से उनका ज्ञान-विवेक नष्ट हो गया था, अतः उन्होंने श्रीविष्णु को स्त्री वियोग से दुखी होने का शाप दे दिया। श्रीविष्णु ने भगवान् शिव की लीला को समझते हुए शाप को स्वीकार कर लिया। तभी भगवान् शिव ने अपनी माया समेट ली और नारद पुनः अपनी सहज स्थिति में आ गए। उन्हें अपने आचरण पर ग्लानि और पश्चात्ताप होने लगा।

तब श्रीहरि बोले - ''मुनिवर ! तुमने अहंकारवश भगवान् शिव की बात की अवहेलना कर दी थी, शिवजी ने तुम्हें उसी अपराध का ऐसा फल दिया है, क्योंकि वे ही कर्म-फल के दाता हैं। सबके स्वामी भगवान् शिव अहंकार को दूर करने वाले हैं। उन्हीं के सच्चिदानन्द स्वरूप से बोध होता है। उनके आदेश से ही सभी देवगण अपने-अपने कार्य करते हैं। वास्तव में वे ही अपने अंश से इस सृष्टि के कण-कण में विद्यमान हैं। अतः हे मुनिवर ! अब तुम अपने सारे संशय को त्यागकर भगवान् शिव के सुयश का गान करो और अनन्य भाव से शिव के शतनाम स्तोत्र का पाठ करो। भगवान् शिव तुम्हारा अवश्य कल्याण करेंगे।''

श्रीविष्णु की बात सुनकर नारदजी के मन का संशय दूर हो गया और वे प्रसन्न मन से भगवान् शिव के शतनाम स्तोत्र का गान करते हुए विभिन्न स्थानों पर स्थापित शिवलिंगों की पूजा-अर्चना करने लगे। इस प्रकार शिवजी की कृपा से उनकी बुद्धि शुद्ध हो गई और उन्हें देवताओं के ऋषि अर्थात् देवर्षि बनने का सौभाग्य प्राप्त हुआ।

नारायण नाम की महिमा

प्राचीन समय की बात है, कान्यकुब्ज नामक नगर (वर्तमान कन्नौज) में एक ब्राह्मण रहता था। उसका नाम अजामिल था। वह बाल ब्रह्मचारी, विनयी, जितेन्द्रिय, सत्यनिष्ठ, मंत्रवेत्ता और शुद्ध हृदय का स्वामी था। वह सदा पिता, गुरुजन और वृद्धों की सेवा में तत्पर रहता था।

एक बार पिता की आज्ञा से वह वन में गया और वहाँ से फल-फूल एकत्रित कर घर की ओर चल पड़ा। मार्ग में उसकी दृष्टि एक शूद्र पर पड़ी, जो शराब के नशे में चूर होकर एक वेश्या के साथ समागम कर रहा था। उसे इस अवस्था में देखकर अजामिल मोहित होकर काम के अधीन हो गया। उसने मन पर नियंत्रण रखने का बड़ा प्रयास किया, किंतु असफल रहा। उसकी सदाचार और ज्ञान-संबंधी चेतना नष्ट हो गई। मन-ही-मन उस वेश्या का चिंतन कर वह अपने धर्म से विमुख हो गया।

अब वह उस वेश्या को प्रसन्न करने के लिए सुंदर-सुंदर वस्त्र और रत्नाभूषण ले जाने लगा। यहाँ तक कि उसने अपने पिता की सारी सम्पत्ति उस दुष्टा पर लुटा

दी। अपने पुत्र का पतन देख उसका पिता भी अधिक दिनों तक जीवित नहीं रहा। पिता की मृत्यु के बाद अजामिल का साहस और भी बढ़ गया। उसने उस वेश्या के प्रेम में फँसकर अपनी सुंदर और पतिव्रता पत्नी का भी त्याग कर दिया।

चरित्रहीन होने के कारण उसका सदाचार नष्ट हो गया। उसकी शास्त्र विद्या और ज्ञान समाप्त हो गया। जब उसके सामने धन का अभाव उत्पन्न हो गया तो धन का प्रबंध करने के लिए वह दुष्कर्म करने लगा। कभी वह यात्रियों को लूट लेता और कभी कपट द्वारा लोगों का धन हड़प लेता। धीरे-धीरे उसकी गिनती चोरों और डाकुओं में होने लगी। इस प्रकार दुष्कर्मों द्वारा वह अपने परिवार का पालन-पोषण करने लगा। उसकी आयु का अधिकांश भाग दुष्कर्म करते हुए बीत गया।

अजामिल के दस पुत्र थे। उनमें सबसे छोटे का नाम नारायण था। वह उसे बड़ा प्रेम करता था। पुत्र के स्नेह बंधन में वह इतना बँध गया था कि अंत समय में भी वह 'नारायण, नारायण' पुकारता रहा।

अंत समय में जब अजामिल ने देखा कि उसे ले जाने के लिए यमराज के तीन दूत आए हैं; उनके भयंकर एवं विकराल मुख, विशालकाय शरीर और हाथों में पाश देखकर वह व्याकुल हो गया। यमदूतों ने उसे चारों ओर घेर लिया। उस समय बालक नारायण उसके निकट ही खेल रहा था। तब वह भयभीत होकर उसे पुकारते हुए 'नारायण, नारायण' चिल्लाने लगा।

जब भगवान् विष्णु के पार्षदों ने देखा कि अजामिल मरते समय उनके स्वामी भगवान् नारायण का नाम ले रहा है, तो वे बड़ी शीघ्रता से वहाँ आ पहुँचे।

विष्णु-पार्षदों के शरीर पर पीताम्बर और दिव्य आभूषण सुशोभित थे। उनके सिर पर मुकुट, कानों में कुण्डल और गले में सुंदर हार थे। भगवान् विष्णु के समान उनकी चार भुजाएँ थीं, जिनमें गदा, शंख, कमल पुष्प, चक्र आदि सुशोभित थे। उनके मुख - तेज से आलोकित होकर अत्यंत सौम्य और मनोहारी प्रकट हो रहे थे। उस समय यमदूत अजामिल के शरीर से उसके प्राण खींच रहे थे। विष्णु पार्षदों ने उन्हें बलपूर्वक रोक दिया।

कार्य में विघ्न उत्पन्न होने पर यमदूत क्रोधित होकर बोले - "अरे दुष्टो ! तुम किसके दूत हो और कहाँ से आए हो? हमारे कार्य में विघ्न डालने का तुम्हारा साहस कैसे हुआ? क्या तुम्हें मृत्युरूपी यमराज का भय नहीं है? अपना भला चाहते हो तो शीघ्र यहाँ से लौट जाओ।"

उनकी बात सुनकर विष्णु पार्षद मुस्कराते हुए बोले - "यमदूतो ! यदि तुम सचमुच यमराज के आज्ञाकारी हो तो हमें धर्म का लक्षण और धर्म का तत्त्व बताओ। दण्ड किस प्रकार दिया जाता है? दण्ड का पात्र कौन है? कौन-सा कर्म करने पर दण्ड देना चाहिए। मनुष्यों में सभी पापी दण्ड के योग्य हैं अथवा केवल कुछ ही?"

यमदूत बोले – "वेद स्वयं भगवान् के स्वरूप हैं, इसलिए उनमें जिन कर्मों को श्रेष्ठ बताया गया है, वे धर्म कहलाते हैं और जिन कर्मों को निषेध किया गया है, वे अधर्म कहलाते हैं। जीव अपने शरीर अथवा मनोवृत्तियों द्वारा जितने कर्म करता है, उनके साक्षी सूर्य, अग्नि, आकाश, दिशाएँ, जल, पृथ्वी, वायु, चन्द्रमा आदि होते हैं। इनके द्वारा अधर्म का पता चल जाता है और तब दण्ड के पात्र का निर्णय होता है। मनुष्य अपने कर्मों द्वारा दण्डनीय होते हैं। इस लोक में जो मनुष्य जिस प्रकार का और जितना धर्म अथवा अधर्म करता है, परलोक में वह वैसा ही फल भोगता है। यह अजामिल बड़ा पापी और दुराचारी था। इसने काम के वशीभूत होकर अपने धर्म का त्याग कर दिया। अतः हम इसे भगवान् यमराज के पास ले जाएँगे, जहाँ अपने पापों का दण्ड भोगकर यह शुद्ध हो जाएगा।"

तब विष्णु-पार्षद बोले – "यमदूतो ! यह ब्राह्मण अपने सभी जन्मों के पापों का प्रायश्चित्त कर कल्याण का पात्र बन गया है; क्योंकि इसने अनजाने में ही सही, भगवान् नारायण के नाम का स्मरण किया है। भगवान् नारायण का नाम लेने वालों के सभी पाप समाप्त हो जाते हैं। भगवान् का नाम जपने से पुण्य-फल अवश्य प्राप्त होता है।" यह कहकर विष्णु पार्षदों ने अजामिल को यमदूतों के पाश से मुक्त कर पुनर्जीवित कर दिया। वह पुनः स्वस्थ हो गया। उसकी सद्‌बुद्धि जागृत हो गई।

अपने पापों को याद कर अजामिल को बड़ा पश्चात्ताप होने लगा। उसके मन में वैराग्य उत्पन्न हो गया। वह अपना घर-परिवार त्याग कर हरिद्वार चला गया और स्वयं को विषय भोगों से हटाकर भगवान् के चरणों में लीन कर लिया।

इस प्रकार कठोर तपस्या करते हुए अनेक वर्ष बीत गए। अंत में जीवन-मृत्यु के चक्र से मुक्त होकर वह भगवान् नारायण द्वारा भेजे गए दिव्य विमान में बैठकर उनके परमधाम को सिधार गया। यह था भगवान् विष्णु के नाम स्मरण का फल।

ग्राह और गजेन्द्र का उद्धार

प्राचीन समय की बात है, क्षीरसागर में त्रिकूट नामक एक श्रेष्ठ पर्वत स्थित था। स्वर्ण, रजत और लौह से निर्मित उसके तीन शिखर थे। उसकी वैभवता और ऐश्वर्य को देखकर अनेक देवगण वहाँ निवास करते थे। त्रिकूट पर्वत की तलहटी में वरुण देव का ऋतुमान नामक एक सुंदर उद्यान था। वह उद्यान सुंदर फूलों और फलों से सदा भरा रहता था। उस उद्यान में एक सुंदर सरोवर भी था। सुंदर कमल पुष्प और उस पर मँडराते भँवरे सरोवर की सुंदरता को द्विगुणित कर देते थे। उस पर्वत के वन में गजेन्द्र नामक एक हाथी निवास करता था। वह हाथियों के झुंड का सरदार था। उसकी विशालकाय आकृति देखकर सिंह, बाघ, गैंड़े जैसे हिंसक पशु भी भयभीत होकर छिप जाते थे।

एक दिन भ्रमण करते हुए गजेन्द्र को वह सुंदर सरोवर दिखाई दिया। गर्मी की अधिकता के कारण वह पहले से ही व्याकुल था, अतः सरोवर को देख उसके मुख पर प्रसन्नता छा गई। वह सरोवर के जल में स्नान करने लगा। हाथियों को जल

अति प्रिय होता है, इसलिए गजेन्द्र उन्मत्त होकर जल में क्रीड़ाएँ करने लगा। उसके इस कार्य से एक ग्राह (मगरमच्छ) ने क्रोधित होकर उसका पैर पकड़ लिया।

इस प्रकार अचानक हुए हमले से गजेन्द्र बौखला उठा, फिर वह अपनी पूरी शक्ति लगाकर स्वयं को छुड़वाने की चेष्टा करने लगा। किंतु वह ग्राह परम शक्तिशाली था, वह गजेन्द्र को जल के भीतर खींचने लगा। अपने स्वामी को जल में फँसा देख अन्य हाथी भयंकर चिंघाड़ करते हुए उसे निकालने का प्रयास करने लगे। लेकिन अपने प्रयास में वे सफल नहीं हुए। गजेन्द्र और ग्राह पूरी शक्ति से एक-दूसरे को खींच रहे थे। कभी गजेन्द्र ग्राह को बाहर खींच लाता, तो कभी ग्राह गजेन्द्र को जल के भीतर ले जाता। इस प्रकार वे एक हज़ार वर्षों तक रस्साकशी करते रहे। अंत में बल समाप्त होने पर गजेन्द्र का शरीर शिथिल पड़ गया। इधर ग्राह तो जलचर था। जल में रहकर उसकी शक्ति क्षीण होने का कोई प्रश्न नहीं था। वह बड़े उत्साह और बल से उसे जल में खींचने लगा।

प्राण संकट में देख गजेन्द्र सोचने लगा - 'यह ग्राहरूपी काल लगता है, जो मेरे प्राण हरना चाहता है। यह बड़ा बलि है और सर्प की भाँति मुझे निगलना चाहता है। अत: मुझे संसार के एकमात्र आश्रय भगवान् श्रीहरि की शरण लेनी चाहिए। जो प्राणी भगवान् विष्णु की शरण में जाता है, वे अवश्य उसकी रक्षा करते हैं। उनके भय से मृत्यु भी भयभीत हो जाती है।'

यह सोचकर वह श्रीहरि के स्वरूप का चिंतन कर उनसे रक्षा की प्रार्थना करने लगा। गजेन्द्र ने भक्तिपूर्वक श्रीहरि की आराधना की थी, अत: भगवान् श्रीहरि गरुड़ पर आरूढ़ होकर तत्क्षण वहाँ प्रकट हो गए। गजेन्द्र ने अपनी सूँड़ से एक कमल-पुष्प उठाकर उनके चरणों में अर्पित किया। भक्त की भेंट से प्रसन्न होकर श्रीहरि ने गजेन्द्र को ग्राह सहित जल से बाहर निकाल दिया। फिर उन्होंने अपने चक्र से ग्राह का मुँह फाड़कर गजेन्द्र को मुक्त कर दिया। इन्द्रादि देवगण उनकी स्तुति क़रते हुए पुष्पों की वर्षा करने लगे।

भगवान् श्रीहरि के स्पर्श से ग्राह और गजेन्द्र पशु-रूप त्याग कर दिव्य स्वरूपों में प्रकट हो गए। वे सुंदर वस्त्राभूषणों से सुशोभित थे। उनके सुंदर और कांतिमय मुख सूर्य के समान प्रकाशित हो रहे थे। उनका यह दिव्य रूप देखकर देवगण आश्चर्यचकित हो उठे।

तब देवराज इन्द्र भगवान् श्रीहरि से बोले - "प्रभु ! आपकी यह कैसी माया है? अभी कुछ क्षण पूर्व तक ये दोनों ग्राह और गजेन्द्र के रूप में एक-दूसरे को समाप्त करने को उद्यत थे और अब दिव्य रूप धारण कर त्रिकूट पर्वत को आलोकित कर रहे हैं। दयानिधान ! कृपया बताएँ, वास्तव में ये कौन हैं और इन्हें ये योनियाँ किस प्रकार प्राप्त हुई थीं?"

भगवान् श्रीहरि इन्द्र की जिज्ञासा शांत करते हुए बोले – ''देवेन्द्र ! तुमने जिस ग्राह को देखा था, पूर्वजन्म में वह 'हूहू' नाम का एक गंधर्व था। वह बहुत चंचल और धृष्ट था और ऋषि-मुनियों को प्रताड़ित करता रहता था। एक बार देवल नामक एक ऋषि सरोवर में स्नान कर रहे थे। उसी समय भ्रमण करते हुए वह वहाँ आ गया। जब उसने देवल ऋषि को स्नान करते देखा तो उन्हें भयभीत करने के उद्देश्य से ग्राह का वेश बना लिया और उन्हें तंग करने लगा। देवल ऋषि परम तपस्वी और ज्ञानी थे। वे क्षणभर में जान गए कि यह हूहू गंधर्व है। उन्होंने क्रोधित होकर उसे ग्राह बनकर इस सरोवर में पड़ा रहने का शाप दे दिया। शाप से भयभीत होकर इसने मुनि से क्षमा-याचना की। तब देवल मुनि ने इसे वरदान दिया कि शीघ्र ही मेरे द्वारा इसका उद्धार होगा। आज यह शाप से मुक्त होकर पुनः अपने वास्तविक स्वरूप में आ गया है।''

तत्पश्चात् श्रीहरि गजेन्द्र की कथा सुनाते हुए बोले – ''देवेन्द्र ! पूर्वजन्म में गजेन्द्र द्रविड़ देश का पाण्ड्य वंशी राजा इन्द्रद्युम्न था। मेरी भक्ति में लीन होकर एक दिन इसने राजपाट और समस्त ऐश्वर्यों को त्याग दिया और मलय पर्वत पर जाकर कठोर तप करने लगा। एक बार यह मन को एकाग्र कर, मेरे विराट् स्वरूप का चिंतन कर रहा था। तभी दैववश महर्षि अगस्त्य अपने शिष्यगण के साथ वहाँ आ पहुँचे। उन्होंने इसकी कुटिया के पास आकर इसे पुकारा। किंतु यह तो मोह माया से विरक्त होकर अपना ध्यान मेरे चरणों में लगा चुका था, भला इसे उनकी बात कहाँ से सुनाई देती। अगस्त्य मुनि ने देखा कि यह अतिथि-सेवा न कर उनका तिरस्कार कर रहा है तो उन्होंने क्रुद्ध होकर इसे हाथी की योनि में उत्पन्न होने का शाप दे दिया। इसने उसे मेरा आशीर्वाद समझकर सहर्ष स्वीकार कर लिया। गज योनि में भी यह सतत् मेरा स्मरण करता रहा और आज अपने शाप से मुक्त हो गया।''

भगवान् श्रीहरि की बात सुनकर सभी देवगण उनकी जय-जयकार कर उठे। तत्पश्चात् भगवान् श्रीहरि की परिक्रमा कर हूहू गंधर्व अपने लोक लौट गया। जबकि दिव्य रूपधारी गजेन्द्र को श्रीहरि ने अपना पार्षद बना लिया। इस प्रकार भगवान् के स्मरण मात्र से ही उसे उनका परम धाम प्राप्त हो गया।

कपिल अवतार

प्रजापति कर्दम ब्रह्माजी के मानस पुत्र थे। ब्रह्माजी ने जब उन्हें प्रजा की उत्पत्ति करने का परामर्श दिया, तब भगवान् विष्णु को प्रसन्न करने के लिए वे सरस्वती नदी के तट पर कठोर तपस्या करने लगे। उनकी तपस्या दस हज़ार वर्षों तक चली। उनकी तपस्या से प्रसन्न होकर भगवान् नारायण वहाँ प्रकट हुए। उनका मुखमण्डल सूर्य के समान दैदिप्यमान था। गले में कमल पुष्पों की माला और शरीर पर पिताम्बर सुशोभित थे। उन्होंने कर्दम से इच्छित वर माँगने के लिए कहा।

भगवान् विष्णु का मनोहारी स्वरूप देखकर महर्षि कर्दम आत्मविभोर हो गए और उनकी स्तुति करते हुए बोले – "भगवन् ! आप ब्रह्माण्ड के आधार हैं। देवता, ऋषि, मुनि, गंधर्व, मनुष्य—सभी आपके दर्शनों को आतुर रहते हैं। आपके दर्शन पाकर मैं कृतार्थ हो गया। प्रभु ! यदि आप मेरी तपस्या से प्रसन्न हैं तो मुझे भोग और मोक्ष प्रदान करें, जिससे कि सृष्टि रचना करके मैं पितृ ऋण से मुक्त हो सकूँ।"

कर्दम मुनि की भक्तिपूर्ण स्तुति सुनकर श्रीविष्णु बोले – "वत्स ! जिस कार्य की पूर्ति के लिए तुमने मेरी उपासना की है, तुम्हारे मन के उस भाव को जानकर मैंने पहले ही उसकी व्यवस्था कर दी है। मेरी उपासना कभी निष्फल नहीं

होती। ब्रह्माजी के पुत्र स्वयंभू मनु तीन दिन के बाद अपनी पत्नी शतरूपा सहित आपसे मिलने आएँगे। उनकी परम सुंदर, सुशील और साध्वी कन्या देवहूति एक योग्य पति की खोज में है। तुम सर्वथा उसके योग्य हो, इसलिए स्वयंभू मनु अपनी कन्या देवहूति का विवाह तुम्हारे साथ करने के इच्छुक हैं। हज़ारों वर्षों से तुम्हारा मन जिस सुयोग्य पत्नी के लिए व्याकुल है, वह तुम्हारे अनुरूप होकर तुम्हारी यथेष्ट सेवा करेगी। उससे तुम्हें नौ पुत्रियाँ प्राप्त होंगी, जिनका विवाह मरीचि आदि श्रेष्ठ ऋषि-मुनियों से होगा। इस प्रकार मैथुनी सृष्टि आरम्भ हो जाएगी। तत्पश्चात् मैं अपने अंशरूप से तुम्हारे घर जन्म लेकर सांख्य शास्त्र की रचना करूँगा। मेरा वह अंशावतार कपिल के नाम से प्रसिद्ध होगा।'' इस प्रकार कर्दम जी को वर देकर भगवान् विष्णु अन्तर्धान हो गए और कर्दम मुनि सरस्वती नदी के तट पर स्वयंभू मनु की प्रतीक्षा करने लगे।

उधर, देवर्षि नारद पृथ्वी पर भ्रमण करते हुए स्वयंभू मनु के महल में पहुँचे। वे भगवान् विष्णु की इच्छा से ही वहाँ गए थे। उन्होंने उन्हें महर्षि कर्दम के विषय में बताया। जब देवहूति ने देवर्षि नारद के मुख से महर्षि कर्दम के विषय में सुना तो वह उनसे विवाह के लिए सहमत हो गई। शीघ्र ही दोनों का विवाह हो गया।

तत्पश्चात् महर्षि कर्दम ने देवहूति को गृहस्थ धर्म का ज्ञान देकर योग द्वारा एक भव्य भवन की रचना की, जो किसी यान की भाँति कहीं भी आ-जा सकता था। वह भवन अनेक प्रकार के ऐश्वर्य और भोगों से युक्त था। पूरा भवन सुख-समृद्धि और सुंदर रत्नों से प्रकाशमान हो रहा था। हंस और मयूर उसके आँगन को अपने मधुर स्वर से गुंजायमान कर रहे थे। कालांतर में देवहूति ने कला, अनसूया, अरुंधती, गति, हविर्भू, क्रिया, ख्याति, श्रद्धा और शांति नामक नौ कन्याओं को जन्म दिया।

कुछ समय बाद महर्षि कर्दम के अंश से देवहूति ने एक सुंदर बालक को जन्म दिया। वह बालक श्रीविष्णु का पाँचवां अंशावतार था। उसके जन्म लेते ही आकाश में बादल गर्जन करते हुए जल बरसाने लगे। कोयल, मोर और हंस मधुर स्वर में कलरव करने लगे। देवताओं ने उस बालक पर दिव्य पुष्पों की वर्षा की। चारों ओर आनन्द और सुख का वातावरण उत्पन्न हो गया।

पुत्रियों के युवा होने पर महर्षि कर्दम ने उनका विवाह कर दिया। उनकी पुत्री कला का विवाह मरीचि मुनि के साथ, अनुसूया का अत्रि मुनि के साथ, श्रद्धा का अंगिरा ऋषि के साथ, हविर्भू का पुलस्त्य मुनि से, गति का पुलह मुनि से, क्रिया का ऋतु मुनि से, ख्याति का भृगु मुनि के साथ, अरुंधती का वसिष्ठ मुनि के साथ और शांति का विवाह अथर्वा ऋषि के साथ सम्पन्न हुआ।

विष्णु अवतारी भगवान् कपिल के युवा होने पर एक दिन महर्षि कर्दम उनकी स्तुति करते हुए बोले - ''प्रभु ! आपने अपने वचन को सत्य करने और

सांख्य योग का उपदेश देने के लिए अवतार लिया है। आपकी इस कृपा से मेरा जीवन धन्य हो गया। प्रभु ! आपकी कृपा से मैं तीनों ऋणों से मुक्त हो गया हूँ और मेरे सभी मनोरथ पूर्ण हो चुके हैं। अब मैं संन्यास ग्रहण कर आपका चिंतन करते हुए वन में निवास करूँगा। आप समस्त प्रजा के स्वामी हैं, इसलिए मैं आपकी आज्ञा चाहता हूँ।''

तब भगवान् कपिल बोले – ''मुनिवर ! आत्मज्ञान का सूक्ष्म मार्ग, जो विलुप्त हो गया है, उसे पुनः जागृत करने के लिए ही मैंने अवतार लिया है। मैं आज्ञा देता हूँ कि तुम इच्छानुसार जाओ और मेरी भक्ति करते हुए मृत्यु को जीत कर मेरे परम पद को प्राप्त करो। माता देवहूति को भी मैं सम्पूर्ण कर्मों से विरक्त करने वाला आत्मज्ञान प्रदान करूँगा, जिससे कि वे संसाररूपी दुःखों से मुक्त हो जाएँगी।''

भगवान् कपिल की आज्ञा पाकर महर्षि कर्दम प्रसन्नतापूर्वक वन की ओर चले गए। पिता के वन जाने के बाद माता देवहूति का कल्याण करने के उद्देश्य से भगवान् कपिल वहीं रहने लगे।

एक दिन वे संसार से विरक्त होकर, आसन पर विराजमान थे। तब ब्रह्माजी के वचन को स्मरण करते हुए देवहूति उनसे बोली – ''प्रभु ! इन्द्रियों की इच्छाओं और इनकी पूर्ति करते हुए मैं घोर अज्ञानरूपी अंधकार में पड़ी हुई थी। तब इस अंधकार को दूर करने के लिए आपने अवतार लिया। आप सम्पूर्ण जीवों के स्वामी आदिपुरुष भगवान् विष्णु हैं। देव ! मेरी मोह माया को दूर कीजिए। आप अपने भक्तों के लिए कल्पवृक्ष हैं और मैं ज्ञान प्राप्त करने की इच्छा से आपकी शरण में हूँ। आप भागवत धर्म जानने वालों में सबसे श्रेष्ठ हैं, अतः मेरी मनोकामना पूर्ण कीजिए।''

तब भगवान् कपिल ने माता देवहूति को सांख्य तत्त्व, अष्टांग योग, भक्ति योग, काम्य कर्म और ज्ञान योग का उपदेश दिया और वहाँ से चले गए। देवहूति अपने आश्रम में योग साधना द्वारा भगवान् विष्णु का स्मरण करती हुई समाधि में लीन हो गई। उसने महर्षि कर्दम के तप और योगबल से प्राप्त गृहस्थ सुख पूर्णतः त्याग दिया। समाधि में स्थिर हो जाने पर उसे अपने शरीर की सुध-बुध नहीं रही। इससे उसका तेज और भी बढ़ गया। साध्वी देवहूति ने भगवान् कपिल के बताए मार्ग द्वारा कुछ ही वर्षों में परब्रह्म भगवान् विष्णु को प्राप्त कर लिया। जिस स्थान पर देवहूति को सिद्धि प्राप्त हुई, वह पवित्र क्षेत्र तीनों लोकों में 'सिद्धपद' नाम से प्रसिद्ध हुआ।

इधर भगवान् कपिल—देवहूति को आत्मज्ञान का उपदेश देकर उत्तर-पूर्व दिशा की ओर चले गए। वे तीनों लोकों को शांति प्रदान करने के लिए योग-मार्ग का अनुसरण कर समाधि में स्थित हो गए।

रौच्य मनु

प्राचीन समय की बात है, प्रजापति बनने से पूर्व रुचि नामक युवक ने अपने लिए न तो किसी घर या महल की स्थापना की और न ही कभी किसी आश्रम की। वह मोह और अहंकार का त्याग कर सदा एक स्थान से दूसरे स्थान पर विचरता रहता था। वह दिन में केवल एक बार भोजन करता और रात्रि होने पर कहीं भी विश्राम कर लेता था। इस प्रकार वह समस्त प्रकार की आसक्तियों और भोगों से विरक्त होकर ऋषि-मुनियों की भाँति जीवन बिता रहा था।

एक दिन पितृों ने प्रकट होकर रुचि को विवाह करने का परामर्श दिया। पितृों की इच्छा पूर्ण करने के लिए उसने विवाह करने का निश्चय कर लिया। वह विवाह करने की इच्छा से स्थान-स्थान पर भ्रमण करने लगा। किंतु उसे कोई अपनी कन्या देने को सहमत नहीं हुआ। उसे चिंता सताने लगी। उसका मन बड़ा व्याकुल हो गया। तब उसने ब्रह्माजी को प्रसन्न करने का निश्चय कर घोर व्रप आरम्भ कर दिया। इस प्रकार तपस्या करते हुए सौ वर्ष बीत गए। उसके तप के तेज से सम्पूर्ण ब्रह्माण्ड जल

उठा। अंततः ब्रह्माजी वहाँ प्रकट हुए और उसे मनोवांछित वर माँगने के लिए कहा।

रुचि वर माँगते हुए बोला – "भगवन् ! आप मुझे ऐसा वरदान प्रदान कीजिए, जिससे कि मेरी निर्धनता और वृद्धावस्था समाप्त हो जाए, साथ ही मुझे एक सुंदर और सुशील पत्नी प्राप्त हो, जिससे कि मैं अपने पितृों की अभिलाषा पूरी कर उन्हें सुखी कर सकूँ।"

ब्रह्माजी बोले – "वत्स ! मैं तुम्हें प्रजापति के पद पर सुशोभित होने का वर देता हूँ। तुमसे प्रजा की सृष्टि और श्रेष्ठ संतानों की उत्पत्ति होगी। इसके बाद शुभ कर्मों को भोगकर जब तुम अपने पद का त्याग करोगे, तब मेरी कृपा से तुम्हें परम ज्ञान और सिद्धि प्राप्त होगी। अब तुम विवाह की इच्छा से पितृों का पूजन करो। वे प्रसन्न होकर तुम्हें मनोवांछित पत्नी और पुत्र प्रदान करेंगे।"

इस प्रकार रुचि को वरदान देकर ब्रह्माजी वहाँ से अंतर्धान हो गए। तत्पश्चात् रुचि ने पितृों का तर्पण किया और स्तोत्र पाठ द्वारा उनकी स्तुति करते हुए उन्हें पुष्प और चंदन अर्पित करने लगा। तभी वहाँ पितृ प्रकट हुए और वर माँगने के लिए कहा। वह बोला – "हे पितृगण ! ब्रह्माजी ने मुझे प्रजा की सृष्टि करने का कार्यभार सौंपा है। अतः मैं दिव्य गुणों से सम्पन्न एक श्रेष्ठ पत्नी चाहता हूँ, जिससे कि उत्तम संतान की उत्पत्ति हो सके और मैं ब्रह्माजी की इच्छानुसार सृष्टि कर सकूँ। आप मेरी ये इच्छा पूरी करने की कृपा करें।"

पितृ बोले – "वत्स ! इसी स्थान पर तुम्हें सुंदर और श्रेष्ठ गुणों से सम्पन्न एक कन्या प्राप्त होगी। वह तुम्हारी पत्नी बनकर एक बालक को जन्म देगी। वह बालक अपने बल–पराक्रम से पृथ्वी को अपने अधिकार में कर तेरहवें मन्वंतर का स्वामी बनेगा। तुम्हारे नाम पर ही वह 'रौच्य' नाम से तीनों लोकों में प्रसिद्ध होगा। पुत्र! तुम प्रजापति के पद पर सुशोभित होकर चार प्रकार की प्रजा (ब्राह्मण, क्षत्रिय, वैश्य और शूद्र) की सृष्टि करोगे। तत्पश्चात् ज्ञान और सिद्धि प्राप्त करोगे।"

इसके बाद पितृगण वहाँ से अदृश्य हो गए। तभी वहाँ प्रम्लोचा नामक एक अप्सरा प्रकट हुई। उसके साथ एक सुंदर युवती भी थी। वह रुचि से बोली – "यह कन्या मेरी पुत्री मालिनी है। इसके पिता वरुण देव के पुत्र महात्मा पुष्कर हैं। तुम इसे अपनी पत्नी के रूप में स्वीकार करो। इसके गर्भ से तेरहवें मन्वंतर का स्वामी रौच्य मनु उत्पन्न होगा।" इसके बाद प्रम्लोचा ने मालिनी को रुचि के हाथ में सौंप दिया।

रुचि ने तत्क्षण ऋषि–मुनियों को बुलवाकर मालिनी के साथ विधिवत् विवाह किया। कुछ समय के बाद मालिनी के गर्भ से रौच्य का जन्म हुआ, जो रौच्य मनु के नाम से तेरहवें मनु पद पर आसीन हुआ।

नवरात्रि व्रत की महिमा

कौशल देश में सुशील नाम का एक निर्धन ब्राह्मण रहता था। प्रतिदिन मिलने वाली भिक्षा से वह अपने परिवार का भरण-पोषण करता था। उसके कई बच्चे थे। प्रात:काल वह भिक्षा लेने घर से निकलता और सायंकाल लौट आता था। देवताओं, पितृों और अतिथियों की पूजा करने के बाद अपने आश्रितजन को खिलाकर ही वह स्वयं भोजन ग्रहण करता था। इस प्रकार भिक्षा को वह भगवान् का प्रसाद समझकर स्वीकार करता था।

इतना दु:खी होने पर भी वह दूसरों की सहायता के लिए सदैव तत्पर रहता था। यद्यपि उसके मन में अपार चिंता रहती थी, तथापि वह सदैव धर्म-कर्म में लगा रहता था। अपनी इन्द्रियों पर उसका पूर्ण नियंत्रण था। वह सदाचारी, धर्मात्मा और सत्यवादी था। उसके हृदय में कभी क्रोध, अहंकार और ईर्ष्या जैसे तुच्छ विकार उत्पन्न नहीं होते थे।

एक बार उसके घर के निकट सत्यव्रत नामक एक तेजस्वी ऋषि आकर ठहरे। वे एक प्रसिद्ध तपस्वी थे। मंत्रों और विद्याओं का ज्ञाता उनके समान

आस-पास दूसरा कोई नहीं था। शीघ्र ही अनेक व्यक्ति उनके दर्शनों को आने लगे। सुशील के हृदय में भी उनसे मिलने की इच्छा जागृत हुई और वह उनकी सेवा में उपस्थित हुआ।

सत्यव्रत को प्रणाम कर वह बोला - "ऋषिवर ! आपकी बुद्धि अत्यंत विलक्षण है। आप अनेक शास्त्रों, विद्याओं और मंत्रों के ज्ञाता हैं। मैं एक निर्धन, दरिद्र और असहाय ब्राह्मण हूँ। कृपया मुझे बताएँ कि मेरी दरिद्रता किस प्रकार समाप्त हो सकती है? मुनिवर ! आपसे यह पूछने का केवल इतना ही अभिप्राय है कि मुझ में कुटुम्ब का भरण-पोषण करने की शक्ति आ जाए। धनाभाव के कारण मैं उन्हें समुचित सुविधाएँ और अन्य सुख नहीं दे पा रहा हूँ। दयानिधान ! तप, दान, व्रत, मंत्र अथवा जप—आप कोई ऐसा उपाय बताने का कष्ट करें, जिससे कि मैं अपने परिवार का यथोचित भरण-पोषण कर सकूँ। मुझे केवल इतने ही धन की अभिलाषा है, जिससे कि मेरा परिवार सुखी हो जाए।"

सत्यव्रत ने सुशील को भगवती दुर्गा की महिमा बताते हुए नवरात्रि व्रत करने का परामर्श दिया। सुशील ने सत्यव्रत को अपना गुरु बनाकर उनसे मायाबीज नामक भुवनेश्वरी मंत्र की दीक्षा ली। तत्पश्चात् नवरात्रि व्रत रखकर उस मंत्र का नियमित जप आरम्भ कर दिया। उसने भगवती दुर्गा की श्रद्धा और भक्तिपूर्वक आराधना की।

नौ वर्षों तक प्रत्येक नवरात्रि में वह भगवती दुर्गा के मायाबीज मंत्र का निरंतर जप करता रहा। सुशील की भक्ति से प्रसन्न होकर नवें वर्ष की नवरात्रि में, अष्टमी की आधी रात को देवी भगवती साक्षात् प्रकट हुईं और सुशील को उसका अभीष्ट वर प्रदान करते हुए उसे संसार का समस्त वैभव, ऐश्वर्य और मोक्ष प्रदान किया।

इस प्रकार भगवती दुर्गा ने प्रसन्न होकर अपने भक्त सुशील के सभी कष्टों को दूर कर दिया और उसे अतुल धन-सम्पदा, मान-सम्मान और समृद्धि प्रदान की। इस कहानी से यह शिक्षा मिलती है कि किसी भी कार्य को श्रद्धा, भक्ति और निष्ठा से करने पर उसका फल सदैव अनुकूल ही प्राप्त होता है।

भौत्य मनु

प्राचीन समय की बात है, अंगिरा ऋषि के भूति नाम के एक शिष्य थे। वे बड़े क्रोधी स्वभाव के थे और छोटी-सी ग़लती पर भी कठोर शाप दे देते थे। उनकी वाणी बड़ी कठोर थी। उनके क्रोध से ऋषि, मुनियों, मनुष्यों, गंधर्वों, यक्षों के साथ-साथ देवता भी भयभीत रहते थे।

उनके भय से पवनदेव कभी भी हवा को उनके आश्रम पर तेज़ नहीं चलने देते थे। सूर्यदेव अपनी प्रचण्ड किरणों को आश्रम के निकट ही रोक लेते थे, जिससे कि अधिक गर्मी न हो। वरुण अपने मेघों को उनके आश्रम पर अधिक जल नहीं बरसाने देते थे। मुनिवर का कमण्डलु सदा जल से भरा रहता था। उनके भय से सभी ऋतुएँ सदाबहार ढंग से वनाश्रम में वास करती थीं और भूति मुनि की सेवा में फल-फूल प्रस्तुत करती थीं।

भूति मुनि के एक भाई थे, जो सुवर्चा नाम से प्रसिद्ध थे। एक बार वे उनके पास आए और विनती करते हुए बोले – "मुनिवर ! आपकी कृपा से मैं एक विशाल यज्ञ का आयोजन कर रहा हूँ। इस यज्ञ में गौतम, कश्यप, अगस्त्य, वसिष्ठ, मेधा सहित अनेक ऋषि–मुनियों तथा इन्द्र, वरुण, सूर्य, बृहस्पति आदि देवगण को आमंत्रित किया गया है। मेरी प्रार्थना है कि आप इस यज्ञ के प्रधान पुरोहित बनें। आप मेरे भ्राता हैं। वेदों और शास्त्रों का ज्ञानी सारे संसार में आपसे बढ़कर कोई नहीं है। अत: आप यज्ञ–पुरोहित बनकर मुझे कृतार्थ करें।"

भूति मुनि बोले – "सुवर्चा ! तुम्हारे आने से कुछ समय पूर्व ही मैंने यज्ञाग्नि प्रज्वलित की है। यज्ञ वेदी में अग्नि जलाने के बाद बिना यज्ञ किए उसे बुझाने पर यज्ञ करने वाला घोर पाप का भागी बनता है। इसलिए मैं बिना यज्ञ किए इस अग्नि को नहीं बुझा सकता। तुम किसी और श्रेष्ठ मुनि को पुरोहित बनाकर अपना यज्ञ सम्पन्न करवा लो।"

सुवर्चा हाथ जोड़कर बोला – "भ्राताश्री ! आपके बिना यज्ञ सम्पन्न करवाना बिना स्तुति किए भगवान् को प्रसन्न करने के समान है। मैंने सभी ओर यह संदेश भेज दिया है कि इस यज्ञ के पुरोहित आप होंगे। आपके दर्शनों के लिए अनेक ऋषि, मुनि, मनुष्य और देवता यज्ञशाला में विराजमान हैं। यदि आप अभी मेरे साथ नहीं चल सकते तो मैं यहीं बैठकर आपकी प्रतीक्षा करूँगा। मैं कोई भी भयंकर पाप भोगने को तैयार हूँ, किंतु आपकी अनुपस्थिति में यज्ञ के बारे में मैं कदापि नहीं सोच सकता।"

तब भूति मुनि ने उसी क्षण शांति नामक अपने शिष्य को बुलवाया। वह परम बुद्धिमान, शांत, विनीत, जितेन्द्रिय, गुरु के कार्य में सदा संलग्न रहने वाला, सदाचारी और धर्मात्मा जीव था। वह गुरुवर को प्रणाम कर आज्ञा की प्रतीक्षा करने लगा।

मुनि बोले – "वत्स ! मैं सुवर्चा के यज्ञ में जा रहा हूँ। मैंने यज्ञ–वेदी में अग्नि प्रज्वलित की है। मेरी अनुपस्थिति में तुम इसका ध्यान रखना। मेरे आने से पहले यह अग्नि कदापि बुझने न पाए।" शांति ने गुरु की आज्ञा शिरोधार्य कर ली। इस प्रकार भूति मुनि निश्चिंत होकर सुवर्चा के साथ यज्ञ में चले गए।

इधर प्रतिदिन के नियम के अनुसार गुरु की सेवा के लिए फल, फूल और जल आदि एकत्रित करने के लिए शांति वन में चला गया। किंतु वहाँ उसे देर हो गई और तब तक भूति मुनि द्वारा जलाई गई यज्ञ–वेदी की अग्नि बुझ गई। अग्नि को शांत देख शांति को अत्यंत दु:ख हुआ। वह सोचने लगा – 'गुरुवर ने मुझे योग्य समझकर यह कार्य सौंपा था, किंतु उनके द्वारा सौंपे गए कार्य में असफल होकर मैंने अपनी अयोग्यता सिद्ध कर दी। गुरुवर त्रिकालदर्शी हैं। यदि इसके स्थान पर मैं दूसरी अग्नि स्थापित करूँगा तो वे पलभर में सब जानकर मुझे शाप देकर भस्म कर देंगे। मुझसे घोर पाप हो गया। इस पाप से बचने के लिए मुझे अग्निदेव का स्मरण

करना चाहिए। वे अवश्य मेरी सहायता करेंगे।' शांति ने भगवान् अग्निदेव की स्तुति आरम्भ कर दी। उसकी स्तुति से प्रसन्न होकर अग्निदेव वहाँ प्रकट हुए और वर माँगने के लिए कहा।

तब शांति बोला – "भगवन् ! आपके दर्शनों से मैं धन्य हो गया। प्रभु ! मेरी इच्छा है कि जब मेरे गुरुदेव यज्ञ से वापस आएँ, तब वे आपको यज्ञ-वेदी में यथास्थान देखें। साथ ही आप उन्हें एक सुयोग्य पुत्र प्रदान करने की कृपा करें। वे अपने पुत्र से जितना प्रेम करें, उतना ही प्रेम वे अपने शिष्यों और अन्य जीवों से भी करें। उनका मन कोमल और दयालु हो जाए। आप मेरी ये इच्छाएँ पूरी करने की कृपा करें।"

अग्निदेव बोले – "वत्स ! तुमने गुरु के लिए सबकुछ माँग लिया और अपने लिए कुछ भी नहीं। तुम्हारी इस भक्ति से मैं अति प्रसन्न हूँ। मैं तुम्हें अभीष्ट वर प्रदान करता हूँ। भूति मुनि का पुत्र अपने बल और पराक्रम से सम्पूर्ण पृथ्वी को जीतकर, चौदहवें मन्वंतर का स्वामी बनेगा और भौत्य मनु के नाम से प्रसिद्ध होगा।" शांति को वर देकर अग्निदेव पुनः यज्ञ वेदी में प्रज्वलित हो गए।

जब भूति मुनि आश्रम पहुँचे, तब अग्नि को प्रज्वलित देख उन्हें बड़ी प्रसन्नता हुई। उन्होंने शांति को अपने निकट बुलाया और बोले – "वत्स ! तुम पर और अन्य जीवों पर मेरा स्नेह बहुत बढ़ गया है। मैं नहीं जानता, ऐसा किस कारणवश है? यदि तुम्हें कुछ पता हो तो बताओ।"

शांति ने उन्हें सबकुछ सच-सच बता दिया। सच सुनकर उनकी आँखों में आँसू आ गए। उन्होंने शांति को प्रेम से गले लगा लिया और उसी समय उसे अपना सम्पूर्ण दिव्य ज्ञान प्रदान किया।

तत्पश्चात् भूति मुनि को भौत्य नामक एक पुत्र की प्राप्ति हुई। वह एक वीर और पराक्रमी बालक था। युवा होने पर वह चौदहवें मन्वंतर का स्वामी बना।

इस मन्वंतर में शुचि नामक इन्द्र हुए। अग्नीध्र, अग्निबाहु, शुचि, माधव, शक्र, मुक्त और अजित – ये सातों सप्तर्षि हुए। इस मन्वंतर में भगवान् विष्णु ने सत्रायण की पत्नी विताना के गर्भ से बृहभ्दानु के रूप में अवतार लिया। इस अवतार में उन्होंने संसार में कर्म काण्ड का विस्तार किया।

त्रिपुर दहन

प्राचीन समय की बात है—दैत्य वंश में मयासुर नाम का एक बड़ा भयंकर और दुष्ट दैत्य हुआ। उसे दैत्यों का विश्वकर्मा अर्थात् वास्तुकार भी कहा जाता है। अन्य दैत्यों के समान उसके मन में भी तीनों लोकों का अधिपति बनने की इच्छा थी। किंतु देवता अधिक बलशाली थे। उन्हें भगवान् विष्णु की कृपा प्राप्त थी। तब मयासुर ने भी भगवान् विष्णु को प्रसन्न करने का निश्चय किया और वन में जाकर कठोर तप करने लगा।

उसकी तपस्या से प्रसन्न होकर भगवान् विष्णु साक्षात् प्रकट हुए और उससे इच्छित वर माँगने के लिए कहा। तब वह उनकी स्तुति करते हुए बोला – ''प्रभु ! जगत् में आप ही सर्वशक्तिमान हैं। देवता, दैत्य, मनुष्य, गंधर्व, यक्ष—सभी आपके

सामने नतमस्तक होते हैं। देवगण ने आपकी आराधना कर अनेक सिद्धियाँ प्राप्त की हैं। आप परम दयालु और भक्त-वत्सल हैं। प्रभु ! यदि आप मेरी तपस्या से प्रसन्न होकर मुझे इच्छित वस्तु प्रदान करना चाहते हैं तो मुझे अमृत कुण्ड प्रदान कीजिए।''

भगवान् विष्णु मयासुर की दुष्टता जान चुके थे, किंतु उसने तपस्या के बल से उन्हें प्रसन्न किया था और उनकी दृष्टि में वह दैत्य से पहले एक भक्त था। इसलिए उन्होंने मयासुर को मनोवांछित वर प्रदान कर दिया। अमृत कुण्ड प्राप्त कर मयासुर अत्यंत शक्तिशाली हो गया।

कुछ समय बाद दैत्यों ने देवताओं पर आक्रमण कर दिया। किंतु भगवान् विष्णु से शक्ति प्राप्त कर देवताओं ने उन्हें पराजित कर दिया। दैत्य मयासुर की शरण में गए और उससे सहायता की प्रार्थना करने लगे। मयासुर ने सोने, चाँदी और लोहे के तीन विशाल पुर (क़िले) बनाए, जो आकाश में स्थित थे। दैत्य पुरों में छिपकर देवताओं से युद्ध करने लगे। उनके प्रहारों से विचलित होकर इन्द्र आदि देवगण भगवान् शिव की शरण में गए और उन्हें दैत्यों का संहार करने के लिए प्रेरित किया।

भगवान् शिव नंदी पर बैठकर दैत्यों से युद्ध करने लगे। उनके बाणों से घायल होकर दैत्य भूमि पर गिरने लगे। लेकिन वे जितने दैत्यों को मारते, मायावी मयासुर उन्हें उठाकर अपने पुरों में ले जाता और अमृत पिलाकर पुनः स्वस्थ और शक्तिशाली बना देता। इस प्रकार भगवान् शिव को युद्ध करते हुए अनेक दिन बीत गए।

जब भगवान् विष्णु ने देखा कि दैत्य किसी प्रकार से भी पराजित नहीं हो रहे हैं तो वे गाय बनकर और ब्रह्माजी बछड़ा बनकर मयासुर के अमृत कुण्ड का सारा अमृत पी गए। यह सब दैत्यों के सामने ही हुआ, किंतु वे श्रीविष्णु की माया से मोहित हो गए थे। अमृत के समाप्त होने का समाचार सुनकर मयासुर अत्यंत निराश हो गया और उसने अपने सैनिकों के साथ देवगण पर प्रचण्ड आक्रमण कर दिया। उस समय शिवजी ने अपने तीन बाणों से उसकी सेना और उसके त्रिपुरों को जलाकर नष्ट कर दिया। मयासुर बचकर भाग निकला।

इस प्रकार त्रिपुरों को नष्ट करने के कारण भगवान् शिव 'त्रिपुरारि' नाम से प्रसिद्ध हुए।

मत्स्य अवतार

प्राचीन समय की बात है, द्रविड़ नामक देश में सत्यव्रत नामक एक परम वीर, पराक्रमी और तेजस्वी राजा राज्य करते थे। वे भगवान विष्णु के अनन्य भक्त थे। उनका मन सदा विष्णु भक्ति में लीन रहता था।

एक दिन वे कृतमाला नामक नदी में जल तर्पण कर रहे थे। तभी उनकी अंजलि में एक छोटी-सी मछली आ गई। दयावश सत्यव्रत ने उसे पुनः नदी में डाल दिया। यह देखकर वह मछली अत्यंत करुण स्वर में बोली – ''हे राजन ! आप बड़े दयालु हैं। आप भली-भाँति जानते हैं कि जल में रहने वाले विशालकाय जन्तु अपनी जाति के छोटे जन्तुओं को खा जाते हैं। फिर आप मुझे यहाँ क्यों छोड़ रहे हैं? मैं उनके भय से व्याकुल होकर आंपकी शरण में हूँ। अतः मुझ तुच्छ प्राणी की रक्षा कीजिए।''

मछली की करुण याचना सुनकर सत्यव्रत बोले – ''हे मत्स्य ! निश्चिंत रहो। मेरी शरण में आने वाले कभी निराश नहीं लौटते। मैं वचन देता हूँ कि तुम्हारी

रक्षा करूँगा। तुम जैसी छोटी मछली के लिए मेरे कमण्डलु में ही इतना स्थान है कि तुम निश्चिंत होकर इसमें रह सकती हो। तुम्हें किसी अन्य स्थान पर जाने की आवश्यकता नहीं पड़ेगी।'' यह कहकर सत्यव्रत ने मछली की रक्षा करने का संकल्प लिया और उसे अपने कमण्डलु में स्थान दे दिया।

किंतु मछली का आकार एक ही रात में इतना बढ़ गया कि कमण्डलु उसके लिए पर्याप्त न रहा। वह सत्यव्रत से बोली – ''राजन ! आपने कमण्डलु का स्थान मेरे लिए निर्धारित किया था, किंतु यह मेरे लिए अत्यंत छोटा है। मैं इसमें नहीं रह सकती। आप मेरे लिए कोई बड़ा स्थान निर्धारित करें, जहाँ मैं सुखपूर्वक रह सकूँ।''

राजा सत्यव्रत ने मछली को कमण्डलु से निकालकर एक बड़े कलश में रख दिया। किंतु कुछ ही क्षणों में उसका आकार इतना बढ़ गया कि वह कलश भी उसके लिए छोटा पड़ने लगा। वह पुनः सत्यव्रत से बोली – ''राजन ! यह स्थान भी मेरे लिए अत्यंत छोटा है। मैं यहाँ भी सुखपूर्वक नहीं रह सकती। कृपया कोई बड़ा स्थान प्रदान कर मेरी रक्षा कीजिए।''

राजा सत्यव्रत ने मछली को एक विशाल सरोवर में डाल दिया। किंतु कुछ ही क्षणों में उसका आकार इतना बढ़ गया कि सरोवर भी उसके लिए छोटा पड़ने लगा। तब वह पुनः प्रार्थना करते हुए बोली – ''हे राजन ! यह सरोवर भी मेरे लिए अत्यंत छोटा है। अतः आप मुझे किसी बड़े जलस्रोत में डाल दें, जिससे कि मैं वहाँ सुखपूर्वक रह सकूँ।''

मछली का आकार अत्यंत शीघ्रता से बढ़ रहा था, यह देखकर सत्यव्रत बड़े आश्चर्यचकित थे। किंतु उन्होंने कुछ बोले बिना उसे सरोवर में से निकालकर समुद्र में छोड़ दिया। समुद्र में प्रवेश करते ही मछली ने महामत्स्य का आकार धारण कर लिया और सत्यव्रत के निकट आकर बोली – ''राजन ! आपने मेरी रक्षा करने का वचन दिया था, फिर मुझे समुद्र में इन हिंस्र जलचरों के मध्य क्यों छोड़ दिया? मुझे यहाँ मत छोड़िए।''

तब राजा सत्यव्रत अत्यंत लज्जित होकर बोले – ''हे महामत्स्य ! मैं मूर्ख हूँ जो यह जानकर भी कि यह सम्पूर्ण सृष्टि भगवान् विष्णु द्वारा रचित है, वे ही इसके पालनकर्ता, रक्षक और संहारक हैं, मैं गर्व से आपको शरण देने का संकल्प कर बैठा। संसार में भगवान् विष्णु की इच्छा के बिना कुछ भी सम्भव नहीं है। भगवन् ! मत्स्य का अवतार धारण कर मुझे ज्ञान देने वाले आप कौन हैं, जिसने पल भर में विशाल आकार धारण कर लिया है। ऐसी दिव्य शक्ति वाला जलचर मैंने आज तक न कहीं देखा था और न ही उसके बारे में सुना था। आप अवश्य सर्वशक्तिमान् भगवान् विष्णु हैं। सृष्टि का कल्याण करने के लिए ही आप समय-समय पर अवतार लेते हैं। यद्यपि आपके सभी अवतार प्राणियों के कल्याण मात्र के लिए होते हैं, तथापि मैं आपके इस मत्स्य अवतार का उद्देश्य जानने को उत्सुक हूँ?''

तब मत्स्य अवतारी भगवान् विष्णु प्रसन्न होकर बोले – ''हे सत्यव्रत ! प्रलय का समय आ गया है। आज से सातवें दिन भूलोक आदि सभी लोक प्रलय के समुद्र में डूब जाएँगे। उस समय तुम्हारे पास एक विशालकाय नौका आएगी। तुम पृथ्वी के सभी जीवों के सूक्ष्म शरीरों और छोटे-बड़े अन्नादि के बीजों को लेकर सप्तर्षियों के साथ उस विशालकाय नौका पर सवार हो जाना। जब प्रचण्ड वेग से आँधी चलने के कारण नाव डगमगाने लगेगी, तब मैं इसी मत्स्य स्वरूप में प्रकट होकर यहाँ आऊँगा और तुम वासुकि नाग द्वारा उस नाव को मेरे सींग के साथ बाँध देना। इसके बाद प्रलय के अंत तक मैं नाव को खींचता हुआ समुद्र में विचरण करूँगा।''

यह कहकर भगवान् मत्स्य अंतर्धान हो गए और सत्यव्रत बड़ी अधीरता से प्रलयकाल की प्रतीक्षा करने लगे।

ठीक सातवें दिन मेघ भयंकर वर्षा करने लगे और समुद्र का जल किनारों को तोड़कर बड़े वेग से आगे की ओर बढ़ने लगा। देखते-ही-देखते सारी पृथ्वी जल में डूब गई। तब सत्यव्रत ने भगवान् नारायण का स्मरण किया। तभी वहाँ एक नाव आ गई। वे समस्त प्राणियों के सूक्ष्म शरीरों और अन्नादि के बीजों को लेकर सप्तर्षियों के साथ उसमें सवार हो गए।

जब समुद्र की भीषण लहरों से वह नाव डगमगाने लगी तो सत्यव्रत भगवान् विष्णु का स्मरण करने लगे। तभी भगवान् विष्णु मत्स्यरूप में प्रकट हो गए। सत्यव्रत ने वह नाव वासुकि नाग द्वारा भगवान् मत्स्य के विशाल सींग के साथ बाँध दी और उनसे दिव्य ज्ञान प्रदान करने की प्रार्थना की। तब भगवान् विष्णु ने नाव सहित समुद्र में विचरण करते हुए सत्यव्रत को ज्ञान, भक्ति और कर्मयोग से पूर्ण दिव्य पुराण का उपदेश दिया। मत्स्यरूपी भगवान् विष्णु ने इस काल में सत्यव्रत को जो उपदेश दिया, उसे मत्स्यपुराण कहा जाता है। भगवान् विष्णु की कृपा से सत्यव्रत बाद में वैवस्वत नाम से सूर्यदेव के घर उत्पन्न हुए और सातवें मनु के पद पर आसीन हुए।

इधर जब प्रलय का समय आया और ब्रह्माजी चिरनिद्रा में सो गए, तो उनके मुख से उत्पन्न चारों वेद जल में गिर गए। भगवान् विष्णु पहले से ही इस घटना के विषय में जानते थे, इसलिए उन्होंने मत्स्य अवतार धारण कर उन वेदों को अपने मुख में सुरक्षित रख लिया और प्रलय की समाप्ति पर उन्हें पुनः ब्रह्माजी को लौटा दिया।

भक्ति, ज्ञान और वैराग्य

एक बार देवर्षि नारद भ्रमण करते हुए पृथ्वी लोक पर आ निकले। उस समय कलियुग ने पृथ्वी को पीड़ित कर रखा था। पृथ्वी पर सत्य, धर्म और तप का पूर्णतः नाश हो गया था। जीव विकारों में डूबे हुए, पापी, दुराचारी, मंदबुद्धि और भाग्यहीन हो गए थे। साधु-संत पाखण्डी बनकर लोगों को अधर्म का मार्ग दिखा रहे थे। ब्राह्मण धन लेकर शिक्षा देने लगे थे। इस प्रकार कलियुग के दोष देखते हुए नारदजी पुष्कर, प्रयाग, कुरुक्षेत्र, हरिद्वार, काशी आदि पवित्र स्थलों पर भ्रमण करते हुए अंत में यमुना के तट पर पहुँचे। वहाँ उन्हें एक शोकातुर स्त्री दिखाई दी। उसके निकट ही दो वृद्ध पुरुष अचेत अवस्था में भूमि पर पड़े हुए ज़ोर-ज़ोर से साँसे ले रहे थे। वह स्त्री कभी उन्हें होश में लाने का प्रयत्न करती और कभी रोने लगती। आस-पास खड़ी स्त्रियाँ उसे बार-बार समझा रही थीं। उत्सुकतावश देवर्षि नारद ने उनका परिचय पूछा।

वह स्त्री बोली - ''देवर्षि ! मेरा नाम 'भक्ति' है; ये वृद्ध पुरुष मेरे पुत्र 'ज्ञान' और 'वैराग्य' हैं। ये देवियाँ गंगा, यमुना आदि श्रेष्ठ नदियाँ हैं। ये मुझे सांत्वना देने यहाँ आई हैं। अब मैं अपने दुःख का कारण बताती हूँ। कलियुग के प्रभाव के कारण मैं और मेरे दोनों पुत्र दुर्बल होकर वृद्ध और निस्तेज हो गए हैं। जब मैं वृंदावन में आई तो पुनः सुंदर और तेजयुक्त स्त्री बन गई। किंतु मेरे पुत्र अब भी वृद्ध और निस्तेज हैं। इनकी दुर्दशा देख मुझे बड़ा दुःख हो रहा है। हम तीनों सदा एक साथ रहते हैं। अब

पुत्र तो वृद्ध हो गए हैं और मैं तरुणी हो गई—यह विपरीत बात कैसे हुई, इसका मुझे कोई ज्ञान नहीं है? भगवन् ! आप परम बुद्धिमान, तपस्वी और ज्ञानी हैं। कृपया आप ही इसका कारण बताने का कष्ट करें।''

देवर्षि नारद ने योग के माध्यम से क्षण भर में इसका कारण जान लिया। तदंतर वे बोले - ''देवी ! इस समय कलियुग चल रहा है। सदाचार, सत्य, त्याग और तप यहाँ से लुप्त हो गए हैं। दुष्कर्मों के कारण मनुष्यों का स्वभाव पापियों के समान हो गया है। सुखों में डूबकर वे भक्ति, वैराग्य और ज्ञान को भूल गए हैं। उनकी उपेक्षा के कारण तुम तीनों वृद्ध और निस्तेज होकर वृंदावन में रहने लगे। इस पावन भूमि का स्पर्श करते ही तुम पुनः तरुणी हो गईं। किंतु ज्ञान और वैराग्य का आदर करने वाला यहाँ भी कोई नहीं है, इस कारण इनकी अवस्था पूर्ववत बनी रही।''

उनकी बात सुनकर भक्ति बोली - ''मुनिश्रेष्ठ ! कलियुग के आने से सम्पूर्ण पृथ्वी पापियों के भार से दब गई है। चारों ओर पाप, दुराचार, असत्य और दुष्कर्मों का बोलबाला है। भगवान् भी न जाने इस अधर्म को कैसे देख रहे हैं? राजा परीक्षित ने पापी कलियुग को क्यों रहने दिया? उसका संहार क्यों नहीं किया?''

नारदजी उसे समझाते हुए बोले - ''देवी ! द्वापर के अंतिम दिन जब भगवान् श्रीकृष्ण भू-लोक को त्यागकर अपने परमधाम को चले गए, उसी दिन कलियुग का आगमन हो गया था। वह दीन-हीन बनकर राजा परीक्षित की शरण में आया। परीक्षित बड़े बुद्धिमान, विद्वान और ज्ञानी पुरुष थे। उन्होंने सोचा कि कलियुग में एक गुण श्रेष्ठ है। अन्य युगों में जो फल तप, योग और समाधि से भी नहीं मिलता, कलियुग में वह केवल श्रीहरि कीर्तन से ही मिल जाता है। इस प्रकार प्राणियों के कल्याण के लिए उन्होंने कलियुग को अभय प्रदान कर यहाँ रहने की आज्ञा दे दी। शिक्षा का विक्रय, असत्य बोलना और लोभ, काम, क्रोध, मोह का वर्चस्व—ये सब कलियुग के स्वभाव हैं, इसमें किसी का कोई दोष नहीं है। इसलिए भगवान् विष्णु भी यह सब शांत भाव से देख रहे हैं।''

भक्ति नारदजी से विनती करते हुए बोली - ''आप धन्य हैं, मुनिवर ! आपके समान कृपालु इस संसार में कोई दूसरा नहीं। देवर्षि ! आपने मेरे दुःख का निवारण कर दिया है, लेकिन मेरे पुत्र अभी भी अचेत हैं। आप इन्हें भी सचेत करने की कृपा करें।'' भक्ति की विनती सुनकर देवर्षि नारद का मन दया से भर आया। उन्होंने ज्ञान और वैराग्य के कानों में वेद ध्वनि और गीता पाठ कर उन्हें सचेत करने का प्रयास किया, किंतु वे किसी भी प्रकार से सचेत नहीं हुए। यह देखकर नारद चिंतित हो गए। तभी एक आकाशवाणी हुई - ''देवर्षि ! चिंता का त्याग करें। आपका प्रयास अवश्य सफल होगा। इसके लिए आप सत्कर्म करें। सत्कर्म का अनुष्ठान करते ही ये क्षणभर में ही युवा होकर तेजयुक्त हो जाएँगे।'' यह सुनकर

नारदजी को बड़ा विस्मय हुआ। तब उस सत्कर्म के बारे में जानने के लिए वे अनेक ऋषि-मुनियों के पास गए, किंतु उनके प्रश्न का उत्तर कोई भी नहीं दे सका। अंत में देवर्षि नारद ने तपस्या कर उस दुर्लभ साधन को जानने का निश्चय किया। इस प्रकार तप करने के विचार से देवर्षि नारद बदरिकावन में बसे विशाला पुरी नामक नगर में आ गए।

एक बार सनकादि मुनिगण (सनक, सनंदन, सनत्कुमार और सनातन—ये चार ब्रह्माजी के मानस पुत्र हैं जिनकी अवस्था शंकरजी से भी अधिक कही गई है। इनके मुख से निरंतर 'श्रीहरि: शरणम्' मंत्र रहता है। इनकी अवस्था सदा 5 वर्ष के बालक की सी रहती है) विशाला पुरी में पधारे। वहाँ नारदजी को चिंताग्रस्त देखकर उन्होंने उनसे चिंतित होने का कारण पूछा। नारदजी ने उन्हें भक्ति, ज्ञान, वैराग्य और दिव्य आकाशवाणी के बारे में बताया।

सनकादि मुनि बोले – "देवर्षि ! उनके उद्धार का उपाय श्रीमद् भागवत का श्रवण है। उसके शब्द सुनकर भक्ति, ज्ञान और वैराग्य को अपार बल मिलेगा। इससे उन तीनों का कष्ट समाप्त हो जाएगा और उन्हें आनन्द प्राप्त होगा। श्रीमद् भागवत की ध्वनि से कलियुग के सारे दोष नष्ट हो जाएँगे। हरिद्वार के निकट आनन्द नाम का एक घाट है। श्रीमद् भागवत का पाठ करने के लिए वह स्थान उपयुक्त है। हम वहीं जा रहे हैं, अत: आप भी चलकर इस कथा के श्रवण का पुण्य फल प्राप्त करें। कथा के प्रभाव से भक्ति भी अपने दोनों पुत्रों ज्ञान और वैराग्य के साथ वहाँ आ जाएँगी।"

नारदजी उनके साथ जाने के लिए सहर्ष तैयार हो गए। शीघ्र ही वे सभी गंगा नदी के तट पर पहुँच गए। 'सनकादि मुनिगण श्रीमद् भागवत कथा का वाचन कर रहे हैं।' यह बात तीनों लोक में फैल गई। शीघ्र ही वसिष्ठ, च्यवन, मेधातिथि, विश्वामित्र, पराशर, मार्कंडेय, पिप्पलाद, व्यास आदि ऋषि-मुनि और इन्द्र सहित सभी देवगण भी वहाँ उपस्थित हो गए। उन्होंने सनकादि मुनिगण को श्रेष्ठ आसन पर बिठाकर उनकी पूजा की। तत्पश्चात् उनके चरणों में बैठकर कथा सुनने लगे।

कथा आरम्भ करने से पूर्व सनकादि मुनिगण सप्ताह श्रवण-विधि की महिमा बता रहे थे, उसी समय भक्ति दोनों पुत्रों के साथ वहाँ आ गई। ज्ञान और वैराग्य युवा अवस्था प्राप्त कर प्रसन्नचित्त दिखाई देने लगे थे। उन्होंने कथा के वाचाक सनकादि मुनिगण के चरणों में प्रणाम किया। सनकादि मुनिगण के आदेश से भक्ति वहाँ बैठे सभी भक्तों के मन में विराजमान हो गई। तत्पश्चात् सनकादि मुनिगण श्रीमद् भागवत की कथा सुनाने लगे। कथा-समाप्ति के बाद भक्ति और उसके दोनों पुत्रों के कष्ट सदा के लिए नष्ट हो गए।

सत्यवादी राजा हरिश्चन्द्र

त्रेतायुग की बात है, पृथ्वी पर हरिश्चन्द्र नाम के एक प्रसिद्ध राजा राज्य करते थे। वे बड़े धर्मात्मा, सत्यप्रिय और दानवीर थे। वे अपनी प्रजा को संतान की तरह प्यार करते थे। उनके राज्य में चारों ओर सुख और समृद्धि का शासन था। सभी लोग प्रेमपूर्वक रहते थे। रोग, शोक, दुःख और निर्धनता आदि का वहाँ कोई स्थान नहीं था।

राजा हरिश्चन्द्र की दानवीरता और सत्यप्रियता की कहानियाँ सुनकर विश्वामित्र ने उनकी परीक्षा लेने का निश्चय किया। उन्होंने एक भयंकर दैत्य उत्पन्न किया और उसे हरिश्चन्द्र के पास भेजा। उनके तप के प्रभाव से दैत्य भयंकर वराह (सूअर) में परिवर्तित हो गया। वह भयंकर गर्जना करता हुआ राजा हरिश्चन्द्र के उपवन में पहुँचा और रक्षकों को भयभीत करके उपवन को नष्ट-भ्रष्ट कर दिया।

हरिश्चन्द्र को उसके बारे में पता चला तो वे उसी क्षण उपवन में पहुँचे। वहाँ उन्होंने एक भयंकर और विशाल वराह को गर्जना करते देखा। उसका वध करने के लिए उन्होंने धनुष पर बाण चढ़ाया और छोड़ दिया। लेकिन वराह बाण से बचकर भाग निकला। हरिश्चन्द्र उसके पीछे लग गए। फिर वराह एक वन में पहुँचकर आँखों से ओझल हो गया। उसका पीछा करते हुए हरिश्चन्द्र भी उस वन में आ गए

थे। वराह की खोज में काफी समय निकल गया। भूख और प्यास से वे व्याकुल हो उठे। उस भयंकर वन में रास्तों का भी उन्हें ज्ञान नहीं रहा। तभी उन्हें स्वच्छ और निर्मल जल से भरी एक नदी दिखाई दी। वे हाँफते हुए नदी के समीप गए और जल पीकर प्यास बुझाई। तभी महर्षि विश्वामित्र एक वृद्ध ब्राह्मण का वेश धारण कर वहाँ आए और उनसे उस निर्जन वन में आने का कारण पूछा। हरिश्चन्द्र ने उन्हें प्रणाम किया और सम्पूर्ण घटना बताने के बाद वहाँ से बाहर जाने का मार्ग पूछा।

विश्वामित्र बोले - "राजन ! यह पवित्र तीर्थ पापों का नाश करने वाला है। तुम इस नदी में स्नान कर अपने पितृों का तर्पण करो। यह समय भी अति उत्तम चल रहा है। इस शुभ अवसर पर इस नदी में स्नान करके तुम्हें अपनी शक्ति के अनुसार दान करना चाहिए। किसी पवित्र तीर्थ से स्नान किए बिना लौटना शास्त्र विरुद्ध है। इसलिए इस उत्तम तीर्थ पर अपनी शक्ति के अनुसार स्नान-दान-पुण्य अवश्य करो। इसके बाद मैं तुम्हें इस वन के बाहर पहुँचा दूँगा।" विश्वामित्र के छल से अनभिज्ञ हरिश्चन्द्र विधिवत स्नान के लिए नदी के तट पर आ गए। स्नान करके उन्होंने पितृों का तर्पण किया। तत्पश्चात् महर्षि विश्वामित्र से दान में अभिलषित वस्तु माँगने का आग्रह किया।

हरिश्चन्द्र के प्रतिज्ञाबद्ध होने पर विश्वामित्र बोले - "राजन ! मुझे अपने पुत्र का विवाह करना है। इस कार्य के लिए कुछ धन की आवश्यकता है। आप वह धन देने का कष्ट करें।" हरिश्चन्द्र ने उन्हें इच्छित दान देने का वचन दिया तो विश्वामित्र ने उन्हें उनके राजमहल में पहुँचा दिया और दान माँगते हुए बोले - "राजन ! धन-सम्पत्ति एवं रत्नों-आभूषणों से युक्त अपना सम्पूर्ण राज्य मेरे पुत्र को दहेज के रूप में दे दीजिए।"

सत्यवादी राजा हरिश्चन्द्र ने तत्क्षण बिना किसी विचार के अयोध्या का राज्य महर्षि विश्वामित्र को दान में दे दिया। दान लेते ही विश्वामित्र बोले - "राजन ! बिना दक्षिणा का दान निष्फल समझा जाता है। अत: दान को सफल बनाने के लिए दक्षिणा में अपने वज़न का ढाई भार सोना देने का प्रबंध करो।" राजा हरिश्चन्द्र ने वह भी देना स्वीकार कर लिया।

दूसरे दिन जब हरिश्चन्द्र पूजा-पाठ कर रहे थे तो सुबह-सवेरे ही विश्वामित्र वहाँ आ धमके और कठोर शब्दों में उनसे राज्य त्याग कर चले जाने के लिए कहा। इसके बाद हरिश्चन्द्र अपनी पत्नी माधवी और पुत्र रोहित के साथ अपने राज्य से निकल पड़े। तीनों को राजपाट छोड़कर जाते देख प्रजा में हाहाकार मच गया। तभी विश्वामित्र ने हरिश्चन्द्र का रास्ता रोक लिया और उनसे अपनी दक्षिणा माँगी।

इस पर सत्यप्रतिज्ञ हरिश्चन्द्र हाथ जोड़कर बोले - "हे ब्रह्मदेव ! मैं प्रतिज्ञा करता हूँ कि जब तक आपकी दक्षिणा नहीं दे दूँगा, भोजन नहीं करूँगा। आप संदेह

न करें। अपना ऋण चुकाना मेरा परम कर्त्तव्य है। आप मुझे केवल एक महीने का समय देने की कृपा करें।'' तत्पश्चात् विश्वामित्र से आज्ञा लेकर राजा हरिश्चन्द्र अपने परिवार के साथ नगर से चले गए।

अनेक दिनों तक भूखे-प्यासे चलते हुए वे भगवान् शिव की नगरी काशी में पहुँचे। वहाँ गंगा के तट पर स्नान करके उन्होंने पितृों का तर्पण किया। तभी विश्वामित्र पुनः वहाँ उपस्थित हो गए और बोले - ''हे राजन ! आज निर्धारित समय पूरा होने वाला है। यदि सूर्यास्त तक मुझे दक्षिणा न मिली तो मैं शाप दे दूँगा।''

विश्वामित्र की बात सुनकर रानी माधवी बोली - ''नाथ ! महर्षि को दक्षिणा देने के लिए आप मुझे बेच दीजिए, अन्यथा ब्राह्मण के शाप से हमें नीच योनि में जन्म लेना पड़ेगा। यह कार्य आप जुआ खेलने, राज्य बढ़ाने और भोग भोगने के लिए नहीं अपितु अपने धर्म की रक्षा के लिए करेंगे। अतः सोच-विचार न करें, दक्षिणा चुकाकर आप अपने धर्म का पालन कीजिए।''

सत्य के मार्ग पर चलते हुए हरिश्चन्द्र ने अपनी पत्नी और पुत्र को एक ब्राह्मण के हाथों बेच दिया। ये वृद्ध ब्राह्मण वास्तव में विश्वामित्र ही थे। वे दुर्व्यवहार करते हुए रानी और राजकुमार को अपने साथ ले गए। कुछ क्षणों के पश्चात् विश्वामित्र पुनः हरिश्चन्द्र के समक्ष उपस्थित हुए और उनसे अपनी दक्षिणा माँगने लगे। हरिश्चन्द्र ने पत्नी और पुत्र के बदले प्राप्त धन को महर्षि के चरणों में रख दिया। दक्षिणा देख विश्वामित्र बोले - ''राजन ! मैं शक्तियों से सम्पन्न एक तेजस्वी ब्राह्मण हूँ। तुच्छ कर्मों द्वारा अर्जित दक्षिणा मैं स्वीकार नहीं करूँगा। तुम शुभ कर्मों से धन अर्जित करो और फिर मुझे दक्षिणा दो।''

तब विश्वामित्र के कहने पर हरिश्चन्द्र ने स्वयं को एक चाण्डाल के हाथों बेच दिया। उस चाण्डाल ने बदले में विश्वामित्र को सोना, मणियों और मोतियों से युक्त हज़ारों रत्न दिए। तभी आकाशवाणी हुई - ''राजन ! दक्षिणा देकर तुम ऋण से मुक्त हो गए।'' इसके बाद हरिश्चन्द्र पर आकाश से फूलों की वर्षा होने लगी। विश्वामित्र अपनी दक्षिणा लेकर वहाँ से चले गए और हरिश्चन्द्र चाण्डाल के पास रहकर कार्य करने लगे।

माधवी को वृद्ध ब्राह्मण की दासी बने अनेक दिन बीत गए। एक बार रोहित हरी घास लाने के लिए अन्य बालकों के साथ वन में गया। वहाँ मुनि विश्वामित्र की प्रेरणा से एक भयंकर सर्प ने उसे काट लिया। सर्प के काटते ही रोहित की मृत्यु हो गई। संध्या के समय घर लौटकर उसके साथी बालकों ने माधवी को सबकुछ बताया।

रोहित की मृत्यु का समाचार सुनकर वह क्रन्दन करते हुए, वन की ओर भागी। मृत पुत्र को देख शोक से उसका हृदय बैठ गया। वह ज़ोर-ज़ोर से रोने लगी। उसका विलाप सुनकर आस-पास लोगों की भीड़ लग गई। वे परस्पर विचार

करते हुए बोले – ''अवश्य यह बच्चों को खाने वाली कोई पिशाचनी है। इसे मार डालना चाहिए।''

फिर शीघ्र ही कुछ लोगों ने माधवी के केश पकड़ लिए और कुछ ने उसकी बाजुओं को पकड़ लिया। उसे घसीटते हुए वे चाण्डाल के पास ले आए। चाण्डाल ने हरिश्चन्द्र को बुलाकर कहा – ''सेवक ! तलवार से इस पिशाचनी का सिर धड़ से अलग कर दो।'' इतना कहकर चाण्डाल ने हरिश्चन्द्र के हाथ में तलवार पकड़ा दी।

हरिश्चन्द्र के केश भयानक जटाजूट के रूप में परिणत हो गए थे और उनकी देह पर काले वस्त्र थे। माधवी का शरीर भी अत्यंत दुर्बल और कांतिहीन हो गया था। इस कारण हरिश्चन्द्र न तो माधवी को पहचान सके और न ही माधवी उन्हें। सिर नीचा करके वे माधवी को मारने के लिए उद्यत हुए। तब वह करुण स्वर में बोली – ''हे चाण्डाल ! यदि तुम्हें उचित लगे तो पहले मेरी प्रार्थना सुनने की कृपा करें। यहाँ से कुछ दूरी पर मेरा पुत्र मृत पड़ा है। मुझे केवल उसका अंतिम संस्कार कर लेने दो, उसके बाद खुशी से मेरी जान ले लेना।''

हरिश्चन्द्र ने माधवी को अपने पुत्र की अंतिम क्रिया करने की आज्ञा दे दी। माधवी पुत्र के शव को श्मशान में ले आई और विलाप करने लगी। तभी हरिश्चन्द्र उसे पहचान गए। असीम दुःख से उनका कलेजा छलनी होने लगा। उन्होंने अपने पुत्र को छाती से चिपटा लिया और विलाप करने लगे। चाण्डाल को इस प्रकार रोते देख माधवी भी उन्हें पहचान गई और हरिश्चन्द्र के सीने से लिपट गई। अपने पति की यह दशा देख वह व्यथित हो गई और रोते हुए बोली – ''स्वामी ! शोक त्याग कर अपने स्वामी की आज्ञा का पालन कीजिए। मेरा सिर धड़ से अलग करके आप स्वामि-द्रोही और असत्यवादी होने से बचें। आपकी वाणी कभी असत्य नहीं होनी चाहिए।''

तब हरिश्चन्द्र ने अपने भी प्राण त्यागने का निश्चय कर एक चिता तैयार की और रोहित को उस पर लिटा दिया। तत्पश्चात् दोनों ने भगवान् का स्मरण किया और जलती चिता में बैठने लगे। तभी उन पर फूलों की वर्षा होने लगी और देवराज इन्द्र अन्य देवगण के साथ वहाँ प्रकट हुए। उनके साथ महर्षि वसिष्ठ, विश्वामित्र, सप्तर्षि और बृहस्पति भी थे। हरिश्चन्द्र और माधवी ने उन्हें प्रणाम किया।

तब देवराज इन्द्र बोले – ''राजन ! आपके सत्य-धर्म की परीक्षा लेने के लिए महर्षि विश्वामित्र ने यह सारी माया रची थी। चाण्डाल वेश में स्वयं धर्मराज आपके धैर्य की परीक्षा ले रहे थे। आज आपने स्त्री और पुत्र के साथ इस सनातन विश्व में अपनी सत्यता सिद्ध कर ली है। अब रानी और राजकुमार सहित स्वर्ग में पधारने की कृपा करें। आपके अतिरिक्त अन्य कोई मनुष्य सशरीर स्वर्ग पर विजय प्राप्त नहीं कर सका है।'' इन्द्र ने रोहित को भी पुनर्जीवित कर दिया।

श्रीराम–कथा का सारांश

प्राचीन समय की बात है—अयोध्या में इक्ष्वाकु वंश के वीर और पराक्रमी राजा दशरथ राज्य करते थे। सूर्यवंशी राजाओं में उनकी बड़ी प्रतिष्ठा थी। उनकी सभा में देवता और ऋषि, मुनि सदा आदर पाते थे। कौशल्या, सुमित्रा और कैकेयी नाम की उनकी तीन रानियाँ थीं। अग्निदेव की कृपा से उनके घर चार पुत्रों ने जन्म लिया; जो राम, लक्ष्मण, भरत और शत्रुघ्न के नाम से प्रसिद्ध हुए। इनमें राम भगवान् विष्णु के अंशावतार थे। राम की माता कौशल्या थीं। कैकेयी से भरत का जन्म हुआ और सुमित्रा से लक्ष्मण और शत्रुघ्न नामक दो बालक उत्पन्न हुए। चारों राजकुमारों की शिक्षा–दीक्षा महर्षि वसिष्ठ के आश्रम में सम्पन्न हुई।

एक बार मुनिवर विश्वामित्र ने राक्षसों से अपने यज्ञ की रक्षा के लिए महाराज दशरथ से राम और लक्ष्मण को माँगा। दशरथ ने राम को लक्ष्मण सहित मुनिवर के साथ जाने की आज्ञा दे दी। मार्ग में श्रीराम ने ताड़का नामक एक भयंकर राक्षसी का वध किया। वह राक्षसी ऋषि–मुनियों को मारकर खा जाती थी। इसके बाद विश्वामित्र के यज्ञ की रक्षा करते समय श्रीराम ने दैत्य सुबाहु के प्राण हर लिए और मारीच को मृतप्राय करके उस क्षेत्र से दूर फेंक दिया। इस प्रकार भगवान्

श्रीराम की सहायता से ऋषियों ने अपना यज्ञ पूर्ण किया। उस समय मिथिला में राजा जनक की पुत्री सीता, जो लक्ष्मी का अंशावतार थीं, का स्वयंवर आयोजित किया गया। यज्ञ समाप्ति के बाद महर्षि विश्वामित्र ने श्रीराम और लक्ष्मण सहित मिथिला के लिए प्रस्थान किया।

एक बार इन्द्र ने छलपूर्वक गौतम ऋषि की पत्नी अहल्या का सतीत्व भंग कर दिया था। तब क्रुद्ध गौतम मुनि ने उन्हें शिलारूप बन जाने का शाप दे दिया था और उनका उद्धार श्रीराम द्वारा निर्धारित कर दिया था। मिथिला के मार्ग में गौतम मुनि का आश्रम पड़ा। जहाँ श्रीराम ने अहल्या का उद्धार कर उन्हें शाप से मुक्त किया। उनके स्पर्श मात्र से ही शिला बनी अहल्या पुनः सजीव हो गईं।

मिथिला पहुँचकर भगवान् राम ने राजा जनक के दरबार में रखा हुआ शिव-धनुष तोड़कर सीता को पत्नी रूप में स्वीकार किया। महाराज जनक ने अपनी एक अन्य कन्या उर्मिला का विवाह लक्ष्मण के साथ कर दिया। राजा जनक के छोटे भाई कुशध्वज की पुत्री माण्डवी का विवाह भरत के साथ और श्रुतकीर्ति का विवाह शत्रुघ्न के साथ सम्पन्न हुआ। परशुराम ने राजा जनक को शिव-धनुष भेंट में दिया था। जब उन्हें धनुष के खण्डित होने का पता चला तो वे क्रोधित होकर श्रीराम को मारने के लिए उद्यत हो गए। तब भगवान् राम ने उनका गर्व खण्डित कर अपने वास्तविक स्वरूप के दर्शन करवाए तो परशुराम उनकी स्तुति कर वहाँ से चले गए।

विवाह के पश्चात् चारों राजकुमार अपनी पत्नियों सहित अयोध्या लौट आए। अयोध्या में बड़ी धूमधाम से उनका स्वागत किया गया।

श्रीराम सभी अधिकारियों और प्रजाजन के अत्यंत प्रिय थे। उनके शांत, मधुर और निर्मल व्यवहार ने सब को मोहित कर रखा था। दशरथ स्वयं भी उन्हें अपना उत्तराधिकारी बनाना चाहते थे। इसलिए मंत्रियों से परामर्श करके उन्होंने एक शुभ दिवस को श्रीराम का राज्याभिषेक करने का निश्चय किया।

बड़ी धूमधाम से श्रीराम के राज्याभिषेक की तैयारियाँ आरम्भ हो गईं। राजमहल में मंथरा नाम की एक दासी थी। वह कैकेयी की प्रिय सेविका थी। उसने कौशल्या और श्रीराम के विरुद्ध उसके कान भर दिए। कैकेयी ने राजा दशरथ से दो वर माँगे, जो उन्होंने उसे देवासुर संग्राम में उनकी सहायता करने के बदले में दिए थे। राजा दशरथ के वचन देने के बाद कैकेयी ने प्रथम वर में उनसे भरत के लिए अयोध्या का राज और दूसरे वर में राम के लिए चौदह वर्ष का वनवास माँगा।

पिता की आज्ञा सुनकर श्रीराम-लक्ष्मण और सीता सहित वन में चले गए। इधर पुत्र-वियोग में राजा दशरथ ने प्राण त्याग दिए। जब भरत अयोध्या लौटे तो उन्हें सारी बात ज्ञात हुई। उन्होंने सिंहासन अस्वीकार कर दिया और श्रीराम को मनाकर अयोध्या लाने के लिए माताओं, गुरुजन, प्रजाजन, मंत्रियों और सेनापतियों के साथ

वन में गए। किंतु श्रीराम पिता को दिए वचन का कदापि उल्लंघन नहीं कर सकते थे। अतः उन्होंने चौदह वर्ष से पूर्व अयोध्या लौटने से इंकार कर दिया। तब भरत ने श्रीराम की चरण-पादुकाओं को ही अयोध्या के राज-सिंहासन पर सुशोभित किया और स्वयं एक वनवासी का जीवन व्यतीत करते हुए राज्य का कार्य सँभालने लगे।

उधर वन में भगवान् राम पंचवटी नामक स्थान पर निवास कर रहे थे। एक बार वन में भ्रमण करते हुए दैत्यराज रावण की बहन शूर्पनखा की दृष्टि श्रीराम पर पड़ी। श्रीराम को देख वह उन पर मोहित हो गई। उसने एक सुंदर स्त्री का रूप बनाया और उनके समीप पहुँचकर उन्हें पतिरूप में वरण करने की इच्छा व्यक्त की। श्रीराम ने उसे लौट जाने को कहा। अपमानित शूर्पनखा ने सीता को मारने का प्रयास किया। तभी लक्ष्मण ने अपनी तलवार से उसके नाक और कान काट लिए।

शूर्पनखा भीषण चीत्कार करती हुई अपने भाई खर और दूषण के पास गई। दोनों दैत्यों ने अपनी विशाल सेना के साथ श्रीराम पर आक्रमण कर दिया। श्रीराम ने अपने एक ही बाण से उनकी समस्त सेना का नाश कर दिया। युद्ध में खर और दूषण भी उनके हाथों मारे गए। खर-दूषण की मृत्यु होते ही शूर्पनखा लंकेश्वर रावण की शरण में पहुँची। रावण उसी समय अपने विमान पर बैठकर मारीच के पास पहुँचा और उसे मृत्यु का भय दिखाकर सीता-हरण के लिए तैयार किया। तत्पश्चात् वे पंचवटी पहुँचे। वहाँ मारीच स्वर्ण मृग बनकर भगवान् श्रीराम को भ्रमित कर कुटिया से दूर ले गया। जब भगवान् श्रीराम ने मृग बने मारीच को बाण मारा तो वह अपने वास्तविक स्वरूप में आकर उनकी आवाज़ में लक्ष्मण को पुकारने लगा। इधर सीता ने इसे राम की आवाज़ समझकर लक्ष्मण को उनकी सहायता के लिए भेजा। लक्ष्मण के जाते ही लंकापति रावण साधु के वेश में कुटिया में आया और बलपूर्वक सीता का हरण कर लिया। मार्ग में दशरथ के मित्र गिद्धराज जटायु ने सीता को बचाने के लिए रावण से युद्ध किया, लेकिन रावण ने तलवार से उसके पंखों को काट दिया। जटायु भूमि पर गिरकर तड़पने लगा।

सीता को कुटिया में न देखकर श्रीराम और लक्ष्मण शोकावस्था में उन्हें वन में ढूँढ़ने लगे। ढूँढ़ते-ढूँढ़ते वे उस स्थान पर पहुँचे, जहाँ जटायु घायल अवस्था में पड़ा था। उसने बताया कि लंकापति रावण ने सीता का हरण कर लिया है। इतना कहकर उसने भगवान् श्रीराम की गोद में ही प्राण त्याग दिए। भगवान् राम ने उसी स्थान पर पितातुल्य जटायु का अंतिम संस्कार किया और लक्ष्मण के साथ सीता की खोज में आगे चल पड़े। मार्ग में उन्हें कबंध नामक राक्षस ने पकड़ लिया। उसकी भुजाएँ बहुत लम्बी थीं। सिर पेट में ही धँसा हुआ था। पूर्व जन्म में वह एक यक्ष था। एक ऋषि से मिले शाप के कारण ही उसे राक्षस योनि में जन्म लेना पड़ा था। श्रीराम और लक्ष्मण ने कबंध को मारकर उसे इस योनि से मुक्त कर दिया। तब उसने

श्रीराम को बताया कि दक्षिण दिशा में शबरी नाम की एक साध्वी निवास करती है। वे उससे मिलें। वह उनका उचित मार्गदर्शन करेगी। कबंध के बताए मार्ग पर दोनों आगे चल पड़े।

वन में अनेक दैत्यों का संहार करते हुए वे शबरी के आश्रम में पहुँचे। उन्हें देख वृद्धा शबरी भाव विभोर हो गई। उसने श्रीराम के चरण धोए और उन्हें मीठे बेर खाने को दिए। तत्पश्चात् उसने श्रीराम को ऋष्यमूक पर्वत पर निवास करने वाले वानर सुग्रीव से मित्रता करने का परामर्श दिया।

जब श्रीराम ऋष्यमूक पर्वत पर पहुँचे तब पर्वत की चोटी से उन्हें देख सुग्रीव ने उनके आगमन का कारण जानने के लिए हनुमान को भेजा। हनुमान ब्राह्मण का वेश धारण कर श्रीराम के समीप गए। उन्हें पहचानते ही वे वास्तविक रूप में आ गए और उन्हें सुग्रीव के पास ले आए। दोनों ने अग्नि को साक्षी मानकर एक–दूसरे की सहायता करने का वचन दिया। श्रीराम ने सुग्रीव से वन में रहने का कारण पूछा।

वह बोला – ''प्रभु ! मैं किष्किन्धा देश का राजा था। मेरा भाई बाली राज्य प्राप्ति के लिए मुझे मारना चाहता था। वह बड़ा बलि है। उसे वर प्राप्त है कि उससे लड़ने वाले का आधा बल उसमें चला जाएगा। इसलिए आज तक कोई भी उसे परास्त नहीं कर सका। उससे भयभीत होकर ही मैं यहाँ वनवासी का जीवन व्यतीत कर रहा हूँ।'' श्रीराम ने सुग्रीव को उसका राज्य और पत्नी वापस दिलाने की प्रतिज्ञा की।

एक दिन तैयारी करके उन्होंने किष्किंधा पर हमला कर दिया। श्रीराम के कहने पर सुग्रीव ने बाली को युद्ध के लिए ललकारा। दोनों में भीषण युद्ध हुआ। अंत में भगवान् श्रीराम के बाण से बाली मारा गया। सुग्रीव का विधिपूर्वक पुन: राज्याभिषेक कर दिया गया। राजा बनने के बाद सुग्रीव ने सीता को ढूँढ़ने के लिए अपनी सेना को चारों दिशाओं में भेज दिया। शीघ्र ही रामभक्त हनुमान ने माता सीता का पता लगा लिया और लंका दहन कर श्रीराम के पास लौट आए। तब सुग्रीव ने वानरों की सेना तैयार की और श्रीराम के नेतृत्व में लंका की ओर प्रस्थान किया। लंका विशाल समुद्र के मध्य में स्थित थी। वहाँ तक जाने का कोई मार्ग नहीं था। तब भगवान् श्रीराम की आज्ञा से वानर पत्थरों का एक विशाल पुल बनाकर लंका पहुँच गए।

लंका पहुँचकर श्रीराम ने दैत्यराज रावण पर आक्रमण कर दिया। दोनों सेनाओं में भीषण युद्ध आरम्भ हो गया। एक–एक कर रावण के सभी योद्धा इस युद्ध में मारे गए। सुग्रीव की वानर सेना ने रावण की सेना को शक्तिहीन कर दिया। अंत में रावण स्वयं युद्ध करने आया। श्रीराम ने उसकी नाभि में बाण मारकर उसके प्राणों का अंत कर दिया। उसके मरते ही चारों ओर भगवान् श्रीराम की जय–जयकार होने लगी। बचे हुए दैत्य अपने प्राण बचाकर वहाँ से भाग गए। वनवास समाप्त होने पर भगवान् श्रीराम—सीता और लक्ष्मण सहित अयोध्या लौट आए।

उनके अयोध्या लौटने पर पूरे राज्य में उत्सव मनाया गया। प्रजाजन ने घी के दिए जलाकर उनका स्वागत किया। यह दिन भारत में आज भी प्रतिवर्ष दीपावली के रूप में मनाया जाता है। तत्पश्चात् भगवान् राम का राज्याभिषेक कर उन्हें अयोध्या का राज्य सौंप दिया गया। लक्ष्मण, भरत और शत्रुघ्न उनकी आज्ञानुसार प्रजा का पालन करने लगे। उनके राज्य में कोई भी वृद्ध अथवा रोगी मनुष्य नहीं था। चारों ओर सुख और समृद्धि का राज्य स्थापित था। अन्न और धन से भण्डार सदा भरे रहते थे। प्रजाजन सुखपूर्वक जीवन व्यतीत कर रहे थे।

एक बार प्रजाजन के दु:ख और कष्ट जानने के लिए भगवान् श्रीराम रात्रि के समय वेश बदलकर राज्य में विचरण कर रहे थे। जब वे एक घर के आगे से निकले तो उन्हें एक पुरुष का क्रोधित स्वर सुनाई दिया। वे वहीं रुककर उसकी बात सुनने लगे। वह व्यक्ति अपनी पत्नी से कह रहा था – "दुष्टा ! तू नीच और पापिन है। अब मैं तुझे अपने घर में नहीं रख सकता। मैं राम जैसा स्त्री–लोभी नहीं हूँ, जो एक वर्ष तक रावण के महल में रहने के बाद भी सीता को घर ले आया। इसलिए मैं तुझे इसी क्षण त्यागता हूँ। तू अभी यहाँ से चली जा।"

उस व्यक्ति की बात सुनकर भगवान् राम ने लोक मर्यादा की स्थापना के लिए सीता को त्यागने का निश्चय कर लिया। उन्होंने लक्ष्मण को सारी बात बताकर उन्हें वन में छोड़ आने का आदेश दिया। लक्ष्मण दु:खी मन से उन्हें वन में छोड़ आए। सीता के वियोग में भगवान् राम भी सभी ऐश्वर्यों का त्याग कर वनवासी के समान जीवन व्यतीत करने लगे। सीता वाल्मीकि ऋषि के आश्रम में रहने लगीं। कुछ समय के बाद उन्होंने आश्रम में ही दो सुंदर बालकों को जन्म दिया। वाल्मीकि ऋषि ने उनका नाम लव और कुश रखा। उन्होंने उन बालकों को शास्त्र और शस्त्र विद्या प्रदान की। लव और कुश दोनों ही भगवान् श्रीराम के समान परम वीर और पराक्रमी थे।

एक बार भगवान् राम ने अश्वमेध यज्ञ करने का निश्चय किया। किंतु महर्षि वसिष्ठ के यह कहने पर कि बिना पत्नी के यज्ञ असम्भव है, उन्होंने स्वर्ण निर्मित सीता की मूर्ति स्थापित करके यज्ञ आरम्भ किया। एक दिन यज्ञ–अश्व विचरण करते हुए महर्षि वाल्मीकि के आश्रम के निकट पहुँच गया। लव और कुश ने उसे पकड़कर बाँध लिया। उसे छुड़वाने के लिए एक–एक कर शत्रुघ्न, भरत और लक्ष्मण आए, लेकिन उन्होंने उन्हें बाणों से मूर्च्छित कर दिया।

अंत में भगवान् श्रीराम स्वयं युद्ध करने आए। तब लव और कुश को उन्हें सौंपकर सीता स्वयं धरती में समा गईं। भगवान् राम पुत्रों के साथ अयोध्या लौट आए। भगवान् श्रीराम ने तेरह हज़ार वर्षों तक राज्य किया। इसके बाद वे लव और कुश का राज्याभिषेक कर अपने भाइयों और प्रजाजन के साथ वैकुण्ठ पधार गए।

कलियुग का आगमन

पाण्डवों के स्वर्ग जाने के पश्चात् राजा परीक्षित ऋषि-मुनियों के आदेशानुसार धर्मपूर्वक शासन करने लगे। उनके जन्म के समय ज्योतिषियों ने जिन गुणों का वर्णन किया था, वे समस्त गुण उनमें विद्यमान थे। उनका विवाह राजा उत्तर की कन्या इरावती से हुआ। उससे उन्हें जनमेजय आदि चार पुत्र प्राप्त हुए। इस प्रकार वे समस्त ऐश्वर्य भोग रहे थे। एक बार दिग्विजय करते हुए परीक्षित सरस्वती नदी के तट पर पहुँचे। वहाँ उन्होंने देखा कि एक राजवेषधारी शूद्र हाथ में डंडा लिए एक पैर वाले वृषभ (बैल) और एक अति दुर्बल गाय को निर्दयता से पीट रहा है। वह वृषभ भय से काँपता हुआ एक पैर पर खड़ा था और गाय उस शूद्र के पाँवों के पास गिर कर उसकी ठोकरें खा रही थी।

यह वीभत्स दृश्य देखकर परीक्षित क्रोधित होकर बोले - ''ठहर जा दुष्ट !

तू कौन है, जो इन निर्दोष और दुर्बल प्राणियों पर अत्याचार कर रहा है? यद्यपि तूने राजा का वेष धारण कर रखा है, किंतु तेरा कर्म तेरे शूद्र होने की बात कह रहा है। तूने मेरे राज्य में यह कार्य कर घोर अपराध किया है। इसलिए तेरा वध ही तेरे लिए उचित दण्ड है।''

तभी एक दिव्य आकाशवाणी हुई - ''राजन ! राजवेषधारी यह शूद्र वास्तव में कलियुग है और उसके हाथों वृषभ-रूप में धर्म तथा गाय-रूप में पृथ्वी कष्ट भोग रही है। सतयुग में धर्म के—पवित्रता, तप, दया और सत्य—ये चार चरण थे। किंतु कलियुग में गर्व, मोह और मद के कारण इसके तीन चरण नष्ट हो गए हैं। अब यह सत्य नामक चरण पर ही स्थिर है। भगवान् श्रीकृष्ण के जाने के साथ ही पृथ्वी पर कलियुग का आगमन हो गया था। इस युग में प्राणी पापाचार में लिप्त हो जाएँगे। यही सोचकर पृथ्वी अत्यंत दु:खी है। अब आप इनके कष्टों का निवारण कीजिए।''

परीक्षित ने धर्म और पृथ्वी को सांत्वना दी और म्यान से तलवार निकालकर आगे बढ़े। कलियुग ने देखा कि अब परीक्षित उसे मार ही डालेंगे तो उसने अपना राजसी वेश त्याग दिया और भय से व्याकुल होकर उनके चरणों में मस्तक झुका दिया। परीक्षित परम दयालु थे। जब उन्होंने कलियुग को अपनी शरण में देखा तो उनका मन दया से भर आया।

उन्होंने उसके रहने के लिए ये स्थान बता दिए—जुआ, स्त्री, मद्य, हिंसा और स्वर्ण (सोना)। इनके साथ-साथ मिथ्या, मद, काम, हिंसा और वैर—ये पाँच वस्तुएँ भी कलि को दे दीं।

राजा एक दिन आखेट करने गए तब कलि उनके मुकुट में, जो स्वर्ण का था, सुशोभित हो गया। कलियुग राजा परीक्षित के सिर पर सवार था ही। उन्होंने क्रोधवश भूखे और प्यासे होने के कारण एक मौनी ऋषि के गले में मरे सर्प की माला पहना दी। क्योंकि ऋषि ध्यानमग्न थे, अत: परीक्षित का स्वागत नहीं कर सके थे। मुनि के श्रृंगी नामक पुत्र ने जब यह सुना तो परीक्षित को तक्षक नाग द्वारा डसे जाने का शाप दे दिया। राजा परीक्षित ने बहुत बचने का प्रयास किया, लेकिन अंतत: वे तक्षक का शिकार बन गए।

इस प्रकार पृथ्वी पर कलियुग का आगमन हुआ और इसका पहला शिकार इसे शरण देने वाले परीक्षित ही बने। कलियुग की आयु 4,32,000 वर्ष कही गई है। इसका आरंभ 3102 वर्ष ईसा पूर्व से हुआ।

ध्रुव का विष्णुलोक गमन

ध्रुव की विष्णु भक्ति की कथा आपने पीछे पढ़ी। उत्तराधिकार में उसे पिता का राज्य मिला तो वह धर्मपूर्वक पृथ्वी का पालन करने लगा। उसके राज्य में प्रजाजन धर्म-कर्म में लीन रहते थे। चारों ओर सुख-शांति का राज्य था। उसका विवाह प्रजापति शिशुमार की पुत्री भ्रमि के साथ हुआ, उससे उसे कल्प और वत्सर नामक दो पुत्र प्राप्त हुए। उसका दूसरा विवाह वायु की पुत्री इला से हुआ। उससे उसे उत्कल नामक एक पुत्र और एक कन्या की प्राप्ति हुई। रानी सुरुचि के पुत्र उत्तम का विवाह अभी तक नहीं हुआ था।

एक दिन उत्तम शिकार खेलने वन में गया। वहाँ उसने एक मृग पर निशाना साधकर उस पर बाण छोड़ दिया। तभी दूसरी दिशा से एक अन्य बाण आया और मृग के शरीर में घुस गया। बाण लगने से वह मृग वहीं ढेर हो गया। उत्तम प्रसन्न होकर रथ से उतरा और मृग की ओर बढ़ा। तभी एक गरजदार आवाज़ से सारा आकाश थर्रा उठा - ''ठहरो ! यह मेरा शिकार है। इसकी ओर कदम मत बढ़ाना, अन्यथा यह तुम्हारे हित में नहीं होगा।'' उत्तम ने आश्चर्यचकित होकर इधर-उधर देखा,

किंतु उसे कोई भी दिखाई नहीं दिया। फिर उसने आगे बढ़कर मृग पर अधिकार किया और अपने रथ की ओर चल पड़ा। अचानक वहाँ एक यक्ष प्रकट हुआ। वह यक्ष विशालकाय और भयंकर था। वह उत्तम का मार्ग रोकते हुए बोला – "युवक ! तुमने मेरी चेतावनी को अनसुना कर मेरे शिकार पर अधिकार कर लिया। अब मरने के लिए तैयार हो जाओ।" यह कहकर यक्ष ने उसके साथ युद्ध आरम्भ कर दिया। दोनों ही वीर थे। जब उत्तम किसी भी प्रकार से पराजित नहीं हुआ, तब यक्ष ने माया का प्रयोग कर उसे मार डाला। उत्तम को मरते देख सारथि लौट गया और राजा ध्रुव को सारा वृत्तांत सुनाया। अपने पुत्र के विषय में जानकर सुरुचि ने प्राण त्याग दिए।

तब यक्षों को दण्डित करने के लिए ध्रुव ने उन पर आक्रमण कर दिया। दोनों पक्षों में भीषण युद्ध आरम्भ हो गया। ध्रुव ने कुछ ही समय में अनेक यक्षों को काल का ग्रास बना दिया। जब स्वयंभू मनु ने देखा कि ध्रुव निर्दोष यक्षों का संहार कर रहा है तो वे युद्ध भूमि में आए और ध्रुव को समझाते हुए बोले – "वत्स ! तुमने एक यक्ष के अपराध करने पर कितने निरपराध यक्षों को दण्डित किया है। जीवन–मृत्यु तो भगवान की इच्छा पर निर्भर करती है, हम तो केवल उसका माध्यम बनते हैं। अतः तुम दैव–इच्छा समझकर इस युद्ध को बंद कर दो। यक्षों के संहार से तुमने कुबेर के प्रति अपराध किया है, इसलिए तुम उन्हें प्रसन्न करो।"

स्वयंभू मनु के समझाने पर ध्रुव युद्ध बंद कर कुबेर की स्तुति करने लगा। तब कुबेर वहाँ आए और ध्रुव से अभीष्ट वर माँगने के लिए कहा।

ध्रुव ने वरदान में भगवान् विष्णु की अखण्ड भक्ति माँग ली। कुबेर 'तथास्तु' कहकर वहाँ से अंतर्धान हो गए। इसके बाद ध्रुव भी अपने नगर लौट आया। ध्रुव बड़ा धर्मात्मा, सदाचारी और तपस्वी स्वभाव का राजा था। उसने छत्तीस हज़ार वर्षों तक धर्मपूर्वक शासन किया। फिर अपने पुत्र उत्कल का राज्याभिषेक कर समस्त सुख, सुविधाओं का त्याग कर तपस्या के लिए बदरिकाश्रम चला गया। वहाँ उसने अनेक वर्षों तक कठोर तपस्या की।

एक बार ध्रुव समाधिलीन होकर परब्रह्म का स्मरण कर रहा था। तभी आकाश से एक दिव्य विमान उतरा। उस विमान में नन्द और सुनन्द नामक दो विष्णु पार्षद थे। वे विनम्र शब्दों में बोले – "राजन ! आपने अपनी भक्ति के प्रभाव से विष्णुलोक में परम पद प्राप्त किया है। भगवान् विष्णु ने आपको लाने के लिए यह विमान भेजा है। आप हमारे साथ चलने की कृपा करें।" किंतु ध्रुव ने माता सुनीति के बिना विष्णुलोक जाने से इंकार कर दिया। तब पार्षद बोले – "राजन ! आप निश्चिंत रहें। आपकी माता सुनीति विष्णुलोक पहुँच गई हैं।" इस प्रकार ध्रुव भी दिव्य विमान में सवार हो गया और विष्णुलोक चला गया।

चित्रकेतु

प्राचीन समय की बात है, शूरसेन नामक राज्य में चित्रकेतु नामक एक प्रतापी राजा राज्य करते थे। उनके राज्य में पृथ्वी स्वयं ही प्रजा की इच्छानुसार अन्न आदि दे दिया करती थी। चित्रकेतु की अनेक रानियाँ थीं, जिनमें सुंदरता, उदारता, कुलीनता आदि अनेक गुण विद्यमान थे, किंतु फिर भी उन्हें संतान न हुई। वे सदा इसी चिंता में डूबे रहते थे। पृथ्वी के समस्त ऐश्वर्य भी उन्हें प्रसन्न नहीं कर पाते थे।

विभिन्न लोकों का भ्रमण करते हुए एक दिन महर्षि अँगिरा चित्रकेतु के महल में पधारे। चित्रकेतु ने विधिपूर्वक उनकी पूजा की। अतिथि-सत्कार के बाद महर्षि अँगिरा श्रेष्ठ सिंहासन पर आरूढ़ हो गए। राजा चित्रकेतु भी उनके चरणों में बैठ गए।

तत्पश्चात् चित्रकेतु दु:खी स्वर में बोले – ''महर्षि ! सम्पूर्ण पृथ्वी का राज्य, सुख, सम्पत्ति और सभी ऐश्वर्य मेरे अधीन हैं। किंतु संतान न होने के कारण मुझे इन सुखों से शांति नहीं मिल रही है। यही चिंता मुझे ग्रसित कर रही है। प्रभु ! आप परम तपस्वी हैं; मुझे संतान प्रदान करने का उपाय बताकर मेरा उद्धार कीजिए।''

महर्षि अँगिरा ने चित्रकेतु को पुत्रेष्टि यज्ञ करने का परामर्श दिया। तब शीघ्र

ही चित्रकेतु ने एक विशाल यज्ञ का आयोजन किया। महर्षि अँगिरा यज्ञ के आचार्य बने। यज्ञ सम्पन्न होने पर महर्षि अँगिरा चित्रकेतु की बड़ी रानी कृतद्युति को यज्ञ का प्रसाद देने के बाद बोले - "राजन ! इस यज्ञ के प्रसाद से उत्पन्न पुत्र से तुम्हें हर्ष और शोक दोनों ही प्राप्त होंगे।" यह कहकर अँगिरा मुनि वहाँ से चले गए।

उचित समय आने पर कृतद्युति ने एक पुत्र को जन्म दिया। समाचार सुनकर प्रजाजन खुशी से नाच उठे। इस शुभ अवसर पर राजा चित्रकेतु ने ब्राह्मणों को स्वर्ण, चाँदी, वस्त्राभूषण, गाँव, हाथी, घोड़े और गाएँ दान में दीं। याचकों को भरपूर अन्न और धन का दान दिया गया। जिस प्रकार निर्धन को बड़ी कठिनता से प्राप्त हुए धन से बड़ा प्रेम हो जाता है, उसी प्रकार राजा चित्रकेतु भी अपने पुत्र के स्नेह-बँधन में बँधते गए। रानी कृतद्युति भी अपने पुत्र से बड़ा स्नेह करती थी। इस प्रकार वे महर्षि अँगिरा की चेतावनी भूलकर पुत्र के प्रेम में डूब गए।

पुत्र स्नेह के कारण चित्रकेतु का प्रेम अन्य रानियों की अपेक्षा कृतद्युति के प्रति अधिक बढ़ गया। अब वे सदा रानी कृतद्युति के कक्ष में ही रहने लगे। उनकी अन्य रानियाँ संतान न होने के कारण पहले से ही दुःखी थी, ऊपर से चित्रकेतु का अपने प्रति उदासीन व्यवहार देखकर वे मन-ही-मन रानी कृतद्युति और उसके पुत्र से ईर्ष्या करने लगीं। धीरे-धीरे यह ईर्ष्या द्वेष में और द्वेष क्रूरता में बदलता चला गया।

एक दिन उन्होंने कृतद्युति के पुत्र को विष दे दिया। कृतद्युति को उनके इस पाप कर्म का ज्ञान नहीं हुआ। जब पुत्र के कक्ष से उसे दासी का विलाप करता स्वर सुनाई दिया तो वह शीघ्रता से वहाँ पहुँची। पुत्र को मृत देख वह मूर्च्छित होकर गिर पड़ी। समाचार सुनकर चित्रकेतु भी वहाँ पहुँच गए। वे फूट-फूट कर रोने लगे। जब नारदजी और महर्षि अँगिरा ने देखा कि चित्रकेतु पुत्र शोक के कारण चेतनाहीन हो रहे हैं और उन्हें समझाने वाला वहाँ कोई नहीं है, तो वे अवधूत का वेश बनाकर वहाँ आए।

इस वेश में चित्रकेतु उन्हें न पहचान सका। तब वे उसे समझाते हुए बोले - "हे राजन ! जिसके लिए आप इतना शोक कर रहे हैं, वह बालक इस जन्म और पूर्वजन्मों में आपका कौन था? आप उसके क्या लगते थे? जैसे जल के वेग से बालू के कण एक-दूसरे से जुड़ते और बिछड़ते हैं, वैसे ही समय के तेज प्रवाह में प्राणियों का मिलन और बिछोह होता रहता है। इस जगत् में केवल भगवान् विष्णु ही सदा से विद्यमान हैं। शेष तो उनकी मोह माया ही है। उनकी माया से ही प्राणी उत्पन्न होते हैं और समय आने पर नष्ट हो जाते हैं। वे ही समस्त प्राणियों के अधिपति हैं। इसलिए आप शोक का त्याग कर उनकी आराधना करें। पूर्व समय में ब्रह्माजी और शिवजी ने भी उनकी आराधना कर परम पद को प्राप्त किया था। आप भी अपनी

भक्ति से उन्हें प्राप्त कर लेंगे।" यह बात सुनकर चित्रकेतु ने उनसे वास्तविक परिचय देने का अनुरोध किया।

तब महर्षि अंगिरा परिचय देते हुए बोले – "राजन ! मैं अंगिरा हूँ और आप देवर्षि नारद हैं। जब हमने देखा कि आप पुत्र–शोक के कारण अज्ञानरूपी अंधकार में डूब गए हैं तो आपका उद्धार करने के लिए हम यहाँ आ गए। राजन ! जिस समय मैं प्रथम बार आपके पास आया था, उसी समय मैं आपको परम ज्ञान का उपदेश देना चाहता था, किंतु मैंने देखा कि आपके मन में पुत्र की कामना है, इसलिए मैंने ज्ञान न देकर पुत्र प्रदान कर दिया। तब आपकी कल्पना में पुत्र सुख सबसे बड़ा सुख था, किंतु अब आप स्वयं अनुभव कर रहे हैं कि पुत्रवानों को भी कितना दुःख भोगना पड़ता है? यह बात केवल पुत्र के लिए नहीं, अपितु स्त्री, घर, ऐश्वर्य, धन, राज्यादि सभी नाशवान पदार्थों पर सिद्ध होती है। अतः ये सब दुःख और शोक के कारण हैं। इसलिए आप अपने मन को शांत करें।"

चित्रकेतु उन्हें प्रणाम कर बोले – "मुनिवर ! आपकी बात अति उत्तम और सर्वथा उचित है, लेकिन जिस प्राणी ने अभी इस संसार को जी–भर भी नहीं देखा, उसकी मृत्यु पर शोक अवश्य होता है। इतने ऐश्वर्य और भोगों के बीच उत्पन्न होने के बाद वह इन्हें बिना भोगे ही चला गया, यह सोचकर मेरा मन दुःखी हो रहा है।"

जब देवर्षि नारद ने देखा कि चित्रकेतु किसी भी प्रकार से मोह माया से मुक्त नहीं हो रहे हैं तो उन्होंने अपनी योगविद्या द्वारा मृत राजकुमार की जीवात्मा को वहाँ बुलाया और बोले – "वत्स ! देखो, तुम्हारे माता–पिता, बंधु–बांधव तुम्हारे वियोग में कितने दुःखी और शोकातुर हैं। अतएव तुम अपने इस शरीर में पुनः आ जाओ और शेष आयु इनके साथ व्यतीत कर ऐश्वर्य का भोग करो।"

तब वह जीवात्मा बोली – "मुनिश्रेष्ठ ! मैं अपने कर्मानुसार देवता, मनुष्य, पशु, पक्षी आदि अनेक योनियों में भटकती रही हूँ, उनमें से ये लोग किस जन्म में मेरे माता–पिता हुए, इसका मुझे ज्ञान नहीं है। इस जगत् में केवल श्रीविष्णु ही सब जीवों के उत्पत्तिकर्ता हैं। सभी जीवात्माएँ सदा उनमें विलीन होने की इच्छा करती हैं। किंतु अपने कर्मों का फल भोगे बिना वे उनके परम–धाम को प्राप्त नहीं कर सकतीं। अपने समस्त कर्म भोगने के बाद मनुष्य योनि से मेरा उद्धार हो गया है और अब मैं परब्रह्म में लीन हो जाऊँगा। अब भला मैं स्वयं को मोह माया के बंधन में क्यों डालूँ।" यह कहकर वह जीवात्मा वहाँ से चली गई। उसके ये वचन सुनकर राजा चित्रकेतु और कृतद्युति का स्नेह–बंधन खण्डित हो गया और पुत्र की मृत्यु का शोक समाप्त हो गया। तत्पश्चात् राजा चित्रकेतु ने उसका दाह–संस्कार कर अपना कर्त्तव्य पूर्ण किया।

जिन रानियों ने बालक को विष दिया था, वे श्रीहीन हो गईं। अंगिरा मुनि के

परामर्श से उन्होंने यमुना के तट पर जाकर अपने पाप का प्रायश्चित्त किया। चित्रकेतु का मन पहले ही विरक्त हो गया था। इसके बाद देवर्षि नारद चित्रकेतु को उपदिष्ट नामक विद्या प्रदान कर अंगिरा मुनि के साथ ब्रह्मलोक लौट गए।

चित्रकेतु ने निराहार रहकर उपदिष्ट विद्या का बड़ी एकाग्रता के साथ अनुष्ठान किया। अनुष्ठान के प्रभाव से उन्हें विद्याधरों का अखण्ड आधिपत्य प्राप्त हुआ। कुछ ही दिनों में उनका मन मोह–माया के बंधनों से पूरी तरह मुक्त हो गया। शीघ्र ही उनके तप से प्रसन्न होकर भगवान् विष्णु ने उन्हें दिव्य ज्ञान प्रदान किया। अब वे भगवान् विष्णु की लीलाओं का गान करते हुए सुमेरु पर्वत पर विचरण करने लगे।

एक बार चित्रकेतु श्रीविष्णु द्वारा दिए गए दिव्य विमान पर सवार होकर कहीं जा रहे थे। उसी क्षण उन्होंने देखा कि भगवान् शिव भगवती पार्वती को अपनी गोद में लिए ऋषि–मुनियों की सभा में बैठे हैं। यह देखकर चित्रकेतु बोले – ''ओह ! ये समस्त जगत् के धर्म शिक्षक और गुरुदेव हैं। ये सभी प्राणियों में श्रेष्ठ हैं। किंतु इतने तपस्वी और ज्ञानवान होने के बाद भी अपनी पत्नी को गोद में लेकर मुनियों की सभा में बैठे हैं। साधारण मनुष्य भी लज्जावश ऐसा कार्य एकांत में करते हैं, किंतु ये तो निर्लज्जों की भाँति भरी सभा में ऐसा कार्य कर रहे हैं।''

भगवान् शिव परम ज्ञानी हैं। वे जानते थे कि चित्रकेतु को स्वयं के जितेन्द्रिय होने का अहंकार हो गया है, अत: उनका यह कटाक्ष सुनकर वे हँसने लगे। उस सभा में बैठे सदस्यगण शांत रहे, किंतु उसकी धृष्टता पर देवी पार्वती क्रोधित होकर बोलीं – ''दुष्ट ! ब्रह्मा, इन्द्र आदि देवता जिनके चरणों की पूजा करते हैं, तुमने अहंकार में भरकर उन भगवान् शिव का भरी सभा में अपमान कर दिया। तुम भगवान् विष्णु के भक्त कहलाने योग्य नहीं हो। अत: मैं शाप देती हूँ कि तुम पापमय असुर योनि में उत्पन्न होओ। इसके बाद तुम कभी किसी का अपमान नहीं कर सकोगे।''

चित्रकेतु को अपने अपराध पर लज्जा अनुभव होने लगी। उन्होंने माता पार्वती का शाप स्वीकार कर लिया और उनसे क्षमा माँग कर वहाँ से चले गए। चित्रकेतु का यह व्यवहार देख वहाँ उपस्थित सभी ऋषिगण विस्मित रह गए।

यही चित्रकेतु भगवती पार्वती के शाप के कारण अगले जन्म में त्वष्टा मुनि के पुत्र वृत्रासुर के रूप में उत्पन्न हुए। वहाँ भी ये भगवान् विष्णु की भक्ति और ज्ञान से परिपूर्ण थे। बाद में देवराज इन्द्र के हाथों मरकर इन्हें मुक्ति प्राप्त हुई।

परीक्षित को शाप

एक बार की बात है—अभिमन्यु के पुत्र राजा परीक्षित शिकार खेलने वन में गए। वहाँ मृगों का पीछा करते हुए वे थक गए। उन्हें प्यास लगने लगी। वे जलाशय ढूँढने लगे, किंतु जब उन्हें कहीं भी जल नहीं मिला, तब वे निकट के एक आश्रम में चले गए। वह आश्रम शमीक मुनि का था। उस समय वे अपनी इन्द्रियों को वश में कर समाधि में लीन थे। उनका शरीर मृगचर्म से ढका हुआ था। परीक्षित ने उनसे जल माँगा। किंतु वे तो संसार से विरक्त होकर निर्विकार ब्रह्म में स्थित थे। इसलिए उन्हें परीक्षित द्वारा जल माँगे जाने का पता नहीं चला। बार-बार जल माँगने पर भी जब मुनि ने कोई उत्तर नहीं दिया तो परीक्षित स्वयं को अपमानित अनुभव करने लगे। वे पहले ही कलियुग के प्रभाव में आ चुके थे, अत: उनमें शमीक मुनि के प्रति क्रोध का भाव उत्पन्न हो गया। वे मन-ही-मन सोचने लगे - 'मेरा तिरस्कार करने के लिए ही इस मुनि ने समाधि का झूठा ढोंग रच रखा है। इसने जान-बूझकर मेरी उपेक्षा की है। इसे बिना दण्ड दिए छोड़ा नहीं जा सकता।' यह सोच कर उन्होंने मरे हुए एक साँप को बाण की नोक से शमीक मुनि के गले में डाल दिया और उनका उपहास करते हुए वहाँ से चले गए।

शमीक मुनि के श्रृंगी नामक एक बड़े तेजस्वी पुत्र थे। वे दूसरे ऋषिकुमारों के साथ आश्रम के निकट साधनारत थे। योगबल द्वारा जब उन्हें अपने पिता के अपमान का पता चला तो वे कठोर स्वर में बोले – "भगवन् ! मैं आपको साक्षी मानकर मेरे पिता का अपमान कर मर्यादा का उल्लंघन करने वाले दुष्ट परीक्षित को शाप देता हूँ कि आज से ठीक सातवें दिन तक्षक नाग के काटने पर उसकी मृत्यु हो जाएगी। यदि मैंने सच्चे हृदय से आपकी आराधना की है, यदि आप अपने भक्तों पर परम अनुग्रह रखते हैं तो मेरा दिया शाप अवश्य सिद्ध होगा।"

इसके बाद श्रृंगी अपने आश्रम लौट गए। वहाँ पिता के गले में साँप देख उन्हें बड़ा दुःख हुआ। वे शोकग्रस्त होकर विलाप करने लगे। उंनका विलाप सुन शमीक मुनि ने आँखें खोलीं और देखा कि उनके गले में मृत साँप पड़ा है। उन्होंने श्रृंगी से रोने का कारण पूछा। श्रृंगी ने राजा परीक्षित के अपराध और इसके फलस्वरूप उसे दिए गए शाप की बात बताई।

तब शमीक मुनि व्यथित होकर बोले – "मूर्खमति ! तुमने ये क्या घोर अनर्थ कर दिया? उनकी छोटी-सी ग़लती के लिए इतना कठोर शाप दे डाला। परीक्षित तो बड़े तपस्वी हैं। उन्होंने कई अश्वमेध यज्ञ किए हैं। वे भगवान् श्रीकृष्ण के भक्त हैं। भूख प्यास से व्याकुल होकर वे हमारे आश्रम में आए थे। अपराध उनका नहीं, हमारा था, जो हमने उनका अतिथि सत्कार नहीं किया। भगवन् ! मेरे पुत्र ने जो अपराध किया है, उसे क्षमा करें।" इस प्रकार शमीक मुनि को पुत्र के इस अपराध पर बड़ा पश्चात्ताप हुआ। किंतु अब तीर कमान से निकल चुका था और उसे किसी भी प्रकार से लौटाया नहीं जा सकता था।

इधर परीक्षित अपने नीच कार्य पर दुःखी थे। जब उन्हें मुनिकुमार के शाप देने की बात ज्ञात हुई तो अपने पाप का प्रायश्चित्त करने के लिए वे गंगा नदी के तट पर निराहार रहकर भगवान् श्रीकृष्ण का ध्यान करने लगे। तभी भगवान् की प्रेरणा से शुकदेव मुनि वहाँ पधारे। परीक्षित ने उनसे मोक्ष का उपाय पूछा। शुकदेव जी ने उन्हें श्रीमद् भागवत की महिमा बताई। परीक्षित ने उनसे वह कथा सुनाने की प्रार्थना की। तब परीक्षित के आग्रह पर महर्षि शुकदेव उन्हें श्रीमद् भागवत की कथा सुनाने लगे।

श्रीमद् भागवत की कथा सुनने से परीक्षित का व्याकुल मन शांत हो गया और उन्होंने चिंतन द्वारा स्वयं को परमात्मा के चरण-कमलों में ध्यानमग्न कर लिया। शाप के फलस्वरूप तक्षक के कटाने से उनकी मृत्यु हो गई और उन्हें भगवान् श्रीकृष्ण का परम पद प्राप्त हुआ।

कंस वध

द्वापर युग की बात है—पापकर्म इतने बढ़ गए कि पृथ्वी उनके बोझ तले दबकर छटपटाने लगी। उसे असीम कष्ट हो रहा था। भयभीत होकर वह गाय के रूप में आँसू बहाती हुई ब्रह्माजी और देवगण के साथ वैकुण्ठ लोक पहुँची और श्रद्धापूर्वक भगवान् विष्णु की स्तुति की।

उनकी स्तुति से गरुड़ध्वज भगवान् विष्णु प्रसन्न हो गए। ब्रह्मादि को उन्होंने दर्शन दिए और वहाँ आने का प्रयोजन पूछा। ब्रह्माजी बोले - "प्रभु ! पृथ्वी अत्यंत दु:खी है। पूर्व समय में संकट आने पर आपने वराह अवतार लेकर इसका उद्धार किया था। यह पुनः आपकी शरण में है। प्रभु ! द्वापर समाप्त हो रहा है। आप भूमण्डल पर पधारें और दुष्ट राजाओं का संहार करके इसका भार हरने की कृपा करें।"

भगवान् विष्णु बोले - "देवगण ! मैं दुष्टों का संहार करके पृथ्वी का उद्धार अवश्य करूँगा। मेरे हाथों कंस, जरासंध, कालयवन जैसे सभी दुष्ट और पापी मारे जाएँगे। हे देवगण ! आप सब भी अपने-अपने अंशों से अपनी शक्तिसहित धरती पर अवतार धारण करें। मेरे अवतार लेने से पूर्व कश्यप मुनि अपनी पत्नी सहित

यदुकुल में जन्म लेकर वसुदेव नाम से प्रसिद्ध होंगे। शेषनाग बलराम के रूप में कश्यप मुनि की दूसरी पत्नी के गर्भ से जन्म लेंगे। देवकी के गर्भ से मैं कृष्ण नाम से जन्म लूँगा। मेरे द्वारा तुम्हारे सभी कार्य सिद्ध हो जाएँगे। कुरुक्षेत्र के मैदान में मैं उद्दण्ड क्षत्रियों का संहार करूँगा। पृथ्वी के उद्धार के बाद समस्त देवगण अपने-अपने लोक को लौट जाएँगे।'' यह सुनकर पृथ्वी समय की प्रतीक्षा करने लगी।

वह समय जल्दी ही आ पहुँचा। उन दिनों मथुरा में ययाति वंश के एक प्रसिद्ध राजा उग्रसेन राज्य करते थे। राजा उग्रसेन के पुत्रों में सबसे बड़ा पुत्र कंस था। ब्रह्माजी के शाप से कश्यप ऋषि भी राजा शूरसेन के पुत्र बनकर मथुरा में पधारे। वे वसुदेव के नाम से प्रसिद्ध हुए। दिति के शाप के कारण अदिति भी वसुदेव की अनुगामिनी बनकर देवकी के नाम से वहाँ उत्पन्न हुईं। देवकी ने कंस की चचेरी बहन के रूप में जन्म लिया। देवकी के युवा होने पर उसका विवाह वसुदेव के साथ सम्पन्न हुआ।

कंस अपनी बहन देवकी को बड़ा प्रेम करता था। उसके विवाह के बाद विदाई के समय वह स्वयं उसके रथ का सारथि बना और रथ को महल से ले जाने लगा। तभी आकाश में भयंकर गर्जना हुई और एक आकाशवाणी सुनाई दी - ''हे कंस ! जिस देवकी को तू इतने प्रेम से विदा कर रहा है, उसी का आठवाँ पुत्र तुम्हारा काल होगा। उसके हाथों तुम निश्चित मृत्यु को प्राप्त होगे।''

आकाशवाणी सुनकर कंस चिंतित हो उठा। उसने तलवार उठा ली और देवकी को मार डालना चाहा। यह घटना देखकर चारों ओर हाहाकार मच गया। वसुदेव का साथ देने वाले अनेक योद्धा युद्ध करने के लिए उद्यत हो गए। तब वसुदेव बोले - ''भ्राता कंस ! निरपराध देवकी को दण्ड न दो। मैं वचन देता हूँ, हमारे बच्चों के जन्म लेते ही मैं स्वयं उन्हें तुम्हें सौंप दूँगा।''

वसुदेव सदा सत्य बोलते थे इसलिए कंस ने उनकी बात पर भरोसा कर लिया। उनके समझाने पर कंस का क्रोध शांत हो गया। लेकिन उसने दोनों को कारागार में डलवा दिया और वहाँ सख़्त पहरा लगवा दिया।

समय व्यतीत होता रहा। उचित समय आने पर देवकी ने प्रथम पुत्र को जन्म दिया। प्रतिज्ञा में बँधे वसुदेव ने उसे कंस के हवाले कर दिया। दुष्ट कंस ने एक चट्टान पर पटककर उसे मार दिया। इस प्रकार उसने देवकी के छः पुत्रों को मार डाला।

एक बार देवकी बहुत दुःखी थी। वसुदेव उसे अनेक प्रकार से समझा रहे थे। तभी देवर्षि नारद वहाँ प्रकट होकर बोले - ''देवकी ! शोक मत करो। तुम्हारे इन बालकों के भाग्य में यही लिखा था। पूर्वजन्म में ये सभी देवता थे। एक बार किसी बात से क्रुद्ध होकर ब्रह्माजी ने उन्हें दैत्य योनि में उत्पन्न होने का शाप दिया था। इस

कारण अगले जन्म में वे दैत्य हिरण्यकशिपु के पुत्र बनकर उत्पन्न हुए। तब उन्होंने कठोर तप करके ब्रह्माजी को प्रसन्न किया और उनसे इच्छित वर प्राप्त किया। इस बात से दैत्य हिरण्यकशिपु कुपित हो गया और उसने उन्हें शाप दे दिया था कि वे बारी-बारी तुम्हारे गर्भ से उत्पन्न होकर कंस के हाथों मृत्यु को प्राप्त होंगे। अतः हे देवकी ! उसी शाप के कारण तुम्हारे इन छः पुत्रों की मृत्यु हुई। इसमें किसी का भी दोष नहीं है। उनके लिए शोक मत करो।'' इस प्रकार समझाकर नारदजी चले गए।

देवकी के सातवीं बार गर्भवती होने पर शेषनाग अपने अंश से उसके गर्भ में पधारे। भगवती दुर्गा की माया से देवकी का वह गर्भ वसुदेव की दूसरी पत्नी रोहिणी के उदर में स्थापित हो गया जिससे बलराम ने जन्म लिया और मथुरा में देवकी का गर्भ गिरने की बात फैल गई। यह समाचार सुनकर कंस ने सोचा कि चलो रास्ते का काँटा अपने आप निकल गया।

देवकी जब आठवीं बार गर्भवती हुई तो कंस सावधान हो गया। काल के भय से उसकी चिंता और बढ़ गई। उसने देवकी और वसुदेव की पहरेदारी और सख़्त कर दी। उचित समय आने पर श्रीविष्णु अपने अंश रूप में देवकी के गर्भ में स्थापित हो गए। देवताओं ने आकर उनकी स्तुति की।

जैसे-जैसे दिन निकट आते गए, वैसे-वैसे कंस की चिंता बढ़ती गई। भय से उसका शरीर दुर्बल हो गया। उसे कहीं भी शांति नहीं मिलती थी। उसने पहरा और कठोर करने का आदेश दे दिया।

भाद्रपद महीने के कृष्णपक्ष में अष्टमी तिथि को जब रोहिणी नक्षत्र का प्रवेश हुआ तब आधी रात को देवकी ने पुत्र को जन्म दिया। दिव्य-प्रकाश से वह बालक प्रकाशमान हो रहा था। वसुदेव ने प्रेमपूर्वक बालक को उठा लिया और उसे दुलारने लगे। तभी आकाशवाणी हुई - ''वसुदेव! तुम इस बालक को लेकर गोकुल जाओ। वहाँ इसे नंद के घर में छोड़कर यशोदा से उत्पन्न कन्या को यहाँ ले आओ।''

आकाशवाणी सुनकर वसुदेव पुत्र को लेकर गोकुल की ओर चल पड़े। भगवान् की लीला से सभी पहरेदार गहरी नींद में सो गए थे और कारागार के द्वार अपने आप खुल गए थे। यमुना तट पर पहुँचकर उन्होंने देखा, बाढ़ उफान पर है। वसुदेव भगवान् विष्णु का स्मरण करने लगे। जिससे यमुना का जल शांत हो गया और वे यमुना पार कर गोकुल पहुँच गए। चारों ओर ऐसा प्रतीत हो रहा था मानो सम्पूर्ण जगत् अचेत हो गया हो।

उसी समय नन्द की पत्नी यशोदा के गर्भ से कन्या के रूप में देवी योगमाया प्रकट हुईं जिन्होंने देवताओं का कार्य सिद्ध करने के लिए जन्म लिया था। वसुदेव ने कन्या को यशोदा के निकट से उठाया और श्रीकृष्ण को उनके निकट सुला दिया। फिर जैसे आए थे वैसे ही वापस आकर उसे देवकी के निकट लिटा दिया।

थोड़ी देर बाद उस कन्या ने उच्च स्वर में रोना आरम्भ कर दिया। रुदन सुनकर सैनिक जाग गए। उन्होंने कंस को सूचना दी। वह दौड़ा-दौड़ा कारागार में पहुँचा और वसुदेव से उनका पुत्र माँगा।

वसुदेव की आँखों से आँसू बह निकले। उन्होंने दु:खी मन से कन्या कंस को सौंप दी। कंस आश्चर्य में पड़ गया और सोचने लगा – "आकाशवाणी ने पुत्र होने की बात कही गई थी। देवर्षि नारद ने भी देवकी के आठवें पुत्र को मेरा काल कहा था। किंतु यह कन्या? देवताओं ने अवश्य कोई छल किया है मेरे साथ।"

यह सोचकर कंस ने कन्या को मार डालने का निश्चय किया। उसने क्रूरता से उसे एक चट्टान पर पटका, किंतु वह उसके हाथ से छूटकर आकाश में चली गई। वहाँ उसने दिव्यरूप धारण कर लिया और बोली – "पापी कंस ! मुझे मारकर तेरा कोई प्रयोजन सिद्ध नहीं होगा। तेरा काल तो जन्म ले चुका है। उसका अहित करना तेरे वश की बात नहीं है। वह तेरा अंत अवश्य करेगा।" यह कहकर कन्या अन्तर्धान हो गई।

कंस चिंतित हो गया। उधर गोकुल में नन्द के घर में पुत्रोत्सव मनाया जा रहा था। बालक का नाम श्रीकृष्ण रखा गया। नन्द वसुदेव का मित्र था और वसुदेव की पहली पत्नी रोहिणी भी गोकुल में थी। इसलिए कंस को संदेह हुआ कि वह बालक ही विष्णु का अवतार और उसका काल है। तब उसने वकासुर, धेनुकासुर, वत्सासुर, पूतना, प्रलम्ब आदि दैत्यों को श्रीकृष्ण का वध करने भेजा। किंतु वे सब श्रीकृष्ण के हाथों मारे गए। गोकुल में रहकर श्रीकृष्ण ने अनेक बाल लीलाएँ कीं। यहीं उनका मिलन राधा से हुआ, जिसके साथ रास लीला करके उन्होंने जगत् को नि:स्वार्थ प्रेम का संदेश दिया।

अपने सभी दैत्यों की मृत्यु से कंस को विश्वास हो गया कि उसका काल श्रीकृष्ण के रूप में ही उत्पन्न हुआ है। तब उसने धनुष यज्ञ का आयोजन किया। यज्ञ देखने के बहाने उसने अक्रूर से श्रीकृष्ण और बलराम को मथुरा बुलवा लिया। मथुरा में श्रीकृष्ण ने धनुष यज्ञ में रखे धनुष को तोड़ दिया। उन्होंने बलराम के साथ मिलकर कुवलयपीड़ नामक हाथी और चाणूर, रजक, शल, तोशल एवं मुष्टिक आदि दैत्यों को मौत के घाट उतार दिया। कंस ने क्रुद्ध होकर श्रीकृष्ण को मल्ल युद्ध के लिए ललकारा। मल्ल युद्ध में श्रीकृष्ण ने कंस को भूमि पर पटक दिया और मुष्टि प्रहार से उसे समाप्त कर दिया। उसके मरते ही चारों ओर श्रीकृष्ण की जय-जयकार होने लगी। बाद में श्रीकृष्ण ने अपने माता, पिता और नाना को कारागार से मुक्त करवाया और उग्रसेन को पुन: मथुरा की राजगद्दी पर बिठा दिया।

हयग्रीव अवतार

प्राचीन समय की बात है, भगवान् विष्णु को दस हज़ार वर्षों तक दैत्यों से निरंतर युद्ध करना पड़ा। युद्ध की समाप्ति पर वे अपने निवास वैकुण्ठ लोक में गए और पद्मासन लगाकर बैठ गए। उनके धनुष की डोरी चढ़ी हुई थी। लीलावश उन्हें गहरी नींद आ गई और अपने धनुष के सहारे वे कुछ झुक-से गए।

उधर, देवगण अपने सभी कार्य निर्विघ्न चलाने हेतु एक यज्ञ की तैयारी कर रहे थे। असुर सदा से ही देवताओं के यज्ञों में विघ्न डालते रहे थे। इसलिए इस यज्ञ को निर्विघ्न सम्पन्न करवाने के लिए इन्द्र, ब्रह्मा, शिव आदि देवगण विष्णु जी की शरण में पहुँचे। वहाँ पहुँचने पर उन्होंने देखा कि भगवान् विष्णु योगनिद्रा में अचेत-से पड़े हैं। जब उन्हें जगाने के लिए देवताओं द्वारा किए सभी प्रयास विफल हो गए तब ब्रह्माजी ने वम्री नामक एक कृमि (कीड़ा) उत्पन्न किया। ब्रह्माजी के आदेश पर उस कृमि ने धनुष की डोरी काट दी, जिस पर भगवान् विष्णु सहारा लिए हुए थे।

धनुष की डोरी कटते ही ब्रह्माण्ड को हिला देने वाला एक भयंकर धमाका हुआ और चारों ओर अंधकार छा गया। सभी देवता भयभीत हो उठे। कुछ समय बाद जब अंधकार छँटा तो सभी देवता अवाक रह गए। विष्णु जी का सिर कटकर न जाने

कहाँ अदृश्य हो गया था। वहाँ उनका केवल धड़ ही शेष था। यह देख सभी देवगण चिंता में डूब गए। तभी ब्रह्माजी के परामर्श पर सभी देवगण महामाया भगवती दुर्गा के निराकार स्वरूप का चिंतन करने लगे।

देवगण की स्तुति से प्रसन्न होकर देवी दुर्गा वहाँ प्रकट हुईं। देवताओं ने उनसे भगवान् विष्णु की इस दशा का कारण पूछा। देवी दुर्गा बोलीं – ''देवगण ! हयग्रीव (घोड़े की गर्दन वाला) नामक एक दैत्य की कठोर तपस्या से प्रसन्न होकर मैंने उसे उस जैसे हयग्रीव के हाथों ही मृत्यु का वरदान दिया था। वर प्राप्त करने के बाद वह पापी दैत्य ऋषि-मुनियों पर अत्याचार करने लगा। जब उसके अत्याचार बढ़ गए तब उसके संहार के लिए मैंने माया रची। मेरी माया के कारण, एक बार देवी लक्ष्मी का मनोहारी रूप देख भगवान् विष्णु को हँसी आ गई। देवी लक्ष्मी ने इसे अपना अपमान समझा और श्रीविष्णु को शीशविहीन होने का शाप दे दिया। उसी शाप के कारण भगवान् विष्णु का मस्तक उनके धड़ से अलग हो गया है। हे देवगण ! विष्णुजी द्वारा उस दैत्य का अंत होना निश्चित है। इसलिए ब्रह्माजी ! आप किसी अश्व का सिर काटकर विष्णुजी के धड़ पर लगा दीजिए। अश्व का सिर होने के कारण भगवान् विष्णु का यह अवतार हयग्रीव कहलाएगा।''

ब्रह्माजी ने भगवती के आदेशानुसार वैसा ही किया। घोड़े का सिर लगते ही श्रीविष्णु का हयग्रीव अवतार हो गया। भगवान् हयग्रीव और देवताओं के परम शत्रु हयग्रीव दैत्य का सैकड़ों वर्षों तक परस्पर भयंकर युद्ध हुआ, जिसमें हयग्रीव दैत्य मारा गया। भगवान् विष्णु की कृपा से देवताओं ने अपने एक बड़े शत्रु पर विजय प्राप्त की।

साधु वणिक

प्राचीन काल में चन्द्रचूड़ नामक एक बुद्धिमान, सत्यवक्ता और जितेन्द्रिय राजा था। धार्मिक कार्यों और दान-पुण्य में उसके समान अन्य कोई न था। वह नित्य मंदिर जाता और वहाँ अनेक निर्धनों को दान-दक्षिणा देकर उनके कष्टों का अंत करता था। राज्य में उसकी जय-जयकार होती थी। चन्द्रचूड़ की पत्नी भी उसी के समान सती-साध्वी और दानी प्रकृति की थी।

एक बार राजा चन्द्रचूड़ ने अपनी पत्नी के साथ भद्रशीला के तट पर भगवान् सत्यनारायण का व्रत कर भव्य धार्मिक उत्सव का आयोजन किया। वहाँ उपस्थित व्यक्ति भगवान् विष्णु का कीर्तन श्रवण कर रहे थे। तभी वहाँ साधु वणिक नामक एक धनी वैश्य आया। राजा-रानी को भगवान् विष्णु की पूजा करते देख आश्चर्यचकित साधु वणिक ने राजा चन्द्रचूड़ से वहाँ पूजा करने के विषय में पूछा।

चन्द्रचूड़ बोला - "मान्यवर! हम यहाँ भगवान् सत्यनारायण की पूजा-अर्चना कर रहे हैं। उन्हीं के आशीर्वाद से हमारा और हमारे राज्य का कुशल होता है। उनके स्मरण-मात्र से ही समस्त दुःखों का अंत हो जाता है। भगवान् सत्यनारायण निर्धनों को धन, पुत्रहीनों को पुत्र, वृद्धों को यौवन तथा निर्बलों को बल प्रदान करते

हैं। उनकी कृपा मात्र से भक्तों के समस्त पापों का नाश हो जाता है और उनके लिए मोक्ष के द्वार खुल जाते हैं।''

चन्द्रचूड़ की बात सुनकर साधु वणिक विनती भरे स्वर में बोला – ''राजन ! कृपया मुझे भी इस व्रत की विधि बताएँ। मैं भी इस व्रत का नियमपूर्वक पालन करके भगवान् सत्यनारायण की कृपा-दृष्टि प्राप्त करना चाहता हूँ। यदि भगवान् सत्यनारायण पुत्रहीनों को पुत्र प्रदान करते हैं तो वे मुझ संतानहीन को भी अवश्य संतान प्रदान करेंगे।'' चन्द्रचूड़ ने साधु वणिक को भगवान् सत्यनारायण के व्रत का सम्पूर्ण विधान समझा दिया।

घर लौटकर साधु वणिक ने अपनी पत्नी लीलावती को इस व्रत के बारे में बताया। इसके बाद उसने यह प्रण किया कि जिस दिन उसके घर संतान जन्म लेगी, उसी दिन वह सत्यनारायण का व्रत करेगा। भगवान् सत्यनारायण के आशीर्वाद से कुछ ही दिनों में लीलावती गर्भवती हो गई और उचित समय आने पर उसने एक कन्या को जन्म दिया। उस कन्या का नाम कलावती रखा गया।

कन्या के जन्म के बाद, एक दिन लीलावती ने अपने पति साधु वणिक को उसके संकल्प के विषय में बताया और उसे सत्यनारायण व्रत करने को कहा। उसकी बात अनसुनी करते हुए वह बोला – ''प्रिय ! मुझे अपना संकल्प अच्छी तरह याद है और मैं उसे अवश्य पूर्ण करूँगा। किंतु अभी मुझ पर काम का अधिक बोझ है। व्यापार दिनों-दिन बढ़ रहा है और काम के लिए मुझे बाहर जाना पड़ेगा। अतः अब मैं कलावती के विवाह के बाद ही भगवान् सत्यनारायण के व्रत को करूँगा।'' यह कहकर उसने पत्नी की बात टाल दी।

धीरे-धीरे अनेक वर्ष बीत गए। कलावती युवा हो गई। पुत्री को विवाह योग्य जानकर साधु वणिक ने शंखपति नाम एक युवक से उसका विवाह कर दिया और उसे भी अपने व्यापार में शामिल कर लिया।

कलावती के विवाह के बाद लीलावती ने पुनः पति को उसके प्रण की याद दिलवाई और उसने पुनः उसकी बात टाल दी। साधु वणिक द्वारा व्रत का तिरस्कार होते देख भगवान् सत्यनारायण क्रोधित हो गए और उन्होंने उसे घोर कष्ट भोगने का शाप दे दिया। कुछ दिनों के बाद साधु वणिक और शंखपति विभिन्न नगरों में व्यापार करते हुए समुद्र के निकट स्थित रत्नपुर नामक नगर में पहुँचे। यहाँ का राजा चन्द्रकेतु था। दोनों वहीं रहकर व्यापार करने लगे।

एक बार एक चोर ने राजकोष से धन चुरा लिया और भागते-भागते उस स्थान पर जा पहुँचा, जहाँ साधु वणिक तथा शंखपति ठहरे हुए थे। सिपाही उसके पीछे लगे हुए थे। इसलिए उसने चोरी के धन को चुपके से साधु वणिक के पास रख दिया और स्वयं वहाँ से भाग गया।

सिपाहियों ने जब साधु वणिक के पास राज धन पड़ा देखा तो उन्हें ही चोर समझकर राजा के समक्ष उपस्थित कर दिया। राजा चन्द्रकेतु ने उन दोनों को कठोर कारावास का दण्ड देते हुए उनका सारा धन राजकोष में जमा करवाने की आज्ञा दे दी। राजा के आदेशानुसार उन्हें कारावास में डालकर पीड़ा दी जाने लगी।

इधर साधु वणिक के घर में भी चोरी हो गई। चोर उसका सारा धन चुराकर ले गए। घर में अन्न, धन और वस्त्र का अभाव हो गया। दोनों माँ-बेटी भिक्षा माँगकर जीवन व्यतीत करने लगीं।

एक दिन भूख-प्यास से व्याकुल कलावती एक ब्राह्मण के घर भिक्षा माँगने गई। वहाँ भगवान् सत्यनारायण की व्रतकथा चल रही थी। कलावती ने वहाँ बैठकर कथा सुनी। पूजा समाप्ति के उपरांत ब्राह्मण ने उसे प्रसाद दिया।

घर आकर कलावती ने अपनी माता को भगवान् सत्यनारायण के व्रत की बात बताई। तब लीलावती दुखी स्वर में बोली - "पुत्री ! तुम्हारे जन्म से पूर्व तुम्हारे पिता ने भी भगवान् सत्यनारायण का व्रत करने का संकल्प किया था। लेकिन फिर उसे पूरा नहीं किया। शायद इसी का परिणाम आज हमें भोगना पड़ रहा है।"

माता की बात सुनकर कलावती बोली - "माँ ! यदि पिताजी व्रत करना भूल गए हैं तो हम उनका संकल्प पूरा करेंगे। मुझे विश्वास है कि भगवान् सत्यनारायण हमारी पूजा स्वीकार कर हम पर कृपा करेंगे।"

कलावती की बात मानकर लीलावती ने अपने सगे-संबंधियों के साथ भगवान् सत्यनारायण की पूजा-आराधना की और करुण स्वर में बोली - "प्रभु ! हम अपने हित और स्वार्थ में डूबकर आपको भूल गए थे। कृपया हमारे अपराधों को क्षमा करें। दयानिधान ! हम पर कृपा बनाए रखें।" इस प्रकार व्रत करने से भगवान् सत्यनारायण प्रसन्न हो गए। उन्होंने उसी रात राजा चन्द्रकेतु को स्वप्न में दर्शन देकर, सत्य बताते हुए साधु वणिक और शंखपति को छोड़ने का आदेश दिया।

प्रातःकाल चन्द्रकेतु ने साधु वणिक और शंखपति से अपने अपराध की क्षमा-याचना कर उनका सारा धन लौटा दिया और उन्हें सम्मानपूर्वक अपने नगर से विदा किया। दोनों प्रसन्नतापूर्वक अपने नगर की ओर प्रस्थान करने के लिए नाव में अपना धन रखने लगे।

इतने कष्ट भोगने के बाद भी साधु वणिक को अपना संकल्प याद नहीं आया। तब भगवान् सत्यनारायण तपस्वी का वेश बनाकर वहाँ प्रकट हुए और बोले - "हे दयालु सज्जन ! आपकी नाव में क्या रखा है?"

भगवान् सत्यनारायण ब्राह्मणरूप में साधु वणिक की सत्यनिष्ठा की परीक्षा ले रहे थे। साधु वणिक ने कहा कि नौका में तो केवल बेल-पत्ते हैं। ब्राह्मण वेशधारी भगवान् सत्यनारायण 'तथास्तु' कहकर कुछ दूरी पर जाकर बैठ गए।

अब साधु वणिक को नाव में भार अनुभव नहीं हुआ। उसने गौर से देखा तो चारों ओर बेल-पत्ते ही दिखाई दिए। यह देखकर वह तपस्वी के चरणों में गिर पड़ा और करुण विनती करने लगा।

तब तपस्वी बने श्रीविष्णु ने उसे स्मरण करवाया कि अनेक वर्ष पूर्व राजा चन्द्रचूड़ के यहाँ होने वाली सत्यनारायण कथा में उसने संतान प्राप्ति की प्रार्थना की थी। किंतु फल और ऐश्वर्य पाने के बाद भी भगवान् सत्यनारायण का आभार नहीं माना। तपस्वी की बात सुनकर साधु वणिक को अपने संकल्प का स्मरण हो आया। उसने तपस्वी को अपना प्रण पूर्ण करने का वचन दिया। तपस्वी की कृपा से उसकी नौका पुनः धन से भर गई और एक सप्ताह बाद ही वह अपने घर पर पहुँच गया।

इधर घर पर लीलावती और उसकी पुत्री कलावती भगवान् सत्यनारायण की कथा में व्यस्त थीं। तभी पति के आने की सूचना पाकर लीलावती पूजा का भार अपनी पुत्री कलावती पर छोड़कर उनके स्वागत के लिए चली गई। कलावती भी पति से मिलने की इच्छा में भगवान् सत्यनारायण के प्रसाद का तिरस्कार कर माता के पीछे-पीछे चली आई।

प्रसाद के अनादर से उनके पति की नौका जलमग्न हो गई। यह देख लीलावती और कलावती भगवान् सत्यनारायण की स्तुति कर क्षमा माँगने लगीं। तभी एक दिव्य आकाशवाणी हुई कि 'वे दोनों घर जाकर पहले भगवान् सत्यनारायण का प्रसाद ग्रहण करें। इससे उनके पति पुनर्जीवित हो जाएँगे।'

उन्होंने वैसा ही किया। प्रसाद ग्रहण करते ही साधु वणिक और शंखपति सकुशल घर आ आए। तभी से वह परिवार प्रत्येक पूर्णिमा के दिन भगवान् सत्यनारायण की पूजा-आराधना करने लगा।

बलरामजी का विवाह

वैवस्वत मनु के पुत्र महाराजा शर्याति के वंश में रैवत नामक एक प्रसिद्ध राजा हुए। वे बड़े वीर, धर्मात्मा, दानी, दयालु, पराक्रमी और प्रजाप्रिय राजा थे। उनका एक नाम ककुद्मी भी था। पिता के ज्येष्ठ पुत्र होने के कारण उन्हें कुशस्थली (द्वारिका) का राज्य मिला। वे धर्मपूर्वक राज्य-संचालन करने लगे। उनके राज्य में सदा सुख-समृद्धि की वर्षा होती थी। उनकी रेवती नामक एक कन्या थी, जो अत्यंत सुंदर और सुशील थी। जब वह युवा हुई तो रैवत ने उसके लिए योग्य वर ढूँढ़ना आरम्भ कर दिया। किंतु उन्हें योग्य राजकुमार नहीं मिला। इस कारण वे चिंतित रहने लगे।

एक दिन वे अपने कुलगुरु से बोले – "गुरुदेव ! रेवती विवाह योग्य हो गई है, लेकिन हम उसके लिए योग्य वर ढूँढने में असफल रहे हैं। ऐसा कोई राजकुमार दिखाई नहीं देता, जिससे हम राजकुमारी का विवाह कर सकें। गुरुदेव ! आप परम ज्ञानी और तपस्वी हैं। आपका परामर्श सदा हमारे लिए वरदान सिद्ध हुआ है। अत: आप ही इस समस्या का समाधान कीजिए।"

कुलगुरु बोले - "राजन ! ब्रह्माजी ने इस सृष्टि की रचना की है और जीवन की घटनाएँ उन्हें भली-भाँति ज्ञात हैं। अत: आप उनकी शरण में जाएँ। वे ही रेवती के लिए योग्य वर के बारे में बताएँगे।" तब रैवत अपनी पुत्री रेवती के साथ ब्रह्माजी की शरण में गए।

ब्रह्माजी बोले - "वत्स ! चिंता त्याग दो। तुम्हारी पुत्री बड़ी सौभाग्यशाली है। इसका विवाह एक ऐसे राजकुमार के साथ निश्चित है, जिसके समान बलशाली और पराक्रमी संसार में कोई दूसरा नहीं है। वे और कोई नहीं, भगवान् विष्णु के परम भक्त और सेवक शेषनाग हैं, जो उनके कृष्ण अवतार के साथ उनके बड़े भ्राता बलराम के रूप में प्रकट हुए हैं।"

उनकी बात सुनकर रैवत विस्मित होकर बोले - "ब्रह्मदेव ! मैंने पृथ्वी के समस्त राजाओं का यश भली-भाँति देखा-सुना है, किंतु बलरामजी के विषय में मैं अभी तक अनभिज्ञ हूँ।"

ब्रह्माजी बोले - "वत्स ! तुम्हें यहाँ आए कुछ ही क्षण हुए हैं, किंतु इस दौरान पृथ्वी पर अनेक युग बीत गए हैं। इस समय वहाँ द्वापर चल रहा है। बलरामजी इसी युग में अवतरित हुए हैं और आपकी राजधानी कुशस्थली में निवास करते हैं। आप रेवती का विवाह उनके साथ कर दें।"

ब्रह्माजी से आज्ञा प्राप्त कर राजा रैवत कुशस्थली लौट आए। उस समय वहाँ यदुवंशी राजा उग्रसेन का राज्य था। उन्होंने कुशस्थली में अनेक द्वारों वाले एक भव्य महल का निर्माण करके उसका नाम द्वारिका रख दिया था। द्वारिकापुरी का ऐश्वर्य और वैभव स्वर्ग के समान अद्वितीय था। रैवत ने वसुदेव की सहमति प्राप्त कर रेवती का विवाह बलरामजी के साथ कर दिया। तत्पश्चात् वे तपस्या करने मेरु पर्वत पर चले गए।

पृषध्र

वैवस्वत मनु ने पुत्र की कामना से भगवान् विष्णु को प्रसन्न करने का निश्चय किया और यमुना नदी के तट पर सौ वर्षों तक कठोर तपस्या की। उनकी तपस्या से भगवान् विष्णु साक्षात् प्रकट हुए और बोले – "वत्स ! तुम्हारी तपस्या से मैं अति प्रसन्न हूँ। माँगो, तुम्हें क्या वर चाहिए?"

वैवस्वत मनु भगवान् की स्तुति करते हुए बोले – "प्रभु ! आप इस ब्रह्माण्ड में दाता और सभी जीव याचक के रूप में विद्यमान हैं। आप सदा ही भक्तजन को अभीष्ट वस्तुएँ प्रदान करते रहे हैं। जो मनुष्य श्रद्धाभाव से आपका स्मरण करता है, आप उसकी समस्त मनोकामनाएँ पूर्ण करते हैं। दयानिधान ! मैं आपसे एक श्रेष्ठ पुत्र प्रदान करने की प्रार्थना करता हूँ।"

'तथास्तु, वत्स ! मेरे वरस्वरूप तुम्हें एक नहीं, दस परम शक्तिशाली और विद्वान पुत्र प्राप्त होंगे। संसार में वे तुम्हारे वंश को सदा के लिए अमर कर देंगे।"

इस प्रकार वैवस्वत मनु को मनोवांछित वर देकर भगवान् विष्णु अंतर्धान हो गए।

भगवान् विष्णु की कृपा से वैवस्वत मनु की पत्नी श्रद्धा के इक्ष्वाकु, शर्याति, नृग, दिष्ट, धृष्ट, करूष, नरिष्यंत, पृषध्र, नभग और कवि नामक दस पुत्र उत्पन्न हुए। ये सभी अत्यंत सुंदर और बुद्धिमान थे। मनु ने उन्हें वेदों और शास्त्रों की शिक्षा के लिए महर्षि वसिष्ठ के आश्रम में भेज दिया। उन्होंने आश्रम के समस्त कार्य आपस में बाँट लिए और गुरुदेव वसिष्ठ की सेवा करने लगे।

गुरुकुल में पृषध्र को गायों की रखवाली का कार्य सौंपा गया। वह पूरी निष्ठा से अपने कार्य को पूरा करता था। एक बार भीषण वर्षा में रात्रि के समय वह गायों की रखवाली कर रहा था। उसी समय गायों के झुंड में एक बाघ घुस आया। उसके भय से गायें भयभीत होकर भागने लगीं। बाघ ने एक गाय को दबोच लिया। उस गाय का क्रंदन सुनकर पृषध्र हाथ में तलवार लेकर दौड़ा।

वर्षा और घोर अंधकार होने के कारण उसे बाघ दिखाई नहीं दिया। तब उसने गाय की आवाज़ सुनकर ही बाघ पर तलवार से प्रहार किया। किंतु बाघ के भ्रम में उसने एक गाय का सिर काट दिया। तलवार से बाघ का कान भी कट गया था और वह वहाँ से भाग गया। पृषध्र ने समझा बाघ मर गया है और वह अपने स्थान पर बैठकर पुन: गायों की रखवाली करने लगा।

प्रात:काल जब वसिष्ठ मुनि को गाय का कटा सिर दिखाई दिया तो उन्होंने क्रोधित होकर पृषध्र को शूद्र होने का शाप दे दिया। यद्यपि पृषध्र ने यह पाप अनजाने में ही किया था, तथापि उसने शाप को सहर्ष स्वीकार कर लिया। वह राजसी सुख त्यागकर भगवान् विष्णु की आराधना करने लगा। शीघ्र ही पृषध्र को आत्मज्ञान हो गया। एक दिन वन में भीषण आग लग गई। उस आग में पृषध्र भी भस्म होकर भगवान् वासुदेव के परमधाम सिधार गया।

कश्यप को शाप

प्राचीन समय की बात है—महर्षि कश्यप एक विशाल यज्ञ का आयोजन कर रहे थे। इस यज्ञ को सम्पन्न कराने के लिए वे वरुण देव के पास गए और उनसे एक दिव्य गाय प्रदान करने की प्रार्थना की। मुनि का यज्ञ पूर्ण कराने के उद्देश्य से वरुणदेव ने कश्यप ऋषि को एक दिव्य गाय दे दी। इस यज्ञ में वसिष्ठ, पुलस्त्य, अत्रि आदि शीर्ष ऋषिगण और समस्त देवगण शामिल हुए। अनेक दिनों तक विधिपूर्वक यज्ञ चलता रहा। जब यज्ञ पूर्ण हो गया तब महर्षि कश्यप के हृदय में लोभ उत्पन्न हो गया और उन्होंने वरुणदेव को वह दिव्य गाय नहीं लौटाई।

एक दिन वरुणदेव महर्षि कश्यप के सामने प्रकट हुए और उनसे हाथ जोड़कर विनती करते हुए बोले – "हे ऋषिवर ! आप अपने यज्ञ के लिए स्वर्ग की एक दिव्य गाय लाए थे। उस यज्ञ को पूर्ण हुए अनेक दिन व्यतीत हो चुके हैं। इसलिए अब कृपया वह दिव्य गाय लौटाने का कष्ट करें।"

कश्यप बोले – "वरुणदेव ! ब्राह्मण को दान में दी गई वस्तु कभी वापस

नहीं माँगनी चाहिए। आपके लिए उस दिव्य गाय का कोई मूल्य नहीं है। उसे इस आश्रम में ही रहने दें। मैं उसकी उचित देखभाल करूँगा।''

वरुणदेव ने महर्षि कश्यप को बहुत समझाने का प्रयास किया, किंतु वे गाय लौटाने को तैयार नहीं हुए। अंत में वरुणदेव ब्रह्माजी की शरण में गए और करुण स्वर में बोले – ''ब्रह्मदेव ! कश्यप ऋषि अपने यज्ञ के लिए कुछ दिनों के लिए एक दिव्य गाय ले गए थे। अब जबकि उनका यज्ञ पूर्ण हो चुका है, तब भी वे गाय नहीं लौटाना चाहते। उसकी याद में बछड़े दुःखी होकर विलाप कर रहे हैं। इससे अन्य गाय-बछड़े भी दुःखी हैं।''

वरुणदेव की बात सुनकर ब्रह्माजी कश्यप के आश्रम में गए और बोले – ''कश्यप ! तुम अत्यंत बुद्धिमान हो। न्याय जानते हुए भी ऐसे कार्य में तुम्हारी प्रवृत्ति कैसे हो गई? लोभ बड़ा बलवान होता है। उसके बाहुपाश में फँसने वाला व्यक्ति नरकगामी होता है। इसलिए तुम लोभ का त्याग करके वरुण को उनकी दिव्य गाय लौटा दो।''

जब बार-बार कहने पर भी जब महर्षि कश्यप गाय लौटाने को तैयार नहीं हुए, तब ब्रह्माजी क्रोधित होकर बोले – ''लोभी कश्यप ! लोभ से स्नेह रखने के कारण तुम्हारे विचार भ्रष्ट हो गए हैं। मुनि होने के बाद भी तुमने लोभ का त्याग नहीं किया। एक गाय में तुम्हारे प्राण अटके हैं, इसलिए मैं तुम्हें शाप देता हूँ कि तुम अपने अंश से पृथ्वी पर यदुकुल में जन्म लोगे। वहाँ तुम गोपाल (गऊ पालक) बनकर गाय-बछड़ों के बीच रहोगे।''

शाप देकर ब्रह्माजी वहाँ से अन्तर्धान हो गए। उन्हीं के शाप के फलस्वरूप कश्यप मुनि पृथ्वी पर श्रीकृष्ण के पिता वसुदेव के रूप में अवतरित हुए।

पुरूरवा

चन्द्रमा के पुत्र बुध ने वैवस्वत मनु की पुत्री इला से विवाह किया, जिससे उन्हें पुरूरवा नामक एक तेजस्वी पुत्र प्राप्त हुआ। पुरूरवा बड़े विद्वान और दानवीर थे। एक बार की बात है, स्वर्ग में देवराज इन्द्र की सभा लगी हुई थी। देवगण अपने-अपने आसन पर विराजमान थे। नारद भी वहाँ उपस्थित थे। इसी अवसर पर इन्द्र ने उनसे पृथ्वी के किसी तेजस्वी राजा के बारे में पूछा। तब नारदजी बोले - ''देवेन्द्र ! पृथ्वी पर इस समय केवल पुरूरवा ही सब राजाओं में श्रेष्ठ हैं। वे वीर, पराक्रमी, सदाचारी, धर्मात्मा, उदार, विद्वान, सुंदर, सुशील और विवेकी राजा है। ब्राह्मणों और याचकों को वे इतनी दान-दक्षिणा देते हैं कि उन्हें जीवन में पुनः माँगने की आवश्यकता नहीं पड़ती। उनके चरण जहाँ पड़ते हैं, वहीं सुख-समृद्धि की वर्षा होने लगती है। किसी के साथ उनकी तुलना करना असम्भव है।'' पुरूरवा की प्रशंसा सुनकर उर्वशी नामक अप्सरा अत्यंत भाव-विभोर हो गई। उसके मन में पुरूरवा के प्रति प्रेम उत्पन्न हो गया। वह उनसे मिलने के लिए व्याकुल हो उठी। लेकिन वह देवराज इन्द्र की सबसे प्रिय अप्सरा थी और वे उसे पुरूरवा के

पास जाने की अनुमति कदापि नहीं देते, इसलिए वह किसी को कुछ बताए बिना उनके पास चली गई।

उर्वशी को देखकर पुरूरवा आसक्त हो गए। उन्होंने विवाह का प्रस्ताव रखा। तब वह बोली – ''राजन ! संसार में भला कौन-सी ऐसी स्त्री होगी, जो आपके साथ विवाह को उत्सुक न हो? स्त्री श्रेष्ठ गुणों से सम्पन्न सुंदर पुरुष की कामना करती है। फिर आप तो उत्तम गुणों की खान हैं। अत: मैं आपके साथ अवश्य विवाह करूँगी। किंतु इसके लिए आपको मेरी दो शर्तें स्वीकार करनी होंगी। पहली यह कि मैं आपको उपहारस्वरूप भेड़ के दो बच्चे सौंपती हूँ। आपको सदा इनकी रक्षा करनी होगी। दूसरी, मैथुन के अतिरिक्त मैं आपको कभी वस्त्रहीन न देखूँ। इनमें से आपने किसी भी शर्त का उल्लंघन किया तो मैं उसी क्षण वापस स्वर्ग लौट जाऊँगी।'' कामपीड़ित पुरूरवा ने दोनों शर्तें स्वीकार कर लीं और उससे विधिवत विवाह कर गृहस्थ जीवन का आनन्द भोगने लगे।

इधर, जब देवराज इन्द्र को उर्वशी के विषय में ज्ञात हुआ तो उन्होंने दो गंधर्वों को उसे वापस स्वर्ग लाने के लिए भेजा। रात्रि के समय वे गंधर्व पुरूरवा को उपहार में दी गई भेड़ें चुराकर स्वर्ग की ओर चल पड़े। भेड़ों की आवाज़ सुनकर उर्वशी ने पुरूरवा से उन्हें वापस लाने के लिए कहा। पुरूरवा उस समय वस्त्रहीन थे। उर्वशी की प्रार्थना सुनकर वे तत्क्षण हाथ में तलवार लेकर गंधर्वों की ओर दौड़े। उन्हें आते देख गंधर्व भयभीत होकर भेड़ों को छोड़कर भाग गए। पुरूरवा भेड़ों को लेकर महल में लौट आए। जब उर्वशी की दृष्टि वस्त्रहीन पुरूरवा पर पड़ी तो वह स्वर्ग लौट गई। पुरूरवा ने अनेक प्रकार से उसे रोकने का प्रयास किया, किंतु वे असफल रहे।

एक दिन सरस्वती नदी के तट पर उन्होंने उर्वशी को देखा, जो सखियों सहित वहाँ भ्रमण कर रही थी। उन्होंने उर्वशी से प्रेम निवेदन किया। उर्वशी उन्हें समझाते हुए बोली – ''राजन ! वीर पुरुष को इस प्रकार की बातें शोभा नहीं देतीं। एक स्त्री के पीछे अपने धर्म से विमुख होना उचित नहीं है। फिर भी मैं आपको वचन देती हूँ कि मैं वर्ष में एक दिन आपके साथ व्यतीत करूँगी। इससे आपको अनेक पुत्र प्राप्त होंगे।'' फिर वह स्वर्ग लौट गई। एक वर्ष के बाद पुरूरवा पुन: उस स्थान पर पहुँचे। उस समय उर्वशी एक पुत्र की माता हो चुकी थी। उर्वशी ने वह पुत्र पुरूरवा को सौंप दिया। प्रात:काल विदा होते समय उर्वशी ने पुरूरवा को गंधर्वराज की स्तुति करने का परामर्श दिया। पुरूरवा ने निराहार गंधर्वराज की स्तुति की।

गंधर्वराज ने उन्हें भगवान् विष्णु का यज्ञ करने का सुझाव दिया। पुरूरवा ने वैसा ही किया। तब भगवान् विष्णु ने प्रसन्न होकर उन्हें गंधर्व लोक प्रदान कर दिया। जहाँ वे उर्वशी के साथ रहने लगे।

राजा अवीक्षित

प्राचीन काल में बलाश्व नामक एक प्रसिद्ध राजा हुए। एक बार शत्रु राजाओं ने मिलकर उनके नगर को घेर लिया। शत्रुओं के आक्रमण से बलाश्व बड़े क्रोधित हुए। तब वे हाथों को मुख के आगे रखकर ज़ोर-ज़ोर से साँस लेने लगे। फिर तो उनके मुख की वायु से प्रेरित होकर उनके हाथों की उँगलियों से असंख्य सैनिंक, हाथी, रथ, घोड़े आदि निकलने लगे। तत्पश्चात् विशाल सेना से युक्त होकर उन्होंने शत्रुओं को पराजित कर दिया। कर का धमन करने (हाथों को फूँकने) से उन्होंने शत्रुओं का संहार करने वाली सेना उत्पन्न की थी, इसलिए राजा बलाश्व 'करन्धम' कहलाने लगे। करंधम का विवाह राजा वीर्यचन्द्र की पुत्री राजकुमारी वीरा से हुआ। विवाह के बाद वीरा ने एक सुंदर पुत्र को जन्म दिया। राजा करंधम ने ज्योतिषियों से पुत्र के ग्रह-नक्षत्रों के विषय में पूछा। ज्योतिष बोले - "राजन ! आपका पुत्र उत्तम

मुहूर्त, श्रेष्ठ नक्षत्र और शुभ लग्न में उत्पन्न हुआ है। इसलिए यह वीर, पराक्रमी, भाग्यवान तथा बलशाली होगा। बृहस्पति, शुक्र, चन्द्रमा और बुध – इन श्रेष्ठ ग्रहों की इस पर विशेष कृपा दृष्टि है, जबकि सूर्य, मंगल और शनि की दृष्टि बालक पर नहीं है। इसलिए यह बालक अवीक्षित नाम से प्रसिद्ध होगा।''

युवा होने पर करंधम ने अवीक्षित को ऋषि मेधातिथि के पुत्र कण्व मुनि के पास वेदों और अस्त्र विद्या सीखने के लिए भेजा। अवीक्षित तीव्र बुद्धि के कारण शीघ्र ही वेदों और अस्त्र विद्या में निपुण हो गया। संसार में कोई भी उसकी वीरता का सामना करने वाला नहीं था। इस प्रकार धीरे-धीरे अवीक्षित को अपनी वीरता पर अहंकार हो गया।

एक बार की बात है, वैदिश राज्य के राजा विशाल ने अपनी पुत्री वैशालिनी के स्वयंवर का आयोजन किया। इसमें अनेक राजा तथा राजकुमार सम्मिलित हुए। अवीक्षित भी स्वयंवर में उपस्थित था। जैसे ही वैशालिनी वरमाला लेकर राजाओं की ओर बढ़ी, वैसे ही अवीक्षित ने उसका हरण कर लिया। उसके इस कार्य से वहाँ उपस्थित राजा स्वयं को अपमानित समझने लगे। उन्होंने म्यानों में से तलवारें निकाल लीं और रथों पर सवार होकर अवीक्षित से लोहा लेने जा पहुँचे।

यद्यपि अवीक्षित अकेला था, तथापि उसने अपने बल और बुद्धि के कौशल से सभी राजाओं को विचलित कर दिया। तब शत्रु राजाओं ने सात सौ वीरों की एक सेना तैयार कर, उसे अवीक्षित के साथ युद्ध करने के लिए भेजा। वह सेना अवीक्षित से युद्ध करने लगी। अवीक्षित धर्मपूर्वक युद्ध करता रहा। उसने अपने बाणों से शत्रुओं के कवच और अस्त्र-शस्त्र काट दिए। तब राजाओं ने उसे घेर लिया और अधर्मपूर्वक घायल कर गिरा दिया। तत्पश्चात् बंदी बना लिया।

उधर दूतों ने राजा करंधम और रानी वीरा को राजकुमार अवीक्षित के बंदी बनाए जाने का समाचार सुनाया। तब वीरा ने राजा करंधम से अवीक्षित को छुड़वाकर वापस लाने के लिए कहा। रानी वीरा के उत्साहित करने पर राजा करंधम ने सेना लेकर शत्रु राजाओं पर आक्रमण कर दिया। तीन दिनों तक दोनों पक्षों में भयंकर युद्ध चलता रहा। अंत में राजा करंधम के समक्ष सभी राजा पराजित हुए और अवीक्षित को बंधन मुक्त किया गया। तब राजा विशाल अपनी पुत्री वैशालिनी के साथ करंधम की शरण में उपस्थित हुआ और अवीक्षित का विवाह वैशालिनी के साथ करने की प्रार्थना करने लगा।

किंतु राजकुमार अवीक्षित बोला – ''पिताश्री ! अब मैं इसे या किसी दूसरी कन्या को कभी स्वीकार नहीं करूँगा। मैं शत्रुओं से पराजित हो चुका हूँ। इसलिए इसे किसी ऐसे वीर राजकुमार से विवाह करना चाहिए, जिसका बल, पराक्रम और शौर्य अखण्डित हो।''

राजा विशाल ने वैशालिनी को किसी अन्य राजकुमार से विवाह करने का परामर्श दिया। वह विनम्र स्वर में बोली – ''पिताश्री ! यद्यपि युद्ध में इनके पराक्रम और शौर्य की हानि हुई है, फिर भी ये धर्म के अनुसार युद्ध करते रहे। जब राजाओं ने इन्हें घेर लिया था, तब भी ये सिंह की भाँति युद्धरत रहे। ये युद्ध में पराजित हुए हैं, किंतु उन कायर और शौर्यहीन राजाओं ने अधर्मपूर्वक इन पर विजय पाई थी। इनकी वीरता, पराक्रम और शौर्य के गुणों ने मेरे मन को मोहित कर दिया है। अब इनके अतिरिक्त दूसरा कोई व्यक्ति मेरा पति नहीं बन सकता।''

राजा करंधम और विशाल ने अवीक्षित को समझाने का बहुत प्रयत्न किया, किंतु वह अपनी बात पर दृढ़ रहा। तब वैशालिनी बोली – ''पिताश्री ! मैंने इन्हें पति मान लिया है। यदि ये मुझे स्वीकार नहीं करना चाहते तो मैं तपस्या करके इन्हें अपना पति बनाऊँगी।'' इतना कहकर राजकुमारी वैशालिनी ने भोगों का त्याग कर दिया और माता-पिता से आज्ञा लेकर तपस्या करने के लिए वन में चली गई। इधर राजा करंधम भी अपने पुत्र अवीक्षित के साथ अपने नगर को लौट गए।

वैशालिनी निराहार रहकर कठोर तपस्या करने लगी। तीन महीनों तक उपवास करने के कारण उसके पेट में भयंकर पीड़ा उत्पन्न हो गई। किंतु वह इसका ध्यान छोड़ तपस्या में मग्न रही। धीरे-धीरे वह दुर्बल होकर मरणासन्न अवस्था में पहुँच गई। तब उसने शरीर त्याग देने का विचार किया।

तभी एक देवदूत वहाँ प्रकट हुआ और वैशालिनी से बोला – ''देवी ! मानव शरीर अत्यंत दुर्लभ है। तुम अकारण इसका त्याग मत करो। देवी ! शीघ्र ही तुम्हें एक चक्रवर्ती राजा की जननी बनने का सौभाग्य प्राप्त होगा। तुम्हारा पुत्र शत्रुओं का संहार कर पृथ्वी पर अखण्ड राज्य स्थापित करेगा। उसके द्वारा अश्वमेध आदि यज्ञों का छः हज़ार बार अनुष्ठान होगा।''

दूत की बात सुन वैशालिनी दुःखी स्वर में बोली – ''देव ! पति ने मुझे त्याग दिया है, फिर मुझे पुत्र कैसे प्राप्त होगा? मैंने यह प्रतिज्ञा की है कि मैं राजा अवीक्षित के अतिरिक्त किसी दूसरे पुरुष की पत्नी नहीं बनूँगी। किंतु वे मुझे ग्रहण नहीं करना चाहते। फिर आपका वरदान किस प्रकार फलित होगा?''

देवदूत बोला – ''कल्याणी ! देवताओं का यह वरदान अवश्य सिद्ध होगा। आगे क्या घटित होगा, यह भविष्य के गर्भ में छिपा है। विधान के अनुसार अवीक्षित ही तुम्हें पति रूप में प्राप्त होगा और उसी से तुम्हें पुत्र की प्राप्ति होगी। अब तुम अपने दुर्बल शरीर का पोषण करते हुए तप करो। तुम्हारा भला होगा।'' इस प्रकार वर देकर वह देवदूत चला गया।

उधर, एक दिन रानी वीरा अवीक्षित से बोली – ''वत्स ! तुम्हारे पिता की आज्ञा से मैं किमिच्छक नामक व्रत करूँगी। लेकिन यह बड़ा कठिन व्रत है। यदि

व्रत के समय तुम उपस्थित याचकों को अभिलषित वस्तुएँ प्रदान करने की प्रतिज्ञा करो तो मैं इस व्रत का अनुष्ठान आरम्भ कर दूँगी।'' अवीक्षित द्वारा प्रतिज्ञा करने पर रानी वीरा निश्‍चिंत होकर व्रत करने लगी।

इधर राजा करंधम जानते थे कि रानी वीरा किमिच्छक व्रत कर रही है और अवीक्षित ने याचकों को इच्छित वस्तुएँ प्रदान करने की प्रतिज्ञा की। तब वे याचक के रूप में अवीक्षित के पास गए और उससे पौत्र प्रदान करने की याचना की। अवीक्षित अपने वचन में बँधा हुआ था। अत: वह पिता की आज्ञा स्वीकार कर विवाह के लिए सहमत हो गया।

एक दिन अवीक्षित शिकार खेलने वन में गया। वन की सुंदरता देखकर उसका मन प्रसन्न हो उठा। तभी उसे एक भयानक दैत्य दिखाई दिया, जिसने एक सुंदर स्त्री को पकड़ रखा था। वह स्त्री रोते हुए बचाओ, बचाओ चिल्ला रही थी। अवीक्षित ने दैत्य को युद्ध के लिए ललकारा।

ललकार सुनकर दैत्य दृढ़केश ने उस स्त्री को छोड़ दिया और अस्त्र लेकर अवीक्षित पर टूट पड़ा। अवीक्षित ने उसके सभी अस्त्रों को काट दिया। तब दृढ़केश उस पर मुष्ठि प्रहार करने के लिए दौड़ा। लेकिन अवीक्षित ने बाण मारकर उसकी जीवन लीला समाप्त कर दी। दैत्य के मरते ही अवीक्षित पर पुष्पों की वर्षा होने लगी और वहाँ देवराज इन्द्र ने प्रकट होकर अवीक्षित से वर माँगने के लिए कहा।

अवीक्षित हाथ जोड़कर बोला – ''देवेन्द्र ! पिताश्री द्वारा प्रतिज्ञा में बाँधे जाने के कारण मैं धर्मसंकट में फँस गया हूँ। पहले राजा विशाल की युवती वैशालिनी को मैंने त्याग दिया था। उसने मेरे अतिरिक्त किसी दूसरे को पति बनाने का विचार त्याग कर कठोर तपस्या का व्रत ले रखा है। अब उस देवी को छोड़कर मैं किसी दूसरी स्त्री से विवाह किस प्रकार कर सकता हूँ? आप ज्ञानी, विद्वान, बुद्धिमान और देवताओं के राजा हैं। कृपया मुझे इस धर्मसंकट से उबरने का उपाय बताएँ।''

तब इन्द्र बोले – ''वत्स ! तुम्हें प्राप्त करने के उद्देश्य से कठोर तपस्या करने वाली राजा विशाल की युवती वैशालिनी यही स्त्री है। तुम निस्संकोच होकर इससे विवाह कर सकते हो। शत्रुओं से पराजित होने पर तुमने इसका त्याग किया था, किंतु आज शत्रु पर विजय प्राप्त कर तुमने इसे पुन: प्राप्त कर लिया है। तुम इसे स्वीकार करो। इसके गर्भ से तुम्हें एक चक्रवर्ती पुत्र प्राप्त होगा, जो पृथ्वी का स्वामी बनकर तुम्हारे वंश को अमर कर देगा।'' यह कहकर इन्द्र अपने लोक लौट गए।

अवीक्षित ने आगे बढ़कर त्यागमयी देवी वैशालिनी को गले से लगा लिया। बाद में इनके मरुत नाम के पुत्र उत्पन्न हुए जो विख्यात चक्रवती राजा हुए। उन्होंने अनेक यज्ञ करके खूब पुण्य कमाया।

पुरंजन

प्राचीन समय में पुरंजन नामक एक अत्यंत यशस्वी और पराक्रमी राजा हुआ। उसका अविज्ञात नामक एक मित्र था। उसके कर्म बड़े ही रहस्यपूर्ण थे। फिर भी उन दोनों मित्रों में बड़ा प्रेमभाव था।

एक दिन पुरंजन ने हिमालय के दक्षिण क्षेत्र में नौ द्वारों वाला एक भव्य नगर देखा। वह नगर सभी सुख-सुविधाओं से सम्पन्न था। नगर के निकट ही एक सुंदर वन था। पुरंजन प्रसन्न मन से उसमें विचरण करने लगा। वन में उसकी दृष्टि एक सुंदर युवती पर पड़ी, जिसके साथ दस सेवक और असंख्य सेविकाएँ थीं। एक भयंकर सर्प उसका रक्षक था, जिसके पाँच फन थे। उस युवती को देखकर पुरंजन मोहित हो गया और उसने युवती से विवाह कर लिया। विवाह के बाद पुरंजन नगर में ही रहने लगा। उसके नाम पर युवती का नाम पुरंजनी और उस नगरी का नाम पुरंजनपुरी पड़ गया। पुरंजनी से उसे ग्यारह सौ पुत्र और एक सौ दस पुत्रियाँ हुईं, जो

पौरंजनी कहलाईं। इसके बाद पुरंजन ने अनेक यज्ञों से देवताओं लोकपालों और पितृों की आराधना की। इस प्रकार उसकी युवावस्था बीत गई।

इन्हीं दिनों काल की एक पुत्री वर की खोज में तीनों लोक में भटक रही थी। वह बड़ी भाग्यहीन थी, इसलिए लोग उसे दुर्भगा कहते थे। दुर्भगा यमन देश के राजा भय की शरण में गई और पति रूप में उसका वरण करने की इच्छा व्यक्त की। किंतु यवन देश के राजा भय और उसके भाई प्रज्वार ने उसे अपनी बहन बना लिया। वे तीनों अपने सैनिकों के साथ पृथ्वी पर विचरने लगे।

एक बार उन्होंने सभी भोगों से युक्त पुरंजनपुरी को घेर लिया। इसके फलस्वरूप राजा पुरंजन की सारी वैभवता समाप्त हो गई। वह विवेकहीन हो गया। उसका ऐश्वर्य क्षीण हो गया। यवनराज भय की आज्ञा से सैनिक उसे बाँधकर ले जाने लगे। प्रज्वार ने पुरंजनपुरी को आग में भस्म कर दिया। अंत समय तक पुरंजन मोह माया में फँसकर पत्नी पुरंजनी और पुत्र–पौत्रों के विषय में सोचता रहा और अगले जन्म में विदर्भी नाम से विदर्भराज की पुत्री के रूप में जन्मा। विदर्भी के युवा होने पर पाण्ड्य देश के राज़ा मलयध्वज ने उससे विवाह किया। मलयध्वज को विदर्भी से एक कन्या और सात पुत्र प्राप्त हुए। राजा मलयध्वज ने अनेक वर्षों तक सुखपूर्वक राज्य भोगा। वृद्धावस्था में वह अपना राज्य पुत्रों में बाँटकर भगवान् श्रीकृष्ण की आराधना करने की इच्छा से विदर्भी सहित वन में चला गया। अनेक वर्षों तक भगवान् श्रीकृष्ण का ध्यान करते हुए वह उन्हीं में विलीन हो गया। विदर्भी शोक से व्याकुल होकर विलाप करने लगी। उसने चिता बनाकर उस पर पति का शव रखा और सती होने का निश्चय कर लिया।

तभी वहाँ एक ब्राह्मण आया। वह रोती हुई विदर्भी को शांत करते हुए बोला – ''सखे ! पूर्वजन्म में मैं अविज्ञात नाम का तुम्हारा मित्र था। तुम और मैं मानसरोवर झील के हंस थे। हम एक हज़ार वर्ष तक बिना निवास स्थान के रहे थे। किंतु मित्र! तुम सुख–सुविधाओं की इच्छा से मुझे छोड़कर भू–लोक पर चले आए। यहाँ तुमने पुरंजनी नामक युवती से विवाह किया और मोह–माया के बंधन में फँसकर अपने वास्तविक स्वरूप को ही भूल गए। मित्र ! न तो तुम विदर्भराज की पुत्री हो और न ही यह मलयध्वज तुम्हारा पति है। तुम पुरंजनी के भी पति नहीं हो। यह सब मेरी फैलायी हुई माया है।'' अविज्ञात द्वारा भूला हुआ आत्मज्ञान पुनः प्राप्त होने पर पुरंजन अपने वास्तविक स्वरूप में स्थित हो गए। इस कथा में जीवन की विभिन्न दशाओं द्वारा दर्शाया गया है कि जीव कभी स्त्री, कभी पशु, कभी पुरुष होता है। सुख–सुविधाओं में फँसकर वह शरीर बदलता रहता है। उसे मुक्ति नहीं मिल पाती। मुक्ति केवल अनासक्ति से ही मिल सकती है।

प्रचेताओं को वरदान

राजा पृथु के वंश में बर्हिषद् नामक एक तपस्वी राजा हुए। बर्हिषद् बड़े वीर, धर्मात्मा और कर्मकाण्डी थे। उन्होंने प्रजापति का पद प्राप्त कर इतने यज्ञ करवाए कि सारी पृथ्वी उनके फैलाए हुए कुशों से पट गई। इसी कारण वे 'प्राचीनबर्हि' नाम से भी विख्यात हुए। उन्होंने समुद्र की पुत्री शतद्रुति से विवाह किया। शतद्रुति के गर्भ से उन्हें प्रचेता नाम के दस पुत्र प्राप्त हुए। वे बड़े धर्मज्ञ, एक नाम और आचरण वाले थे। जब पिता प्राचीनबर्हि ने उन्हें विवाह कर संतान उत्पन्न करने का आदेश दिया तो वे उनकी आज्ञा मानकर योग्य पत्नियों की इच्छा मन में लिए तपस्या करने चल पड़े। चलते-चलते वे एक सरोवर पर जा पहुँचे। सरोवर को अनेक सुंदर वृक्षों और लताओं ने घेर रखा था। हंस और भँवरे मधुर स्वर में कलरव कर रहे थे। इस मनोहारी दृश्य को देख वे भाव-विभोर हो गए। इतने ही में भगवान् शिव अपने पार्षदों के साथ सरोवर से बाहर निकले। उन्हें सहसा अपने सामने देख प्रचेताओं को बड़ा कुतूहल हुआ और उन्होंने मस्तक झुकाकर शिवजी को प्रणाम किया।

शिवजी प्रसन्न होकर बोले – "पुत्रो ! तुम जिस अभिलाषा से यहाँ आए हो, उसे मैं भली–भाँति जानता हूँ। तुम भगवान् विष्णु के चरण–कमलों में ध्यान लगाकर कठोर तपस्या करो। तुम्हें अभीष्ट फल प्राप्त होगा।"

फिर भगवान् शिव ने प्रचेताओं को भगवान् विष्णु का प्रिय स्तोत्र बताया और उन्हें आशीर्वाद देकर अंतर्धान हो गए। प्रचेता उस सरोवर के जल में खड़े होकर कठोर तप करने लगे। उन्हें तप करते हुए दस हज़ार वर्ष बीते, तो भगवान् विष्णु प्रकट हुए। प्रचेताओं ने विभिन्न प्रकार से उनकी स्तुति की।

प्रसन्न होकर भगवान् विष्णु बोले – "पुत्रो ! तुममें परस्पर बड़ा प्रेम है और स्नेहवश तुम एक ही धर्म का पालन कर रहे हो। तुम्हारे इस आदर्श सौहार्द से मैं अति प्रसन्न हूँ। जो पुरुष संध्या के समय तुम्हारा स्मरण करेगा, उसका अपने भाइयों से अगाध प्रेम होगा तथा सभी जीवों के प्रति मित्रता का भाव हो जाएगा। तुमने प्रसन्न मन से पिता की आज्ञा स्वीकार की है, इससे तुम्हारा यश समस्त लोकों में फैल जाएगा। शीघ्र ही तुम्हें एक प्रसिद्ध पुत्र प्राप्त होगा, जो अपनी संतानों से तीनों लोकों को पूर्ण कर देगा। पुत्रो ! कण्डु ऋषि की तपस्या भंग करने के लिए इन्द्र द्वारा भेजी गई अप्सरा प्रम्लोचा से एक सुंदर कन्या उत्पन्न हुई थी। प्रम्लोचा अपनी उस कन्या को वन में ही छोड़कर स्वर्ग लौट गई थी। तभी से वृक्षों ने उसका पालन–पोषण किया है। तुम उस सुंदर कन्या से विवाह कर लो। तुम सब एक ही स्वभाव और एक ही धर्म का पालन करने वाले हो, इसलिए वह कन्या तुम सभी की पत्नी होगी। तुम लाखों वर्षों तक अनेक दिव्य सुख पाकर अंत में मुझमें लीन हो जाओगे।"

इस प्रकार प्रचेताओं को वर देकर भगवान् विष्णु अपने लोक लौट गए। तब प्रचेताओं ने जल से बाहर निकलकर देखा कि सम्पूर्ण पृथ्वी को ऊँचे–ऊँचे वृक्षों ने ढक लिया है। यह देखकर वे अत्यंत कुपित हुए और मुख से भयंकर लपटें निकालकर वृक्षों को भस्म करने लगे। तब ब्रह्माजी ने उन्हें समझा–बुझाकर शांत किया। ब्रह्माजी की आज्ञा से वृक्षों ने कण्डु मुनि और प्रम्लोचा की पुत्री मारिषा का विवाह प्रचेताओं के साथ कर दिया। मारिषा के गर्भ से ही ब्रह्माजी के मानस पुत्र दक्ष प्रजापति ने, भगवान् शिव की अवज्ञा के कारण अपना पूर्व शरीर त्यागकर, नया जन्म लिया।

दस लाख वर्षों तक पृथ्वी का भोग करने के बाद प्रचेताओं को भगवान् विष्णु के वरदान का स्मरण हो आया। तब अपनी पत्नी मारिषा और पृथ्वी का राज्य दक्ष प्रजापित को सौंपकर वे उस स्थान पर जा पहुँचे, जहाँ पूर्व समय में उन्होंने कठोर तप किया था। वहाँ देवर्षि नारद ने उन्हें भगवान् विष्णु की विभिन्न लीलाओं का वर्णन किया, जिसे सुनकर प्रचेता धन्य हो गए। बाद में उन्होंने भगवान् विष्णु का ध्यान कर समाधिलीन हो उनके परम–धाम को प्राप्त किया।

विश्वरूप

प्राचीन समय की बात है—जब देवराज इन्द्र को स्वर्ग का ऐश्वर्य प्राप्त हुआ तो वे अहंकार में चूर हो गए। धर्म-मर्यादा और सदाचार का उल्लंघन करने लगे।

एक दिन देवराज इन्द्र पत्नी शची के साथ स्वर्ग की सभा में अपने सिंहासन पर विराजमान थे। सूर्य, अग्नि, वरुण, कुबेर आदि देवगण अपने-अपने आसनों पर बैठे हुए थे। गंधर्व, किन्नर, नाग, पक्षी, अप्सराएँ और अनेक ऋषिगण उनकी स्तुति कर रहे थे। चारों ओर मधुर स्वर में इन्द्र की यश-कीर्ति का गान हो रहा था। इस सभा में इन्द्र नक्षत्रों में चन्द्रमा के समान आलोकित हो रहे थे। इतने में वहाँ देवगुरु बृहस्पति पधारे। वे इन्द्र सहित समस्त देवताओं के प्रधान आचार्य हैं। देवगण, ऋषि, मुनि, नाग, गंधर्व, किन्नर, अप्सराएँ और मनुष्य - सभी उनका आदर करते हैं। यद्यपि देवराज इन्द्र ने देवगुरु बृहस्पति को सभा में आते देख लिया था, तथापि न तो वे अपने आसन से खड़े हुए और न ही उन्होंने उनका स्वागत किया। देवेन्द्र का यह

व्यवहार देखकर बृहस्पति समझ गए कि यह सब स्वर्ग के ऐश्वर्य और सुखों का दोष है। इसलिए वे किसी को कुछ कहे बिना शांत भाव से लौट गए।

उसी क्षण इन्द्र को अपनी गलती का अहसास हुआ। वे समझ गए कि उन्होंने देवगुरु बृहस्पति का सत्कार न कर उनका तिरस्कार किया है। उन्हें अपने व्यवहार पर बड़ा पश्चात्ताप हुआ। वे शीघ्रता से अपने आसन से उठे और देवगुरु बृहस्पति के घर पहुँच गए। देवगुरु उस समय अपने योगबल द्वारा अंतर्धान हो गए। इन्द्र चारों दिशाओं में उन्हें ढूँढने लगे, किंतु उनका कहीं पता नहीं चला। बहुत दिन बीत गए।

देवगुरु बृहस्पति की अनुपस्थिति में देवगण स्वयं को असुरक्षित अनुभव करने लगे। उनका मन अशांत हो गया।

'देवगुरु रुष्ट होकर कहीं चले गए हैं।' यह समाचार शीघ्र ही तीनों लोकों में फैल गया। जब दैत्यगुरु शुक्राचार्य को इस बात का पता चला तो उन्होंने दैत्यों को युद्ध के लिए प्रेरित किया। इससे दैत्यों में उत्साह का संचार हो गया। उन्होंने स्वर्ग जीतने के लिए युद्ध की तैयारियाँ कर देवताओं पर धावा बोल दिया और उन्हें पराजित कर वहाँ अधिकार कर लिया।

सभी देवगण ब्रह्माजी की शरण में गए और उनसे सहायता की विनती की। देवताओं की दुर्दशा देखकर परम दयालु ब्रह्माजी का हृदय करुणा से भर आया। वे सांत्वना देते हुए बोले – ''देवेन्द्र ! तुमने बड़ा अनुचित कार्य किया है। ऐश्वर्य के अहंकार में चूर होकर तुमने वेदों के ज्ञाता और परम ज्ञानी बृहस्पति का सम्मान नहीं किया। यह तुम्हारे उसी कर्म का फल है कि तुम्हें पराजित होना पड़ा। देवेन्द्र ! शिष्य को गुरु की महिमा को कभी कम करके नहीं आँकना चाहिए। वे जिन पर कृपा करते हैं, उनका कभी अमंगल नहीं होता। इस विपत्ति से बचने के लिए अब तुम त्वष्टा मुनि के पुत्र विश्वरूप के पास जाओ और उन्हें प्रसन्न करो। वे परम तपस्वी हैं। किंतु ध्यान रहे, उनके मन में असुरों के प्रति भी समान प्रेमभाव है। यदि तुम उनके इस गुण को भूलकर उन्हें अपना गुरु बना लो तो वे तुम्हारी रक्षा अवश्य कर सकते हैं।''

देवताओं की चिंता समाप्त हो गई। वे तत्क्षण विश्वरूप के पास गए। विश्वरूप के तीन सिर थे। अतः उसका एक अन्य नाम त्रिशिरा भी था। उसका स्वरूप आकर्षक और मनोहारी था। वे एक मुख से वेदों का पाठ करते थे, दूसरे मुख से मदिरा पान और तीसरे मुख से सम्पूर्ण दिशाओं का निरीक्षण करते थे। देवताओं को देख विश्वरूप ने उनसे आने का प्रयोजन पूछा।

तब इन्द्र बोले – ''मुनिवर ! हम यहाँ याचक के रूप मे आए हैं, कृपया हमारी अभिलाषा अवश्य पूर्ण करें।'' कुछ रुककर इन्द्र पुनः बोले – ''मुनिश्रेष्ठ ! दैत्यों ने स्वर्ग पर अधिकार कर लिया है। हम बड़े विश्वास से यहाँ आए हैं। आप

अपने तप के बल से हमारा यह दुःख, दरिद्रता और पराजय टाल सकते हैं। हम आपको अपना गुरु बनाना चाहते हैं।''

विश्वरूप बोले – ''देवेन्द्र! आचार्य का पद ब्रह्मतेज को क्षीण कर देता है, इसलिए धर्मात्मा मनुष्य उसकी निन्दा करते हैं। किंतु आप मेरे स्वामी हैं और देवगण होकर भी मेरे आश्रम में आकर मुझसे प्रार्थना कर रहे हैं। ऐसी अवस्था में भला मैं आपकी प्रार्थना कैसे अस्वीकार कर सकता हूँ? मैं आपकी प्रार्थना का यथोचित आदर करूँगा। मैं आपका आचार्य बनने को तैयार हूँ।''

तदंतर विश्वरूप ने गुरु पद पर आसीन होकर देवताओं को भगवान् विष्णु का प्रिय नारायण कवच धारण करवा दिया। इस कवच के प्रभाव से देवताओं ने दैत्यों को पराजित कर खोया हुआ सम्मान पुनः प्राप्त कर लिया।

चूँकि विश्वरूप की माता दैत्यकुल की थीं, अतः उनके मन में दैत्यों के प्रति भी प्रेम का भाव था। वे स्नेहवश गुप्त रूप से दैत्यों को भी यज्ञ-भाग दिया करते थे। जब देवराज इन्द्र को यह बात ज्ञात हुई तो वे सोचने लगे कि कहीं दैत्य अपना बल बढ़ाकर उनका नाश न कर दें। इसलिए उन्होंने क्रुद्ध होकर विश्वरूप के तीनों मस्तक काट दिए।

उनका सोमरस पीने वाला मस्तक पपीहा, सुरापान करने वाला गौरैया तथा अन्न खाने वाला मस्तक तीतर बन गया। इसके बाद प्रायश्चित्तस्वरूप देवराज इन्द्र ने शांतभाव से ब्रह्म हत्या का पाप स्वीकार कर लिया और एक वर्ष तक उससे छूटने का कोई उपाय नहीं किया। फिर उन्होंने ब्रह्म हत्या को चार भागों में विभक्त कर पृथ्वी, जल, वृक्ष और स्त्रियों को दे दिया। इस प्रकार वे ब्रह्म हत्या के पाप से मुक्त हो गए।

कुछ दिनों के पश्चात् इन्द्र को क्षमा कर देवगुरु बृहस्पति भी अपने पद पर पुनः आसीन हो गए।

राजा अम्बरीष

प्राचीन समय की बात है—राजा नाभाग के अम्बरीष नामक एक प्रतापी पुत्र थे। अम्बरीष बड़े वीर, बुद्धिमान और तपस्वी राजा थे। उन्हें पृथ्वी के समस्त ऐश्वर्य और सुख प्राप्त थे। लेकिन विष्णु भक्त अम्बरीष जानते थे कि जिस धन-वैभव के लोभ में पड़कर प्राणी घोर नरक में जाते हैं, वह कुछ ही दिनों का सुख होता है। अत: उनका मन सदैव भगवान् विष्णु के चरण-कमलों और उनके भक्तों की सेवा में ही लगा रहता था।

राज्याभिषेक के बाद राजा अम्बरीष ने अनेक अश्वमेध यज्ञ करके भगवान् विष्णु की पूजा-उपासना की। उनकी भक्ति से प्रसन्न होकर भगवान् विष्णु ने उनकी रक्षा के लिए अपना चक्र नियुक्त कर दिया था। सुदर्शन नामक यह चक्र शत्रुओं का नाश कर भक्तों की रक्षा करने वाला है।

एक बार राजा अम्बरीष ने अपनी पत्नी के साथ एक वर्ष तक द्वादशी प्रधान एकादशी-व्रत करने का निश्चय किया। उस दिन व्रत के बाद उन्होंने भगवान् विष्णु का पूजन किया और ब्राह्मणों को भरपूर दान-दक्षिणा दी। तभी वहाँ दुर्वासा आ

पहुँचे। अम्बरीष ने उनका स्वागत किया और उन्हें श्रेष्ठ आसन पर बिठाया। तत्पश्चात् उनकी पूजा करके भोजन ग्रहण करने का आग्रह किया। दुर्वासा ऋषि ने उनका आग्रह सहर्ष स्वीकार कर लिया। भोजन से पूर्व नित्य कर्मों से निवृत्त होने के लिए वे यमुना के तट पर चले गए। वे परब्रह्म का ध्यान कर स्नान करने लगे।

इधर द्वादशी केवल कुछ ही क्षण शेष रह गई थी। स्वयं को धर्मसंकट में देख अम्बरीष ब्राह्मणों से परामर्श करते हुए बोले – ''मान्यवरो ! ब्राह्मण को बिना भोजन करवाए स्वयं खा लेना और द्वादशी रहते भोजन न करना—दोनों ही मनुष्य को पाप का भागी बनाते हैं। अत: इस समय आप मुझे ऐसा उपाय बताएँ, जिससे कि मैं पाप का भागी न बन सकूँ।''

ब्राह्मण बोले – ''राजन ! शास्त्रों में कहा गया है कि जल पीना भोजन करने के समान भी है और समान नहीं भी है। इसलिए इस समय आप जल पीकर द्वादशी का नियम पूर्ण कीजिए।'' यह सुनकर अम्बरीष ने जल पी लिया और दुर्वासा ऋषि की प्रतीक्षा करने लगे।

जब दुर्वासा ऋषि लौटे तो उन्होंने तपोबल से जान लिया कि अम्बरीष भोजन कर चुके हैं। अत: वे क्रोधित हो उठे और कटु स्वर में बोले – ''अम्बरीष ! धन के मद में चूर होकर तू स्वयं को बड़ा धर्मात्मा मानता है। लेकिन तुझे ब्राह्मण का आदर करना तक नहीं आता। तूने मुझे भोजन का निमंत्रण दिया और स्वयं पहले खा लिया। अब देख, तेरी इस दुष्टता का दण्ड।''

यह कहकर दुर्वासा ने अपनी एक जटा उखाड़ी और अम्बरीष को मार डालने के लिए एक भयंकर और विकराल कृत्या (दैवी शक्ति) उत्पन्न की। दुर्वासा के आदेश से वह कृत्या तलवार लेकर उनकी ओर बढ़ी। लेकिन वे बिना विचलित हुए मन–ही–मन भगवान् विष्णु का स्मरण करते रहे। फिर जैसे ही कृत्या ने उन पर तलवार का वार करना चाहा, भगवान् विष्णु के सुदर्शन चक्र ने उसे जलाकर भस्म कर दिया। जब दुर्वासा ऋषि ने देखा कि कृत्या को भस्म कर चक्र उनकी ओर बढ़ रहा है तो वे भयभीत होकर वहाँ से भागे।

दुर्वासा ऋषि आकाश, पाताल, पृथ्वी, समुद्र, पर्वत, वनादि अनेक स्थानों पर गए, किंतु सुदर्शन चक्र ने उनका पीछा नहीं छोड़ा। जब उन्हें कहीं शरण नहीं मिली तो वे ब्रह्माजी से रक्षा की प्रार्थना करने लगे।

ब्रह्माजी अपनी असमर्थता प्रकट करते हुए बोले – ''वत्स ! मैं, प्रजापति, इन्द्र, सूर्य आदि सभी देवगण भगवान् विष्णु द्वारा बनाएँ नियमों में बँधे हुए हैं। हम उनकी आज्ञा के अनुसार ही सृष्टि का कल्याण करते हैं। इसलिए उनके भक्त के शत्रु की रक्षा करना हमारे वश में नहीं है।''

ब्रह्माजी द्वारा निराश किए जाने पर दुर्वासा भगवान् महादेव की शरण में गए। महादेव बोले – ''ऋषिवर ! यह सुदर्शन चक्र भगवान् विष्णु का शस्त्र है, जो उनके

भक्तजन की रक्षा करता है। इसका तेज सभी के लिए असहनीय है। इसलिए आप भगवान् विष्णु की शरण में जाएँ। केवल वे ही सुदर्शन चक्र का निवारण कर आपका मंगल कर सकते हैं।''

वहाँ से भी निराश होकर दुर्वासा ऋषि भगवान् विष्णु की शरण में पहुँचे और उनके चरणों में गिर कर करुण स्वर में बोले – ''भगवन् ! मैं आपका अपराधी हूँ। आपका प्रभाव न जानकर मैंने आपके परम भक्त राजा अम्बरीष को मारने का प्रयास किया। भगवन् ! आप तो दया के सागर हैं। कृपया मेरी धृष्टता को क्षमा कर मेरी रक्षा कीजिए। आपका नाम स्मरण करने से ही प्राणी के सभी संकट दूर हो जाते हैं। अपने इस भक्त पर भी कृपा कीजिए प्रभु।''

भगवान् विष्णु बोले – ''मुनिवर ! मैं सर्वदा भक्तों के अधीन हूँ। मेरे सीधे-सादे भक्तों ने अपने प्रेम से मुझे बाँध रखा है। भक्तों का एकमात्र आश्रय मैं ही हूँ। इसलिए उनके अतिरिक्त न तो मैं स्वयं को और न ही लक्ष्मी को चाहता हूँ। जो अपने बंधु-बांधवों और समस्त भोगों को त्याग कर मेरी शरण में आ गए हैं, उन्हें छोड़ने का विचार मैं भला कैसे कर सकता हूँ। यदि आप इस विपत्ति से बचना चाहते हैं तो भक्त अम्बरीष की ही शरण में ही जाइए। उसके प्रसन्न होने पर आप स्वयं इस विपत्ति से मुक्त हो जाएँगे।''

भगवान् विष्णु के परामर्श से दुर्वासा ऋषि पुनः अम्बरीष के पास गए और उनके चरण पकड़कर अपने अपराध की क्षमा माँगने लगे। महर्षि दुर्वासा की दुर्दशा देखकर अम्बरीष अत्यंत दुखी हो गए। तब उन्होंने चक्र की स्तुति कर उससे लौट जाने की प्रार्थना की। उनकी स्तुति से प्रसन्न होकर सुदर्शन चक्र लौट गया और दुर्वासा ऋषि के प्राण बच गए।

इसके बाद अम्बरीष ने दुर्वासा को ससम्मान बिठाकर विधिपूर्वक उनकी पूजा की और प्रेमपूर्वक भोजन करवाया। अम्बरीष के व्यवहार से प्रसन्न होकर दुर्वासा मुनि ने उन्हें आशीर्वाद दिया।

राजा अम्बरीष ने अनेक वर्षों तक धर्मपूर्वक राज्य किया। वृद्धावस्था में उन्होंने अपना राज्य पुत्रों को सौंपा और तपस्या करने वन में चले गए। उन्होंने सारे सुख त्याग दिए और भगवान् विष्णु का स्मरण करके समाधिलीन हो गए। अंत में भगवान् विष्णु की कृपा से उन्हें मोक्ष प्राप्त हुआ।

सरस्वती, लक्ष्मी और गंगा को शाप

सृष्टि के आरम्भ में लक्ष्मी, सरस्वती और गंगा तीनों ही भगवान् विष्णु की पत्नियाँ थीं। एक बार सरस्वती को लगा कि भगवान् विष्णु गंगा को उनसे अधिक चाहते हैं। तब वे क्रुद्ध होकर गंगा को बुरा-भला कहने लगीं। लक्ष्मी ने बीच-बचाव किया। इस पर उन्हें गंगा की पक्षधर कहकर सरस्वती ने आवेश में आकर उन्हें वृक्ष बनने तथा गंगा को नदी बनने का शाप दे दिया।

लक्ष्मी ने इस शाप को शांतिपूर्वक ग्रहण कर लिया। किंतु गंगा चुप नहीं रहीं। उन्होंने भी सरस्वती को शाप देते हुए कहा - "सरस्वती ! तुम भी पृथ्वी पर जाकर नदी बन जाओ।"

तीनों देवियाँ एक-दूसरे से झगड़ रही थीं, तभी भगवान् विष्णु वहाँ आ गए। उन्होंने तीनों को अपने निकट बुलाया और प्रेम से बोले - "लक्ष्मी ! परब्रह्म परमात्मा लीलावश जो करते अथवा करवाते हैं, वह अच्छा ही होता है। अब सरस्वती के शाप से पहले तुम राजा धर्मध्वज के यहाँ उसकी पुत्री तुलसी के रूप में

प्रकट होगी। जहाँ मेरे अंश से उत्पन्न दैत्य शंखचूड़ से तुम्हारा विवाह होगा। फिर भारत में तुम वृक्षरूपा होकर तुलसी के नाम से प्रसिद्ध होगी।''

इसके बाद भगवान् विष्णु गंगा से बोले – ''प्रिय ! तुम पापियों के पापों का नाश करने के लिए पवित्र नदी बनकर पृथ्वी लोक में रहोगी। तपस्वी राजा भगीरथ की कठोर तपस्या से तुम्हें पृथ्वी लोक में जाना होगा। धरातल पर तुम्हारा विवाह मेरे अंशरूप समुद्र से होगा।''

फिर उन्होंने सरस्वती से कहा – ''देवी ! गंगा का शाप स्वीकार करके तुम अपनी एक कला से नदी बनकर पृथ्वी पर निवास करो। और पूर्ण अंश से ब्रह्माजी के पास उनकी पत्नी बनकर रहो। यहाँ मेरे पास केवल लक्ष्मी ही अपने पूर्ण अंश से विद्यमान रहेंगी।''

यह कहकर भगवान् विष्णु चुप हो गए। तीनों देवियाँ दुखी होकर अपने शाप से उद्धार की प्रार्थना करते हुए बोलीं – ''प्रभु ! आपके श्रीचरणों से अलग होकर हम क्षणभर भी जीवित नहीं रह सकतीं। दयानिधान ! आप परम दयालु हैं। हमें इस शाप से मुक्ति प्रदान करें।''

उनकी करुण विनती से द्रवित होकर श्रीविष्णु बोले – ''देवियो ! शाप कभी निष्फल नहीं होता। उसे तो भोगना ही पड़ता है। किंतु मैं तुम तीनों में समानता कर देता हूँ। सरस्वती अपने एक अंश से नदी बनकर पृथ्वी पर जाएँ, आधे अंश से ब्रह्माजी के पास पधारें और पूर्ण अंश से मेरे पास रहें। देवी गंगा जगत् को पवित्र करने के लिए पृथ्वी पर जाएँ और पूर्ण अंश से मेरे पास सुशोभित रहें। कलियुग के पाँच हज़ार वर्ष व्यतीत हो जाने पर तुम्हारा उद्धार हो जाएगा और तुम पुनः मेरे पास लौट आओगी।''

इस प्रकार शापवश लक्ष्मी, सरस्वती और गंगा को पृथ्वी पर अवतार लेने पड़े।

वराह अवतार

सृष्टि रचना में सहायक बनने के लिए ब्रह्माजी ने स्वयंभू मनु और उनकी पत्नी शतरूपा को उत्पन्न किया। तब स्वयंभू मनु ब्रह्माजी की स्तुति करते हुए बोले – "भगवन् ! हे जन्मदाता ! आपके चरणों में हमारा बारम्बार प्रणाम। पितामह ! हम क्या करें, जिससे कि हमें भगवान् विष्णु की कृपा प्राप्त हो सके और लोक-परलोक में हमारी कीर्ति फैल जाए।" ब्रह्माजी ने उन्हें सृष्टि रचना में सहायक बनने की आज्ञा दी और कहा कि इसी कार्य से उन्हें विष्णु भक्ति, सद्गति और प्रसिद्धि मिलेगी।

उस समय दैत्यराज हिरण्याक्ष ने पृथ्वी को अथाह जल में छिपा दिया था। तब स्वयंभू मनु विनती करते हुए बोले – "पिताश्री ! दैत्य हिरण्याक्ष ने पृथ्वी को सागर में छिपा दिया है। कृपया बताएँ, मैं सृष्टि कहाँ करूँ?"

मनु की बात सुन ब्रह्माजी विचार करने लगे—'यह कठिन कार्य कैसे होगा? मैं चिरकाल तक इस जगत् की सृष्टि करता रहा, किंतु हिरण्याक्ष के कारण पृथ्वी जल में डूब गई। उसे पुनःस्थापित करना आवश्यक है और यह तभी सम्भव है, जब आदिपुरुष भगवान् विष्णु मेरे सहायक बनें।'

ब्रह्माजी इस विषय पर गम्भीरता से विचार कर रहे थे, तभी उनकी नासिका में से एक छोटा-सा वराह (सूअर) प्रकट हुआ। प्रकट होते ही वह एक विशालकाय वराह में परिवर्तित हो गया। तभी उस वराह पर फूलों की वर्षा होने लगी और दिव्य आकाशवाणी हुई—"ये वराह अवतारी भगवान् विष्णु हैं, जिनका यह अवतार दैत्य हिरण्याक्ष के वध के लिए हुआ है।"

ठीक उसी समय वराहरूपी भगवान् विष्णु भयंकर गर्जन करने लगे। उन्होंने अपने तीव्र गर्जन से ब्रह्मा सहित सभी प्रधान ऋषि-मुनियों के मन में आनन्द की लहरें उत्पन्न कर दीं। दिशाएँ उस तीव्र नाद से गूँज उठीं।

जब देवगण ने उस गर्जन को सुना, तो उन्होंने ऋक्, साम एवं यजुर्वेद के उत्तम स्तोत्रों द्वारा आदिपुरुष भगवान् वराह की स्तुति की। उनकी स्तुति से प्रसन्न होकर वराहरूपी भगवान् विष्णु उन्हें अनुगृहीत कर जल में प्रविष्ट हो गए। उनके विराट शरीर के भयंकर आघातों से जल में खलबली मच गई।

समुद्र ने हाथ जोड़कर प्रार्थना की – "भक्तों के दुःख दूर करने वाले भगवान् विष्णु ! मैं आपकी शरण में हूँ। मुझ शक्तिहीन पर दया कीजिए।"

समुद्र की करुण प्रार्थना सुनकर भगवान् वराह जलचरों को इधर-उधर हटाते हुए शांत भाव से गहरे जल में चले गए। उस समय समस्त प्राणियों को आश्रय देने वाली पृथ्वी जल के भीतर कीचड़ में छिपी हुई थी। भगवान् वराह ने उसे अपनी दाढ़ से उखाड़ा और दाँतों के अग्रभाग पर रख लिया। फिर उसे जल से बाहर ले आए। यह देख सभी उनकी जय-जयकार करने लगे।

तभी दैत्य हिरण्याक्ष वहाँ आ पहुँचा। उसने भगवान् वराह को देखा तो हँसते हुए बोला – "अरे ! यह जंगली पशु जल में कहाँ से आ गया और पृथ्वी को कहाँ लिए जा रहा है? लगता है, इसे प्राणों का मोह नहीं रहा अथवा इसे मेरी शक्ति के बारे में ज्ञान नहीं है। अरे दुष्ट ! तू यह रूप रखकर मुझे भ्रमित नहीं कर सकता। तू अवश्य ही देवताओं का प्रिय विष्णु है, जो अपनी माया से दैत्यों को मार डालता है। आज तुझे कोई नहीं बचा नहीं सकता। मैं अपनी गदा के प्रहार से तेरे मस्तक के टुकड़े-टुकड़े कर दूँगा। फिर इन्द्र आदि देवताओं और ऋषि-मुनियों का भी संहार कर दूँगा, जो इस समय तेरी जय-जयकार कर रहे हैं।"

उस समय भय से काँपती पृथ्वी भगवान् वराह की दाढ़ों पर रखी हुई थी। उसे पुनः स्थापित किए बिना दुष्ट हिरण्याक्ष से युद्ध करना असम्भव था, इसलिए उसका कटाक्ष सुनकर भगवान् वराह क्रोध का घूँट पीकर जल से बाहर आए और पृथ्वी को उसके स्थान पर स्थापित करने के लिए चल पड़े।

उन्हें वहाँ से जाते देख हिरण्याक्ष कड़कते स्वर में बोला – "मायावी ! युद्ध में पीठ दिखाते तुझे लज्जा नहीं आती। क्या तेरी इसी कायरता पर ये देवता अभिमान

करते हैं? क्या तूने माया के बिना कभी युद्ध नहीं किया? अब मुझे विश्वास हो गया है कि देवताओं का बल और पराक्रम साधारण मनुष्यों के समान है। वे केवल धोखे से ही हम दैत्यों का वध कर सकते हैं, सामना होते ही पीठ दिखाकर भाग जाते हैं।''

इधर भगवान् वराह अब तक पृथ्वी को स्थापित कर चुके थे। वे पलटे और भयंकर गर्जन करते हुए बोले - ''दुष्ट हिरण्याक्ष ! तुझे अपने बल पर बहुत गर्व है। आज मैं तेरा वही गर्व चूर-चूर कर तुझे काल का ग्रास बनाऊँगा। अब तुझे संसार की कोई शक्ति नहीं बचा सकती। तूने मेरी शक्ति को ललकारा है। तेरी इच्छा मैं अवश्य पूरी करूँगा। देख मेरा बल और पराक्रम।''

यह कहकर उन्होंने उस पर गदा का भीषण प्रहार किया। हिरण्याक्ष दूर जा गिरा। लेकिन गिरते ही वह चपलता से उठा और अपनी गदा लेकर भगवान् वराह से युद्ध करने लगा। दोनों ही गदा युद्ध में कुशल थे, इसलिए एक-दूसरे के वारों को काटना भली-भाँति जानते थे।

जब युद्ध करते अनेक दिन बीत गए, तब ब्रह्माजी विनती करते हुए बोले - ''प्रभु ! यह पापी दैत्य अत्यंत बलि और पराक्रमी है, इसकी मृत्यु आपके हाथों ही निश्चित है। इसलिए अब और लीलाएँ मत दिखाइए और सृष्टि के कल्याण के लिए इसका संहार कर दीजिए।''

ब्रह्माजी की विनती सुनकर भगवान् वराह मंद-मंद मुस्कराए और फिर क्षणभर में उन्होंने उसकी गदा तोड़ डाली। तब वह घूँसा तानकर आगे बढ़ा, किंतु भगवान् वराह ने अपनी गदा के एक ही प्रहार से उसके प्राण हर लिए। हिरण्याक्ष की मौत के साथ ही शंख बज उठे और देवता, ऋषि, मुनि भगवान् वराह पर पुष्पों की वर्षा कर उनकी स्तुति करने लगे।

इस प्रकार सृष्टि पर आए संकट को भगवान् विष्णु ने वराह अवतार धारण कर दूर किया।

वृत्रासुर

देवराज इन्द्र ने पहले विश्वरूप मुनि को अपना गुरु बनाया फिर उनका वध कर दिया। यह कहानी आपने पीछे के पृष्ठों पर पढ़ी। पुत्र की मृत्यु के समाचार से त्वष्टा मुनि के क्रोध की कोई सीमा न रही। उन्होंने अथर्ववेद के मंत्रों का उच्चारण कर हवन करना आरम्भ कर दिया। आठ रात्रियों तक हवन निरंतर चलता रहा। यज्ञ पूर्ण होने पर वेदी में से एक भयंकर पुरुष प्रकट हुआ। अग्नि से उत्पन्न वह पुरुष तेजस्वी और बलवान प्रतीत होता था। उसके विशालकाय शरीर से दिव्य प्रकाश निकल रहा था।

त्वष्टा मुनि उस पुरुष से बोले – "हे पुत्र ! जगत् में तुम 'वृत्र' नाम से प्रसिद्ध होगे। विश्वरूप नाम का तुम्हारा एक भाई था। वह परम तेजस्वी और तपस्वी था। दुष्ट इन्द्र ने ईर्ष्यावश उसका वध कर दिया। अब तुम तपस्या कर ब्रह्माजी से वरदान प्राप्त करो। फिर पापी इन्द्र का अंत कर भाई की मृत्यु का प्रतिशोध लो।" पिताज्ञा मानकर वृत्रासुर तप करने के लिए वन में चला गया। वह हिमालय पर्वत पर पहुँचा। वहाँ गंगा नदी के तट पर तपस्या में लीन हो गया।

सौ वर्ष पूर्ण हुए, तब उसकी तपस्या से प्रसन्न होकर ब्रह्माजी प्रकट हुए और उसे अभीष्ट वर माँगने के लिए कहा। वृत्रासुर स्तुति करते हुए बोला – "भगवन् ! आपके दर्शन पाकर मैं धन्य हो गया। देव ! आप प्रसन्न हैं तो यह वरदान दें कि लोहे अथवा लकड़ी से बने हुए, सूखे या भीगे किसी अस्त्र-शस्त्र से मेरी मृत्यु न हो सके। मेरा पराक्रम सदा बढ़ता रहे। देवता मुझे पराजित न कर सकें।" ब्रह्माजी ने वृत्रासुर को वरदान प्रदान कर दिया।

कुछ समय बाद वृत्रासुर अस्त्र-शस्त्रों से सुसज्जित होकर देवताओं से युद्ध के लिए चल पड़ा। देवताओं ने जिन दैत्यों को परास्त कर दिया था, वे भी उसके साथ चल पड़े। यह समाचार पाकर देवराज इन्द्र भी अन्य देवताओं के साथ युद्ध भूमि में आ डटे। दोनों सेनाओं का आमना-सामना होते ही उनमें घमासान युद्ध आरम्भ हो गया। वृत्रासुर के समक्ष देवता अधिक समय तक नहीं टिक सके और मैदान छोड़कर भाग खड़े हुए। पराजित देवता भगवान् विष्णु की स्तुति करने लगे। प्रसन्न होकर भगवान् विष्णु साक्षात् प्रकट हुए।

देवगण प्रार्थना करते हुए बोले – "भगवन् ! दुष्ट वृत्रासुर हमारा नाश करने को उद्यत है। उसने ब्रह्माजी को प्रसन्न कर अमरत्व के समान वर प्राप्त कर लिया है। प्रभु ! उससे आप ही हमारी रक्षा कर सकते हैं।"

उनकी प्रार्थना सुनकर भगवान् विष्णु बोले – "देवगण ! तुम महर्षि दधीचि की शरण में जाओ और उनसे उनका शरीर, जो विद्या, व्रत और तप के कारण अत्यंत दृढ़ हो गया है, माँग लो। महर्षि दधीचि को ब्रह्मज्ञान प्राप्त है। माँगने पर वे अपना शरीर तुम्हें प्रदान कर देंगे। इसके बाद विश्वकर्मा द्वारा उनकी अस्थियों से एक श्रेष्ठ वज्र तैयार करवाओ। मेरी शक्ति से युक्त वह शस्त्र वृत्रासुर का वध करेगा। इसलिए तुम अविलम्ब महर्षि दधीचि के आश्रम में जाओ।" देवताओं को वृत्रासुर के वध का उपाय बताकर भगवान् विष्णु अंतर्धान हो गए। इन्द्र आदि समस्त देवगण उसी क्षण महर्षि दधीचि के आश्रम में गए और याचना करते हुए उनकी अस्थियाँ माँगी।

महर्षि दधीचि मुस्कराते हुए बोले – "देवेन्द्र ! जब एक दिन यह शरीर मुझे छोड़ने वाला है तो फिर मैं इसे रखकर क्या करूँगा? जो मनुष्य प्राणियों की रक्षा के लिए अपना शरीर प्रदान नहीं कर सकता, वह जीवित भी मृत के समान होता है। सृष्टि कल्याण के लिए प्राण त्यागने से मुझे अवश्य भगवान् विष्णु के चरण-कमलों में स्थान मिलेगा। यह लीजिए, मैं इसी क्षण अपना शरीर त्यागता हूँ।"

यह कहकर महर्षि दधीचि ने योग विद्या द्वारा प्राण त्याग दिए। उनकी प्राण-ज्योति भगवान् विष्णु में विलीन हो गई। तब विश्वकर्मा ने उनकी अस्थियों से एक शक्तिशाली वज्र तैयार किया। भगवान् विष्णु ने वज्र को अपनी शक्तियों से सम्पन्न

कर दिया। उस वज्र को लेकर देवराज इन्द्र अपने ऐरावत हाथी पर सवार हुए और सेना के साथ वृत्रासुर से युद्ध करने चल पड़े। उन्होंने बड़े वेग से दैत्यों पर धावा बोला। दोनों पक्षों में भीषण युद्ध आरम्भ हो गया। इन्द्र हाथ में वज्र लेकर दैत्यों का वध करने लगे। धीरे-धीरे दैत्यों के प्रहार क्षीण पड़ गए। तब वृत्रासुर क्रोधित होकर स्वयं युद्ध करने लगा। वह बड़ा वीर और पराक्रमी था। उसका विशालकाय शरीर और भयंकर गर्जन सुनकर देवता भयभीत हो गए। वह मदमत्त पर्वत की भाँति आतंक मचाते हुए देव-सेना को कुचलने लगा। उसके वेग से पृथ्वी काँपने लगी। जब वह इन्द्र की ओर झपटा, तब उन्होंने गदा प्रहार किया। किंतु उसने खेल-ही-खेल में उस गदा के टुकड़े-टुकड़े कर दिए।

प्राण संकट में देख इन्द्र वज्र लेकर वृत्रासुर की ओर बढ़े। तब क्रोधित वृत्रासुर बोला - "इन्द्र ! मेरे लिए आज बड़े सौभाग्य का दिन है कि जिसने मेरे भाई विश्वरूप का वध किया, वही शत्रु मेरे सामने खड़ा है। आज मैं तुझे मारकर भाई की हत्या का प्रतिशोध लूँगा। तूने उन्हें छलपूर्वक मारा था, इसलिए तेरे इस नीच कर्म के लिए मैं तुझे अवश्य दण्डित करूँगा।" यह कहकर वह त्रिशूल लेकर इन्द्र की ओर झपटा।

किंतु इन्द्र सतर्क थे। उन्होंने वज्र से उसका दायाँ हाथ काट दिया। तब वृत्रासुर ने दूसरे हाथ में गदा धारण कर इन्द्र पर प्रहार किया। इन्द्र ने बड़ी चतुराई से गदा प्रहार को प्रभावहीन कर उसका दूसरा हाथ भी काट दिया। दोनों हाथ कट जाने पर उसके शरीर से रक्त की धाराएँ बहने लगीं। शीघ्र ही वहाँ रक्त का एक विशाल सरोवर बन गया। फिर एक भीषण गर्जन करते हुए वृत्रासुर का विशालकाय शरीर पृथ्वी पर गिर पड़ा। उसे गिरते देख देवता प्रसन्नता से खिल उठे। तभी अट्टहास करते हुए वृत्रासुर ने अपना विशाल मुख खोल लिया। उसकी ठोड़ी पृथ्वी को और ऊपरी होंठ आकाश को स्पर्श करने लगे। तभी उसने जोर से साँस ली। उसकी साँस से चारों ओर प्रचण्ड वेग से वायु चलने लगी और देखते-ही-देखते इन्द्र ऐरावत के साथ उसके मुख में समा गए। चारों ओर हाहाकार मच गया। किंतु देवेन्द्र ने नारायण-कवच से स्वयं को सुरक्षित कर रखा था, अतः वे उसके पेट में पहुँचकर भी सुरक्षित रहे और उसका पेट फाड़ कर बाहर आ गए। फिर दधीचि की हड्डियों से निर्मित वज्र से उसका मस्तक काट दिया।

इस प्रकार भगवान् विष्णु के आशीर्वाद से इन्द्र ने वृत्रासुर का अंत कर दिया। महर्षि दधीचि की अस्थियाँ न तो सूखी थीं और न ही गीलीं। वे लोहे अथवा लकड़ी से भी निर्मित नहीं थीं। इस प्रकार ब्रह्माजी का वर सत्य हुआ। कुछ धार्मिक ग्रंथों में वृत्रासुर की मृत्यु समुद्र के फेन से निर्मित वज्र से बताई गई है।

भक्त प्रह्लाद

भगवान् विष्णु ने पृथ्वी का उद्धार करने के लिए वराह अवतार धारण कर दैत्य हिरण्याक्ष को मारा था। उसका एक भाई था हिरण्यकशिपु। भाई की मृत्यु से दुःखी हिरण्यकशिपु प्रतिशोध की अग्नि में जल रहा था। एक दिन सैनिकों को आज्ञा देते हुए बोला – "वीरो ! जो ऋषि-मुनि तप, यज्ञ, हवन और व्रतादि कर रहे हैं, उन्हें मौत के घाट उतार दो। उनके आश्रमों को जलाकर राख कर दो।"

स्वामी की आज्ञानुसार दैत्यों ने घोर अत्याचार आरम्भ कर दिए। उन्हें जहाँ भी ऋषि-मुनि यज्ञ, हवन अथवा तप करते दिखाई देते, वे उनके मस्तक काट डालते। इस प्रकार उन्होंने अनेक आश्रमों में मौत का भयंकर तांडव खेला। पृथ्वी से धर्म-कर्म का नाम समाप्त हो गया।

भाई हिरण्याक्ष की मृत्यु से क्षुब्ध हिरण्यकशिपु ने देवताओं पर आक्रमण करने का निश्चय किया। दैत्यगुरु शुक्राचार्य ने उसे देवताओं पर आक्रमण करने से पूर्व ब्रह्माजी से वरदान प्राप्त करने का परामर्श दिया। हिरण्यकशिपु मंदराचल पर

कठोर तप करने लगा। अनेक वर्षों तक तप करने के कारण उसके शरीर से दिव्य अग्नि की लपटें निकलकर ब्रह्माण्ड को जलाने लगीं। चारों ओर भीषण हाहाकार मच गया। अंत में उसकी तपस्या से प्रसन्न होकर ब्रह्माजी प्रकट हुए और वर माँगने के लिए कहा।

हिरयण्कशिपु बोला – "प्रभु ! मुझे यह वर दीजिए कि मनुष्य, देवता, गंधर्व, नाग आदि किसी भी प्राणी द्वारा मेरी मृत्यु न हो। मेरी मृत्यु न दिन में हो और न रात में, न आकाश में हो न पृथ्वी पर, न अस्त्र से हो और न शस्त्र से, न घर के अंदर हो और न घर के बाहर।" ब्रह्माजी ने उसे इच्छित वर दे दिया।

हिरण्यकशिपु का विवाह नाग कन्या कयाधु से हुआ था। जब वह मंदराचल पर तप कर रहा था, तब देवताओं ने दैत्यों पर आक्रमण कर दिया। भीषण युद्ध छिड़ गया। किंतु हिरण्यकशिपु की अनुपस्थिति के कारण दैत्य पराजित हो गए और प्राण बचाकर भाग गए। विजयश्री के मद में चूर होकर इन्द्र ने हिरण्यकशिपु की पत्नी कयाधु को बंदी बना लिया और उसे साथ लेकर स्वर्ग की ओर चल पड़े। कयाधु रोते हुए उनसे दया की प्रार्थना करने लगी, किंतु इन्द्र का मन उस समय पत्थर के समान कठोर हो गया था। उन्होंने कयाधु की प्रार्थना अनसुनी कर दी।

तभी देवर्षि नारद की दृष्टि उन पर पड़ी। जब उन्होंने कयाधु की यह दुर्दशा देखी तो वे इन्द्र से बोले – "देवेन्द्र ! आप इतने ज्ञानवान और धर्मप्रिय होने के बाद भी यह कैसा नीच कर्म कर रहे हैं? परम साध्वी और पतिव्रता कयाधु के साथ ऐसा दुर्व्यवहार कर आप इसका अपमान न करें। यह निरपराधी है। इसे बंदी बनाना अनुचित है। आप इसे तत्क्षण मुक्त कर दें।"

इन्द्र बोले – "मुनिवर ! शत्रु कभी भी दया के पात्र नहीं होते। उन्हें अभयदान देने से स्वयं पर संकट उत्पन्न हो जाता है। आप नहीं जानते, इस समय कयाधु के गर्भ में देवगण का शत्रु पल रहा है। हिरण्यकशिपु का पुत्र होने के कारण वह बालक भी वीर, पराक्रमी, बलशाली और देवताओं का प्रबल शत्रु होगा। युद्ध नीति कहती है कि शत्रु को उत्पन्न होने से पूर्व ही कुचल देना चाहिए। यही कारण है कि मैं कयाधु को स्वर्ग ले जा रहा हूँ। जब इसका पुत्र जन्म लेगा तो मैं उसे मारकर इसे मुक्त कर दूँगा।"

देवर्षि नारद मुस्कराते हुए बोले – "देवेन्द्र ! तुम जिस बालक का वध करना चाहते हो, उसे मारना तुम्हारे वश की बात नहीं है। कयाधु का यह बालक भगवान् विष्णु का परम प्रिय भक्त, परम तपस्वी और ज्ञानवान होगा। देवराज ! सम्पूर्ण जगत् भली-भाँति जानता है कि जिस पर भगवान् विष्णु की कृपा-दृष्टि होती है, उसे मारने की शक्ति किसी में नहीं होती। वे भक्तजन की रक्षा के लिए स्वयं को भी अर्पित कर देते हैं। इसलिए तुम उसे मारने का विचार त्याग कर कयाधु को छोड़ दो।"

उनकी बात सुनकर इन्द्र ने कयाधु को मुक्त कर दिया। तब नारदजी उसे साथ लेकर अपने आश्रम में आ गए। कयाधु पुत्री के समान उनकी सेवा करने लगी।

इस दौरान देवर्षि नारद ने कयाधु को धर्म के रहस्य और ज्ञान का उपदेश दिया, जिसे गर्भस्थ शिशु ने भी भली-भाँति आत्मसात् कर लिया। कुछ दिनों बाद कयाधु ने एक पुत्र को जन्म दिया। देवर्षि नारद ने उसका नाम प्रह्लाद रखा। उधर, हिरण्यकशिपु ब्रह्माजी से वर प्राप्त कर लौटा तो उसे सारी बात ज्ञात हुई। वह उसी क्षण नारदजी के आश्रम में जाकर अपनी पत्नी और पुत्र को वापस ले आया।

वर प्राप्त कर दैत्य हिरण्यकशिपु दिव्य तेज से आलोकित हो गया था। तपस्या से दुर्बल हुआ उसका शरीर भी पुनः स्वस्थ और शक्तिशाली हो गया था। अब वह अपने प्रतिशोध की धार पैनी करने में जुट गया। फिर एक दिन उसने अपने शत्रुओं पर हमला कर दिया। धीरे-धीरे उसने देवताओं, गंधर्वों, नागों, विद्याधरों, पितृों, यक्षों और ऋषि-मुनियों को जीतकर अपने वश में कर लिया। तीनों लोकों और समस्त दिशाओं में उसका राज्य स्थापित हो गया। अब वह स्वर्ग में ही रहने लगा। विश्वकर्मा द्वारा निर्मित देवराज इन्द्र का महल ही उसका आवास हो गया। सभी देवता उससे भयभीत होकर यहाँ-वहाँ छिप गए थे। जब वह इन्द्रासन पर बैठता, तब विश्वावसु और तुम्बुरु आदि मुनिगण उसकी स्तुति करते थे।

उसने पृथ्वी पर होने वाले यज्ञों का भाग स्वयं ही ग्रहण करना आरम्भ कर दिया। इससे उसके बल में और भी वृद्धि होती गई। उसके भय से पृथ्वी स्वयं ही उसे अन्न आदि वस्तुएँ प्रदान करने लगी। आकाश उसकी इच्छित वस्तुएँ प्रदान कर उसे प्रसन्न रखने की चेष्टा करता था। ऐश्वर्य और सुखों के मद में चूर होकर वह वेदों और शास्त्रों का उल्लंघन करने लगा। अनेक वर्ष बीत गए।

जब हिरण्यकशिपु के अत्याचार बढ़ते गए तो ऋषि-मुनि और देवगण भगवान् विष्णु के स्वरूप का स्मरण कर उनकी उपासना करने लगे। निराहार रहकर वे अनेक वर्षों तक समाधि में लीन रहे। उनकी भक्ति से प्रसन्न होकर भगवान् विष्णु साक्षात् प्रकट होकर बोले - "भय का त्याग करो, पुत्रो ! मेरे दर्शन मात्र से प्राणियों को परम कल्याण की प्राप्ति हो जाती है। हिरण्यकशिपु की दुष्टता का मुझे ज्ञान है। पूर्वजन्म में हिरण्यकशिपु और हिरण्याक्ष—जय और विजय नामक मेरे धाम वैकुण्ठ के द्वारपाल थे। एक बार इन्होंने अज्ञानवश सनकादि मुनिगण का अपमान कर दिया। उन्होंने क्रुद्ध होकर इन्हें दैत्य योनि में उत्पन्न होने का शाप दे दिया था। तब मैंने ही इनका उद्धार करने का वचन दिया था। वराह अवतार लेकर मैं पहले ही हिरण्याक्ष का उद्धार कर चुका हूँ, अब मैं इसका संहार कर इसको भी इस योनि से मुक्त करूँगा, किंतु तुम कुछ दिन और प्रतीक्षा करो। जब वह अपने

तपस्वी पुत्र प्रह्लाद का वध करने के लिए उद्यत होगा, उस समय मैं अवतार धारण कर उस दुष्ट का वध करूँगा।''

हिरण्यकशिपु के वध की बात सुन देवगण अत्यंत प्रसन्न हुए और भगवान् विष्णु की स्तुति करने के बाद अपने-अपने स्थानों को लौट गए।

हिरण्यकशिपु के चार पुत्र थे। उनमें प्रह्लाद सबसे छोटा था, किंतु गुणों में वह सबसे श्रेष्ठ था। वह धर्मात्मा, सदाचारी, सत्यप्रतिज्ञ, जितेन्द्रिय और विष्णु भक्त था। वह समस्त प्राणियों को भगवान् का अंश समझता था और उनके साथ समानता का व्यवहार करता था। शीघ्र ही उसने अपने मधुर व्यवहार से सभी का मन जीत लिया था। उसका मन सदा श्रीहरि की भक्ति में लीन रहता था। जब उसके अन्य भाई खेलते थे तो वह समाधि में बैठकर श्रीविष्णु के स्वरूप का चिंतन करता था।

पिता हिरण्यकशिपु ने प्रह्लाद को बहुत समझाया और विष्णु भक्ति से विरक्त करने का प्रयास किया, किंतु वह सफल नहीं हुआ।

अंत में वह क्रुद्ध होकर बोला - ''दुष्ट ! जिसने तेरे चाचा को मार डाला, तू उसी विष्णु के गुण गा रहा है। तूने मायावी विष्णु के लिए माता-पिता के स्नेह को भी भुला दिया। अवश्य तू बालक रूप में विष्णु ही है, जिसने दैत्यों का संहार करने के लिए दैत्य वंश में जन्म लिया है। यदि कोई अंग शरीर को हानि पहुँचा रहा हो तो उसे काट डालना चाहिए, क्योंकि उसके न रहने से शरीर तो सुख से जी सकता है। तू भी ऐसे ही विष-अंग के समान है। सैनिको ! इसे मेरी दृष्टि से दूर ले जाकर समाप्त कर दो। इसका जीवन दैत्य वंश के लिए खतरनाक है।''

आदेश पाते ही सैनिक प्रह्लाद को वहाँ से ले गए और कारागार में डाल दिया। तत्पश्चात् भयानक मुख और विशाल शरीर वाले दैत्य हाथों में त्रिशूल लेकर उस पर प्रहार करने लगे। चूँकि वह समाधिलीन होकर भगवान् का स्मरण कर रहा था, अतः उनकी कृपा से उसके शरीर पर त्रिशूलों का कोई असर नहीं हुआ।

जब हिरण्यकशिपु को यह बात ज्ञात हुई तो वह प्रह्लाद को मार डालने के लिए भाँति-भाँति के उपाय करने लगा। उसने उसे हाथियों के पाँव तले कुचलवाया, सर्पों से डसवाया, पहाड़ की चोटी से गिराया, समुद्र में डुबोया, भोजन बंद कर दिया, अग्नि में जलाने का प्रयास किया—किंतु उसका बाल भी बाँका न हुआ। जब उसके सभी उपाय समाप्त हो गए तो अपनी विवशता देख उसे बड़ी चिंता होने लगी। अब उसे विश्वास हो गया था कि प्रह्लाद वास्तव में विष्णु का ही अंश है और दैत्यों का सर्वनाश करने के लिए ही उसने कयाधु के गर्भ से जन्म लिया है।

अंत में उसने स्वयं प्रह्लाद का वध करने का निश्चय किया और तलवार हाथ में लेकर बोला - ''दुष्ट ! तुझे जीवित रहने के इतने अवसर दिए, किंतु तूने अपनी बातों से सिद्ध कर दिया है कि तू क्षमा योग्य नहीं है। तू मुझे छोड़कर किसी और को

जगत् का स्वामी बताता है, मैं भी तो देखूँ कहाँ है तेरा वह भगवान्? तेरा विष्णु सर्वत्र है तो वह तुझे इस खम्भे में भी अवश्य दिखाई दे रहा होगा। मैं तलवार से तेरा मस्तक धड़ से अलग करने जा रहा हूँ। यदि तेरा भगवान् इस खम्भे में है तो वह अवश्य तेरी रक्षा करने आएगा। जीवित रहना चाहता है तो पुकार अपने भगवान् को।''

यह कहकर हिरण्यकशिपु ने जैसे ही प्रह्लाद को मारने के लिए तलवार उठाई, वैसे ही भीषण गर्जन करते भगवान् विष्णु खम्भा तोड़कर बाहर निकल आए। उस समय उनका मस्तक सिंह का और शरीर मनुष्य का था, इसलिए वे भगवान् नृसिंह कहलाए।

भगवान् नृसिंह का रूप बड़ा विकराल था। हिरण्यकशिपु जैसा महापराक्रमी दैत्य भी उनका स्वरूप देखकर भयभीत हो गया। लेकिन अगले ही पल वह संभला और दोनों में घनघोर महायुद्ध आरंभ हो गया। अंततः भगवान् नृसिंह ने द्वार के बीच में बैठ कर हिरण्यकशिपु को गोद में लिटा लिया। फिर अपने तीखे नखों से उसका पेट चीर दिया। भगवान् नृसिंह स्वयं ही अवतरित हुए थे, उस समय न दिन था और न रात अर्थात् वह संध्या का समय था, वे न तो घर के अंदर थे और न बाहर, दैत्य हिरण्यकशिपु का शरीर न तो आकाश में था और न ही पृथ्वी पर। इस प्रकार नृसिंह भगवान् ने ब्रह्माजी के वरदान के अनुसार हिरण्यकशिपु का वध कर दिया। देवगण उन पर पुष्प-वर्षा करने लगे। तब प्रह्लाद भगवान् नृसिंह के श्रीचरणों में बैठ गया और विभिन्न प्रकार से उनकी स्तुति करने लगा।

उसकी स्तुति से प्रसन्न होकर भगवान् नृसिंह ने उसे सम्पूर्ण पृथ्वी का राज्य और मृत्यु के बाद वैकुण्ठ लोक में स्थान प्रदान किया। इस प्रकार भगवान् विष्णु की भक्ति से प्रह्लाद जीवन-मृत्यु के चक्र से मुक्त हो गया।

सर्प बने नहुष

पीछे आपने वृत्रासुर के वध की कहानी पढ़ी। वृत्रासुर का वध करने के कारण देवराज इन्द्र को ब्रह्म हत्या का पाप लगा। इससे उनका तेज क्षीण होता चला गया। देवगण इन्द्र को ब्रह्म हत्यारा कहकर उनकी निंदा करने लगे। उनकी कीर्ति नष्ट होती चली गई। सारी सिद्धियाँ होते हुए भी उनके मन में शांति न थी। आख़िर एक दिन वे स्वर्ग से निकल पड़े और कैलाश पर्वत पर स्थित मानसरोवर पर चले गए। भय से उनका मन काँप रहा था। ब्रह्म हत्या से उनकी शक्ति क्षीण हो गई थी। वे मानसरोवर में उगे एक कमल की नाल में छिपकर बैठ गए। इन्द्र के स्वर्ग त्यागने से देवताओं का मन चिंतित हो गया। उनकी अनुपस्थिति में मेघों ने जल बरसाना बंद कर दिया। पृथ्वी में अन्न उपजाने की शक्ति नहीं रही। इस प्रकार चारों ओर

अराजकता फैल जाने पर देवताओं और मुनियों ने परस्पर विचार करके इक्ष्वाकु वंश के एक राजा नहुष को इन्द्र के पद पर नियुक्त कर दिया। नहुष एक धर्मात्मा व्यक्ति था, लेकिन इन्द्र बन जाने पर उसके मन में राजसी-वृत्ति उत्पन्न हो गई। वह भोग-विलास में डूब गया।

एक बार की बात है, शची के सौंदर्य की प्रशंसा सुनकर नहुष के हृदय में उसे पाने की इच्छा जागृत हो गई। तब शची देवगुरु बृहस्पति के साथ भगवान् विष्णु की शरण में पहुँची और उनसे रक्षा की प्रार्थना की। श्रीविष्णु के परामर्श पर बृहस्पति मानसरोवर के तट पर पहुँचे और अश्वमेध यज्ञ कराने की समुचित व्यवस्था की। यज्ञ के सम्पन्न हो जाने पर इन्द्र ब्रह्महत्या से मुक्त हो गए और उचित अवसर की प्रतीक्षा में वहीं छुपे रहे। तब देवगुरु ने शची को देवी दुर्गा की पूजा-अर्चना करने का परामर्श दिया। शची ने तप आरम्भ कर दिया। उसकी आराधना से भगवती दुर्गा प्रसन्न हो गईं। उन्होंने शची से मनोवांछित वर माँगने के लिए कहा।

शची बोली – "माते ! मुझे पति के दर्शन दुर्लभ हो गए हैं। मैं उन्हें पुनः प्राप्त करना चाहती हूँ। साथ ही, मुझे पापी नहुष से तनिक भी भय न रहे और मेरे पति को पुनः इन्द्र पद प्राप्त हो जाए। यह वर दीजिए।" दुर्गा माता ने उसे एक गुप्त उपाय बताया। शची वापस स्वर्ग लौट गई। शची को वहाँ देख नहुष उसके पास पहुँचा और उससे विवाह की इच्छा प्रकट की। वह बोली – "राजन ! यदि आप मुझसे विवाह करना चाहते हैं तो आपको किसी ऐसी सवारी में बैठकर आना होगा, जिसे महान ऋषि-मुनि ढोकर लाएँ। ऐसा करने से आपका तेज और निखर उठेगा।"

नहुष ने तत्क्षण अगस्त्य आदि प्रसिद्ध ऋषि-मुनियों को बुलाकर, उन्हें शची की शर्त सुनाई। दैव-वश वे इस कार्य के लिए सहमत हो गए। नहुष ने शीघ्र ही एक सुंदर पालकी मँगवाई और अगस्त्य सहित अनेक ऋषि-मुनियों को उसे ढोने के लिए नियुक्त करके 'सर्प-सर्प', अर्थात् 'चलो-चलो' कहने लगा। भगवती दुर्गा की माया से उस समय नहुष की बुद्धि भ्रष्ट हो चुकी थी। उसे तो केवल शची को पाने की जल्दी थी इसलिए सर्प-सर्प कहते हुए उसने अगस्त्य ऋषि के सिर पर लात से प्रहार किया और अन्य ऋषियों पर कोड़े बरसाने लगा। इससे अगस्त्य मुनि क्रोधित हो गए और उन्होंने नहुष को उसी क्षण सर्प बनकर पृथ्वी पर गिर जाने का शाप दे दिया।

नहुष तत्काल एक विशाल सर्प बनकर पृथ्वी पर जा गिरा। तब बृहस्पति इन्द्र को स्वर्ग में वापस ले आए। इस प्रकार इन्द्र पुनः स्वर्ग के आसन पर सुशोभित हुए।

नारद का विवाह

किसी समय की बात है – देवर्षि नारद और पर्वत मुनि के मन में एक साथ पृथ्वी लोक का भ्रमण करने का विचार उत्पन्न हुआ। स्वर्ग से चलते समय उन दोनों ने प्रतिज्ञा की कि पृथ्वी पर उनके मन में जो भी विचार पैदा होंगे, वे एक–दूसरे को बता देंगे। स्त्री, धन अथवा भोजन – जैसी भी इच्छा उनके मन में उत्पन्न होगी, वे एक–दूसरे को बता देंगे। यह प्रतिज्ञा करके दोनों मुनिजन पृथ्वी पर आ गए और एक साथ रहकर विभिन्न तीर्थों का भ्रमण करने लगे । ऋषि–मुनियों के दर्शन करते हुए अनेक दिन बीत गए।

एक बार भ्रमण करते हुए दोनों मुनि एक सुरम्य नगरी में पहुँचे। वहाँ संजय नामक राजा राज्य करते थे। वे बड़े सज्जन, धर्मात्मा और प्रजा–प्रिय राजा थे। जब उन्हें देवर्षि नारद और पर्वत मुनि के आने का समाचार मिला तो उन्होंने भक्तिपूर्वक उनका सत्कार किया और उनसे कुछ दिन वहीं निवास करने का अनुरोध किया।

संजय की विनम्र प्रार्थना सुनकर दोनों मुनि वहाँ ठहर गए। संजय की दमयंती नामक एक सुंदर, सुशील और गुणवती कन्या थी। दमयंती कर्त्तव्यनिष्ठ भी बहुत थी। अत: राजा ने दोनों मुनियों की सेवा–सत्कार के लिए उसे नियुक्त कर दिया।

वह बड़े मनोभाव से देवर्षि नारद और पर्वत मुनि की सेवा करने लगी। राजकुमारी दमयंती के मन में नारदजी के प्रति प्रेम बढ़ता चला गया। नारदजी उसके मनोभावों को समझ गए और उनका मन भी उसकी ओर खिंचने लगा। धीरे-धीरे पर्वत मुनि के प्रति दमयंती की सेवा में भेदभाव उत्पन्न होने लगा। उन्होंने देवर्षि नारद से इस विषय में पूछा।

नारद बोले - ''मित्र पर्वत मुनि ! संकोचवश मैं आपसे नहीं कह सका, किंतु यह सच है कि हम एक-दूसरे को प्रेम करने लगे हैं और विवाह करना चाहते हैं।

देवर्षि नारद के शब्द सुनते ही पर्वत मुनि कुपित होकर कटु शब्दों में बोले - ''नारद ! तुमने प्रतिज्ञा भंग की। मित्रद्रोह किया। मेरे साथ छल किया। जाओ, मैं तुम्हें शाप देता हूँ कि तुम इसी समय वानर के मुख वाले बन जाओ।''

नारद मुनि का मुख उसी समय वानर का हो गया। यह देख वे क्रुद्ध हो उठे और किटकिटाते हुए बोले - ''पर्वतऽऽऽ ! छोटे-से अपराध के लिए मुझे शाप दे दिया तुमने। लो, मैं भी तुम्हें शाप देता हूँ कि तुम स्वर्ग से अधिकारविहीन हो जाओ और पृथ्वी लोक में ही विचरण करते रहो।''

इस प्रकार दोनों मुनियों ने क्रोध में आकर एक-दूसरे को शाप दे दिया। इस घटना से दुःखी होकर पर्वत मुनि नारद को अकेला छोड़कर चले गए। वानरमुखी होने के बाद भी उनके प्रति दमयंती का प्रेम कम न हुआ। वह प्रेमभाव से उनकी पूर्ववत् सेवा करती रही। किंतु नारद मुनि अपनी इस दुर्दशा से बहुत दुःखी थे।

उधर, राजकुमारी दमयंती को विवाह योग्य जानकर राजा संजय ने उसके लिए योग्य वर ढूँढ़ना आरम्भ कर दिया। उसने अपनी एक चतुर सखी तारिका को अपने मन की सारी बात बताकर पिता के पास भेजा। तारिका ने संजय को चतुराई से सारी बात बता दी। संजय ने सोच-विचार करने के बाद दमयंती का विवाह देवर्षि नारद के साथ कर दिया। विवाह के बाद नारद और दमयंती निकट के वन में कुटिया बनाकर रहने लगे। इस प्रकार वैवाहिक जीवन का उपभोग करते हुए समय बीतता रहा।

एक दिन भ्रमण करते हुए पर्वत मुनि वहाँ पधारे। नारद ने उनका भरपूर स्वागत किया। दमयंती और नारद मुनि के सेवा-भाव से प्रसन्न होकर पर्वत मुनि बोले - ''देवर्षि ! मैंने क्रोध में आकर व्यर्थ ही तुम्हें शाप दे दिया था। किंतु अब मैं तुम्हें आशीर्वाद देता हूँ कि तुम फिर सुंदर मुख वाले बन जाओ।'' पर्वत मुनि के आशीर्वाद से नारदजी अपने वास्तविक स्वरूप में आ गए। तब प्रसन्न होकर देवर्षि नारद ने भी पर्वत मुनि को दिया शाप वापस ले लिया। इस प्रकार कटुता दूर कर दोनों मुनियों ने एक-दूसरे को बाँहों में भर लिया।

वामन अवतार

प्राचीन समय की बात है, दैत्यराज बलि ने देवताओं को पराजित कर स्वर्ग पर अधिकार कर लिया। इन्द्र आदि देवगण प्राण बचाकर वनों, गुफाओं तथा पर्वतों में छिपकर रहने लगे। देवताओं की इस दुर्गति से देव-माता अदिति को बड़ा दुःख हुआ। उस समय कश्यप मुनि वन में कठोर तप कर रहे थे। जब उनका तप पूर्ण हुआ तो वे आश्रम में पहुँचे। तब अदिति ने उन्हें देवताओं की दुर्दशा के विषय में बताकर उनके कल्याण का उपाय पूछा। महर्षि कश्यप ने विष्णु भक्ति की महिमा बताते हुए अदिति को पयोव्रत का उपदेश दिया। अदिति ने बारह दिनों तक व्रत का विधिवत् अनुष्ठान कर भगवान् विष्णु का चिंतन किया। तब श्रीविष्णु प्रकट होकर बोले - "देवी ! तुमने भक्ति और श्रद्धापूर्वक मेरी उपासना की है। इसलिए मैं वरदान देता हूँ कि मैं तम्हारे यहाँ अवतार लूँगा। वह मेरा वामन अवतार कहलाएगा। अपने उस अवतार में मैं दैत्यों का संहार कर देवताओं की रक्षा करूँगा।"

'भगवान् विष्णु मेरे गर्भ से उत्पन्न होंगे', यह सोचकर अदिति अत्यंत प्रसन्न हुई। महर्षि कश्यप भविष्यदर्शी थे, उनसे कोई बात छिपी नहीं थी। वे तपोबल से जान गए कि श्रीविष्णु उनके द्वारा अदिति के गर्भ से अवतरित होंगे। तब उन्होंने अपना तेज अदिति के गर्भ में स्थापित कर दिया।

उचित समय आने पर भगवान् विष्णु ने अवतार लिया। उनकी चार भुजाएँ थीं, जिनमें शंख, गदा, कमल और चक्र सुशोभित थे। उनका स्वरूप बड़ा मनोहारी था। देवता शंख, नगाड़े, ढोल आदि बजाकर उनकी स्तुति करने लगे। उन्हें देख अदिति आनन्दित हो गई। महर्षि कश्यप भगवान् विष्णु की जय-जयकार करने लगे।

फिर देखते ही देखते भगवान् विष्णु ने वामन (बौने) ब्रह्मचारी का रूप धारण कर लिया। भगवान् वामन को देख ऋषिगण बड़े प्रसन्न हुए। तब देवी गायत्री ने उन्हें ज्ञान का उपदेश दिया। देवगुरु बृहस्पति ने उन्हें यज्ञोपवीत, कश्यप मुनि ने मेखला (जनेऊ), पृथ्वी ने कृष्णमृग का चर्म, ब्रह्माजी ने कमण्डलु, अदिति ने वस्त्र, चन्द्रमा ने दण्ड, सप्तर्षियों ने कुश, सरस्वती ने रुद्राक्ष की माला और देवताओं ने छत्र प्रदान किया। कुबेर ने उन्हें भिक्षा का पात्र और देवी उमा ने भिक्षा दी। इस प्रकार भगवान् वामन दिव्य वस्तुओं से सुशोभित हो गए।

उस समय दैत्यराज बलि भृगुवंशी ऋषियों के साथ अश्वमेध यज्ञ कर रहा था। भगवान् वामन बलि की यज्ञशाला की ओर चल पड़े। उनके भार से पृथ्वी झुकने-सी लगी थी। बलि की यज्ञशाला भृगुकच्छ (वर्तमान गुजरात का भड़ौच नगर) नामक एक सुंदर स्थान पर थी।

भगवान् वामन क्षणभर में बलि की यज्ञशाला में पहुँच गए। दिव्य तेज से युक्त वे ऐसे प्रतीत हो रहे थे, मानो साक्षात् सूर्यदेव हों। उनके तेज के समक्ष यज्ञ में उपस्थित सभी भृगुवंशी ऋषिगण का तेज क्षीण हो गया। तब दैत्यराज बलि ने आगे बढ़कर उनका स्वागत किया।

उन्हें आसन पर बिठाकर बलि विनम्र स्वर में बोला – "ब्राह्मणकुमार! आज्ञा दीजिए, मैं आपकी क्या सेवा करूँ? धन, स्वर्ण, अन्न, भूमि—आपके मन में जिस वस्तु की इच्छा हो, निःसंकोच माँग लीजिए। मैं आपकी समस्त इच्छाएँ पूर्ण करूँगा।"

बलि के मधुर वचन सुनकर भगवान् वामन प्रसन्न होकर बोले – "राजन! आपने जो कुछ कहा, वह आपकी वंशपरम्परा के अनुरूप, धर्मभाव से परिपूर्ण और यश को बढ़ाने वाला है। आपके वंश में ऐसा कोई धैर्यहीन और कृपण पुरुष नहीं हुआ, जिसने ब्राह्मण को कभी दान न दिया हो अथवा जो एक बार किसी को कुछ देने की प्रतिज्ञा कर अपने वचन से विमुख हुआ हो। दान के अवसर पर याचकों की याचना और युद्ध के समय शत्रुओं की ललकार सुनकर मुख मोड़ने वाला कायर आपके वंश में कोई नहीं हुआ। आपके वंश में अनेक दानी हुए हैं। आपके पिता विरोचन बड़े ब्राह्मण भक्त थे। जब उनके शत्रु देवताओं ने ब्राह्मणों का वेष बनाकर उनसे उनकी आयु का दान माँगा तो उन्होंने उनका कपट जानते हुए भी अपनी आयु दान में दे दी थी। आप भी उसी धर्म का पालन कर रहे हैं। दैत्यराज! आप अभिलषित वस्तुएँ देने में सक्षम हैं, अतः मैं आपसे केवल तीन पग भूमि माँगता हूँ।

आप तीनों लोकों के स्वामी एवं उदार आत्मा हैं, फिर भी मुझे इससे अधिक कुछ नहीं चाहिए।''

दैत्यराज बलि हँसते हुए बोला – ''ब्राह्मणकुमार ! यद्यपि आपकी बातें ज्ञानवान ब्राह्मणों के समान हैं, तथापि आपकी बुद्धि अभी अल्प ही है, इसलिए आप लाभ–हानि नहीं समझ रहे हैं। मैं तीनों लोकों का अधिपति आपकी बातों से अत्यंत प्रसन्न हूँ और आपको भरपूर धन और भूमि दान में दे सकता हूँ। फिर भला तीन पग भूमि माँगना क्या बुद्धिमानी की बात है? ब्राह्मणकुमार ! जो एक बार मेरी शरण में आ गया, फिर उसे कभी किसी से कुछ माँगने की आवश्यकता नहीं पड़नी चाहिए। इसलिए जीविका चलाने के लिए आपको जितनी भूमि की आवश्यकता हो, माँग लें।''

उसकी अहंकारपूर्ण बातें सुनकर भगवान् वामन बोले – ''राजन ! यदि मनुष्य अपनी इन्द्रियों को वश में नहीं रख सके तो जगत् के सभी सुख भी उसकी कामनाओं को पूर्ण नहीं कर सकते। जो तीन पग भूमि से संतोष नहीं कर सकता, उसे अनेक विशाल भूखण्ड भी दे दिए जाएँ तो भी वह संतुष्ट नहीं हो सकता। थोड़े में संतोष करने वाले प्राणी का जीवन सुख से बीतता है, जबकि अपनी इन्द्रियों को वश में न रखने वाला असंतोषी जीव तीनों लोक पाने के बाद भी दुखी और असंतुष्ट रहता है। धन और भोगों का असंतोष जीवन–मृत्यु के चक्र में गिरने का कारण है। इसलिए धन उतना ही संग्रह करना चाहिए, जितने की आवश्यकता हो। इसमें संदेह नहीं कि आप अभिलषित वस्तुएँ प्रदान करने वालों में शिरोमणि हैं, फिर भी मैं केवल तीन पग भूमि माँगता हूँ। इतने से ही मेरा कार्य पूर्ण हो जाएगा।''

''ठीक है ब्राह्मणकुमार ! जैसा आप उचित समझें।'' यह कहकर बलि ने तीन पग भूमि देने का संकल्प करने के लिए जलपात्र उठाया।

इधर, दैत्यगुरु शुक्राचार्य भगवान् वामन के वास्तविक स्वरूप को जान गए थे। अत: वे बलि को रोकते हुए बोले – ''राजन ! वामन–रूप में ये साक्षात् भगवान् विष्णु हैं, जो देवताओं का कार्य सिद्ध करने के लिए माता अदिति के गर्भ से अवतरित हुए हैं। ये तुम्हारा सर्वस्व छीन लेंगे। इन्हें दान देने का संकल्प मत करो। तुम्हारे इस कार्य से दैत्यों के साथ बड़ा अन्याय हो जाएगा। वामनरूपी विष्णु तुम्हारा राज्य, ऐश्वर्य, लक्ष्मी, तेज और यश छीन कर तुम्हारे शत्रु इन्द्र को दे देंगे। जब तुम अपना सर्वस्व इन्हें दे दोगे तो तुम्हारा और दैत्यों का क्या होगा? ये विश्वव्यापक विष्णु एक पग में पृथ्वी और दूसरे पग में स्वर्ग नाप लेंगे। इनके विशालकाय शरीर से आकाश घिर जाएगा, तब इनका तीसरा पग कहाँ जाएगा? अपना संकल्प पूर्ण न करने की दशा में तुम्हें घोर नरक का भागी बनना पड़ेगा। इसलिए सावधान दैत्यराज! तुम यह संकल्प त्याग दो।''

बलि विनम्रतापूर्वक बोला – ''गुरुदेव ! आपका कथन सर्वथा उचित है, किंतु

मैं तेजस्वी प्रह्लाद का पौत्र और दैत्यराज विरोचन का पुत्र हूँ। एक बार दान देने का निश्चय कर उससे विमुख नहीं हो सकता। राज के लोभ में आकर मैं ब्राह्मणकुमार के साथ कपट नहीं करूँगा। असत्य से बढ़कर कोई अधर्म नहीं है। मैं सबकुछ सहन कर लूँगा, किंतु असत्य का भार मुझे स्वीकार नहीं होगा। घोर नरक, दरिद्रता, दुःख और मृत्यु आदि से मैं इतना नहीं डरता, जितना कि ब्राह्मण को वचन देकर उसे भंग करने से डरता हूँ। जगत् में मृत्यु के बाद धनादि वस्तुएँ साथ छोड़ देती हैं, यदि उनके द्वारा ब्राह्मणों को संतुष्ट न किया जा सके तो उनका लाभ ही क्या? दधीचि, शिवि आदि ऋषिगण ने भी अपने प्राणों की आहूतियाँ देकर प्राणियों का कल्याण किया है। गुरुदेव ! देवगण, ऋषि, मुनि, मनुष्य आदि जिनकी पूजा-अर्चना करते हैं, वे भगवान् विष्णु भले ही इस रूप में आए हों, मैं इनकी इच्छानुसार इन्हें भूमि का दान अवश्य करूँगा। यदि ये छलपूर्वक मुझे भ्रमित कर देंगे तो भी मैं इनका अनिष्ट नहीं चाहूँगा।''

जब शुक्राचार्य ने देखा कि बलि उनकी बातों पर ध्यान न देकर, उनकी आज्ञा का उल्लंघन कर रहा है तो वे क्रुद्ध होकर उसे शाप देते हुए बोले – ''मूर्ख बलि ! तू है तो अज्ञानी, किंतु स्वयं को शास्त्रों का ज्ञाता सिद्ध कर रहा है। तू मेरी उपेक्षा कर मेरा अपमान कर रहा है। तूने मेरी आज्ञा का भी उल्लंघन किया है, इसलिए जा, मैं शाप देता हूँ : तेरी वैभवता और लक्ष्मी समाप्त हो जाएँ।''

इस प्रकार शाप देकर शुक्राचार्य वहाँ से चले गए। गुरु द्वारा शाप दिए जाने पर भी बलि अपने निश्चय पर दृढ़ रहा। उसने भगवान् वामन की विधिवत् पूजा-अर्चना की। तत्पश्चात् हाथ में गंगाजल लेकर उन्हें तीन पग भूमि देने का संकल्प किया।

बलि द्वारा संकल्प करते ही वहाँ एक अद्भुत घटना घटी। भगवान् वामन ने अपने शरीर को इतना विशालकाय कर लिया कि तीनों लोक, मनुष्य, देवता, ऋषि, मुनि, पशु, पक्षी, दसों दिशाएँ आदि सभी उन्हीं में समा गए। भगवान् के विराट् स्वरूप को देख ऋषि-मुनि और दैत्य आश्चर्यचकित रह गए।

भगवान् वामन ने अपने विराट् शरीर से आकाश और भुजाओं से सभी दिशाएँ घेरकर एक पग में सारी पृथ्वी नाप ली। उनका दूसरा पग ऊपर सत्यलोक में पहुँच गया। वहाँ ब्रह्माजी ने अपने कमण्डलु के गंगाजल से उनके चरणों को धोकर मरीचि आदि ऋषियों के साथ उनकी स्तुति की। इस प्रकार अपने दो पगों में ही भगवान् वामन ने सम्पूर्ण ब्रह्माण्ड नाप लिया। तीसरा पग रखने के लिए बलि की कोई भी वस्तु नहीं बची।

तब भगवान् वामन बोले – ''दैत्यराज ! तुम अपना संकल्प पूरा करो। दो पग में मैंने तीनों लोकों सहित समस्त ब्रह्माण्ड नाप लिया है, अब बताओ तीसरा पग मैं कहाँ रखूँ? तुम्हें स्वयं पर बड़ा अहंकार था। अब इसी क्षण अपनी प्रतिज्ञा पूर्ण करो, अन्यथा प्रतिज्ञा भंग होने पर नरक की कठोर यातना भोगने के लिए तैयार रहो।''

बलि बोला – ''दयानिधान ! यद्यपि मैं अपना राज्य गँवा चुका हूँ, तथापि आपको दिया वचन अवश्य पूरा करूँगा। कृपया अपना तीसरा पग मेरे सिर पर रख दीजिए। मुझे राज्य छिन जाने अथवा नरक की यातना भोगने का कोई दु:ख नहीं है। और न ही मैं पाश से बँधने या किसी दण्ड से भयभीत हूँ। हम दैत्यों को आप सदा शिक्षा देते रहे हैं, इसलिए आप हमारे परम गुरु हैं। जब हम कुलीनता, बल और धन के मद में चूर होकर अत्याचारी बन जाते हैं तो आप उन वस्तुओं को छीनकर हमारा मार्गदर्शन करते हैं। भक्तिपूर्वक आपकी उपासना करने पर ऋषिगण जो स्थान आपके चरणों में प्राप्त करते हैं, वही स्थान दैत्यों को आपके द्वारा मारे जाने पर प्राप्त होता है। आप जैसे परमगुरु द्वारा दिया गया दण्ड भी सौभाग्यवर्द्धक है। मैं उसे सहर्ष स्वीकार करूँगा।''

बलि भगवान् वामन की स्तुति कर ही रहा था कि तभी भगवान् विष्णु के परम भक्त और उसके पितामह प्रह्लाद वहाँ आ पहुँचे। वे भगवान् वामन को प्रणाम कर बोले – ''प्रभु ! आपने ही बलि को यह ऐश्वर्ययुक्त इन्द्र-पद प्रदान किया था और आपने ही उसे छीन लिया। ऐसा कर आपने इस पर बड़ा उपकार किया है। ऐश्वर्य और भोग के अहंकार में विद्वान मनुष्य भी अपने वास्तविक स्वरूप को भूल जाता है। इसलिए मनुष्य का ऐश्वर्य-भोगों से रहित होना ही श्रेष्ठ है।''

तब ब्रह्माजी प्रार्थना करते हुए बोले – ''प्रभु ! आपने इसका सर्वस्व ले लिया है, अब यह दण्ड का पात्र नहीं है। इसने अपने ऐश्वर्य, धन, तीनों लोकों और स्वयं को भी आपके श्रीचरणों में अर्पित कर दिया है। भगवन् ! जो मनुष्य सच्चे हृदय से विरक्त होकर आपके श्रीचरणों का स्मरण करता है, उसे भी आप प्रसन्न होकर मोक्ष प्रदान करते हैं। फिर बलि ने तो प्रसन्नता से अपना सर्वस्व दान किया है, तब यह दण्ड का भागी कैसे हो सकता है? इसलिए आप प्रसन्न होकर इसे क्षमा प्रदान करें।''

भगवान् वामन प्रसन्न होकर बलि से बोले – ''वत्स ! तुमने उस माया पर विजय प्राप्त कर ली है, जिसे जीतना अत्यंत कठिन है। दैत्यगुरु ने तुम्हें शाप दे दिया, तुम्हारा सर्वस्व छिन गया, बंधु-बांधव तुम्हें छोड़कर चले गए, किंतु इतने दु:ख भोगने के बाद भी तुमने अपने धर्म और सत्य का पूरी निष्ठा से पालन किया। इसलिए मैं तुम्हें वह स्थान प्रदान करता हूँ, जो बड़े-बड़े देवताओं को भी बड़ी कठिनाई से प्राप्त होता है। सावर्णि मन्वंतर में तुम्हें इन्द्र पद पर आसीन होकर मेरा प्रिय भक्त होने का सौभाग्य प्राप्त होगा। तब तक तुम अपने बंधु-बांधवों के साथ विश्वकर्मा द्वारा निर्मित पाताल लोक में निवास करो। वहाँ भी मेरी कृपा तुम पर सदा बनी रहेगी।''

बलि पत्नी विन्ध्यावली और बंधु-बांधवों के साथ पाताल लोक में चला गया। इसके बाद भगवान् वामन ने उसका यज्ञ पूर्ण किया। इस प्रकार भगवान् विष्णु की कृपा से देवताओं को पुन: स्वर्ग प्राप्त हो गया।
